本书是教育部人文社会科学研究一般项目"仕学之间：清末书院生徒群体研究"（20YJC770015）的成果

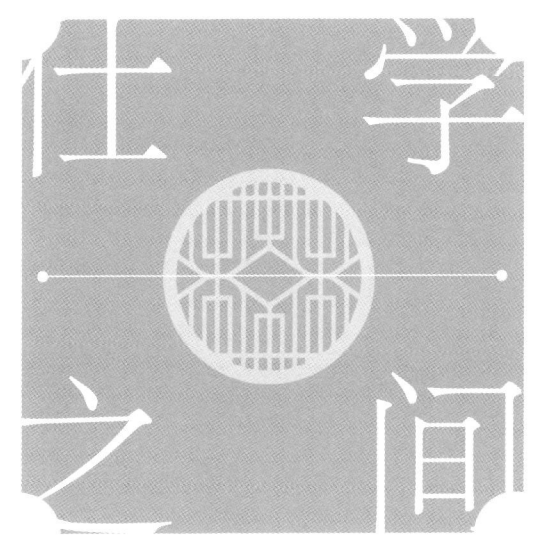

清末书院生徒群体研究

黄漫远 著

中国社会科学出版社

图书在版编目（CIP）数据

仕学之间：清末书院生徒群体研究/黄漫远著.—北京：中国社会科学出版社，2022.6
ISBN 978-7-5227-0067-0

Ⅰ.①仕… Ⅱ.①黄… Ⅲ.①书院—导师制—研究—中国—清代 Ⅳ.①G649.299

中国版本图书馆 CIP 数据核字（2022）第 069870 号

出 版 人	赵剑英
责任编辑	孙　萍
责任校对	李　莉
责任印制	王　超

出　　版	中国社会科学出版社
社　　址	北京鼓楼西大街甲 158 号
邮　　编	100720
网　　址	http://www.csspw.cn
发 行 部	010-84083685
门 市 部	010-84029450
经　　销	新华书店及其他书店
印　　刷	北京君升印刷有限公司
装　　订	廊坊市广阳区广增装订厂
版　　次	2022 年 6 月第 1 版
印　　次	2022 年 6 月第 1 次印刷
开　　本	710×1000　1/16
印　　张	19
插　　页	2
字　　数	302 千字
定　　价	99.00 元

凡购买中国社会科学出版社图书，如有质量问题请与本社营销中心联系调换
电话：010-84083683
版权所有　侵权必究

目　录

绪　论 ·· (1)
  一　选题旨趣 ·· (1)
  二　既有研究 ·· (3)
  三　思路与内容 ·· (11)
  四　资料说明 ·· (13)

上编　从何而来

第一章　清代书院与书院教育 ·· (19)
  第一节　书院与书院教育 ·· (19)
  第二节　清代书院政策与书院发展 ··································· (22)
  第三节　同治光绪时期书院的特点 ··································· (25)
  第四节　传统书院的"落幕"：书院改制与废止 ··············· (27)

第二章　清末书院生徒群体的形成分析 ··································· (30)
  第一节　生徒与书院生徒 ·· (30)
  第二节　清末书院生徒群体的数量 ··································· (32)
    一　清末书院数量和各级书院员额 ······························ (32)
    二　官学学额、乡试定额与书院员额 ··························· (34)
  第三节　清末书院生徒群体的构成 ··································· (38)
    一　入院前科名 ·· (39)
    二　入院前学缘 ·· (43)
    三　地理来源 ··· (57)

第四节　清末书院生徒的取录与迁转 …………………… (65)
　　一　取录：举业能力与治学能力 …………………… (66)
　　二　迁转：院际迁转与向上迁转 …………………… (72)
本编小结 ………………………………………………………… (78)

中编　缘何而聚

第三章　清末书院生徒群体与举业 …………………… (83)
第一节　以举业为尚的生徒群体 …………………… (83)
　　一　科名与科举书院的地理分布 …………………… (84)
　　二　科名炽盛：应元书院生徒群体 ………………… (90)
第二节　课作中的举业 ………………………………… (94)
　　一　生徒叶昌炽的举业历程 ………………………… (100)
　　二　《紫阳书院课艺》中的叶昌炽课作 …………… (104)
　　三　叶昌炽冷宦生涯中的学术坚守 ………………… (111)
第三节　社会活动中的举业 …………………………… (113)
　　一　清末莲池书院 …………………………………… (114)
　　二　莲池生徒清末民初任职情况 …………………… (119)
　　三　莲池社交圈：以"仕"为基础的构建 ………… (124)
　　四　《吴门弟子集》的学术水平 …………………… (129)

第四章　清末书院生徒群体与治学 …………………… (133)
第一节　以治学为尚的生徒群体 ……………………… (133)
　　一　清末学术人物与书院 …………………………… (134)
　　二　治学有声：经训生徒群体 ……………………… (142)
第二节　课作中的治学 ………………………………… (148)
　　一　生徒唐文治的治学历程 ………………………… (148)
　　二　《南菁讲舍文集》中的唐文治课作 …………… (155)
　　三　唐文治的科场仕途之路 ………………………… (157)
第三节　社会活动中的治学 …………………………… (160)
　　一　清末江宁府诸书院 ……………………………… (160)

二　金陵学术圈：以"学"为基础的构建 ……………………… (165)
　　三　金陵学术圈交游图景：莫愁湖燕集与生徒冯煦的
　　　　交游网络 ………………………………………………… (171)
　　四　江宁诸书院生徒的科场成绩 ………………………… (177)

第五章　清末书院生徒的收入待遇 ……………………………… (180)
第一节　清末传统知识人治生方式 …………………………… (180)
　　一　游幕成主流之选 ……………………………………… (182)
　　二　被动参与商业活动 …………………………………… (185)
　　三　处馆教学仍受欢迎 …………………………………… (186)
第二节　书院生徒的资助待遇 ………………………………… (187)
第三节　书院生徒的奖励待遇 ………………………………… (192)
第四节　生徒资奖经费获取与行为不端 ……………………… (194)
　　一　生徒的家庭经济状况 ………………………………… (194)
　　二　治生于书院：仕与学的共同指向 …………………… (198)
　　三　生徒资奖经费获取中的行为不端 …………………… (201)
本编小结 ……………………………………………………………… (206)

下编　将去何处

第六章　群体讨论：出路选择的多重面向 ……………………… (211)
第一节　为官：举业活动的最终指向 ………………………… (211)
　　一　举业活动的"胜利者" ……………………………… (212)
　　二　佐幕：游走于仕、学之间 …………………………… (215)
第二节　为师：治学活动的继续或终结 ……………………… (218)
　　一　传承学术的书院教师 ………………………………… (218)
　　二　远离治学的基层教官、塾师 ………………………… (221)
第三节　参与新式教育：举业与治学在民初的延续 ………… (225)
　　一　经正书院生徒群体的留日之路 ……………………… (225)
　　二　从书院生徒到学堂生的南菁诸子 …………………… (232)
　　三　兴学育才：仕学之间的近代选择 …………………… (237)

第七章　个案讨论：生徒蒋维乔的职业选择 ……………… (240)

第一节　家庭背景 …………………………………… (241)

第二节　教育背景 …………………………………… (242)

第三节　职业选择与经历 …………………………… (245)

第四节　职业生涯和职业价值观 …………………… (249)

本编小结 ………………………………………………… (253)

结语　清末书院生徒群体
——透视晚近中国的新鲜视角 ……………………… (256)

一　科举、学术场域中的书院生徒 ………………… (257)

二　仕与学的两难和两全 …………………………… (259)

三　甲午、庚子之际的两湖书院生徒 ……………… (261)

四　写在科举停废和近代学术兴起之后 …………… (275)

附录　清末生徒书院肄业情况表 ……………………… (278)

参考文献 ………………………………………………… (283)

后　记 …………………………………………………… (295)

表格目录

表 2-1　同光时期书院数量统计 ………………………………（33）
表 2-2　《中国书院学规集成》所录清末书院员额情况 ……（34）
表 2-3　同光年间浙江、贵州两省学额与书院员额对比 ……（35）
表 2-4　同光年间湖南部分县学学额与书院员额对比 ………（36）
表 2-5　乡试定额变化与书院增额变化对比（乾隆、
　　　　同治年间）………………………………………………（37）
表 2-6　书院生徒入院前科名情况（《北京图书馆藏珍本
　　　　年谱丛刊》）…………………………………………（40）
表 2-7　张之汉进学、举业时间 ………………………………（44）
表 2-8　吴士鉴进学、举业时间 ………………………………（46）
表 2-9　清末书院生徒学缘结构（《北京图书馆藏珍本
　　　　年谱丛刊》）…………………………………………（50）
表 2-10　清末苏州正谊书院应课生徒籍贯统计 ………………（62）
表 3-1　清末书院、举人、进士和鼎甲数量分省统计
　　　　（同治、光绪朝）………………………………………（84）
表 3-2　清末江西部分府科举书院和进士数量分地区统计
　　　　（同治、光绪朝）………………………………………（86）
表 3-3　清末江西部分进士高产县科举书院情况（同治、
　　　　光绪朝）…………………………………………………（88）
表 3-4　应元书院会试题名录（同治、光绪朝）………………（92）
表 3-5　《紫阳书院课艺》叶昌炽课作收录情况（国家
　　　　图书馆藏）………………………………………………（106）
表 3-6　光绪年间莲池书院生徒政坛任职情况 ………………（120）

表3-7	莲池生徒参与清末民初政党情况	(128)
表4-1	清末著名学者主讲书院情况	(137)
表4-2	清末各省新建（兴复）重要学术书院情况（1862—1898年）	(140)
表4-3	经训书院皮锡瑞门下部分生徒著述	(147)
表4-4	清末江宁府五书院部分山长任职情况	(164)
表4-5	清末江宁诸书院部分生徒兼课、交游情况	(168)
表4-6	清末江宁诸书院生徒登第情况	(178)
表5-1	正谊书院部分肄业生徒家世情况	(195)
表5-2	莲池书院部分肄业生徒家世情况	(196)
表5-3	清代部分书院膏火、奖赏情况统计	(199)
表6-1	清末进士科名生徒历任官职情况（《北京图书馆藏珍本年谱丛刊》）	(212)
表6-2	清末生徒参加举贡、大挑（拣选）任职情况（《北京图书馆藏珍本年谱丛刊》）	(215)
表6-3	清末书院生徒佐幕情况（《北京图书馆藏珍本年谱丛刊》）	(217)
表6-4	清末生徒担任塾师、基层教官情况（《北京图书馆藏珍本年谱丛刊》）	(223)

绪　　论

一　选题旨趣

本书以"传统知识人"为向度，注意从独立精神活动主体和社会主体的视角，系统梳理清末书院生徒在入院前、肄业时、离院后三个阶段的心态行为、出处进退，展示清末民初传统知识人身处"仕学之间""新旧之间"的处境立场与精神风貌，从特定角度分析传统知识人逐渐消失和知识分子社群的出现这一中国近代社会主要特征的历史进程以及近代社会过渡转型的历史特征。

《论语·子张》有："仕而优则学，学而优则仕。""仕"与"学"从一开始就没有处于矛盾对立的两端，而是共同作为传统知识人的最佳出路和终极价值追求。中国的学术传统，历来是文史哲不分；中国的政治传统，历来是官学文不分，一身二任，为仕有绩，治学有声，是中国传统知识人一直以来的追求。自科举时代开始以来，处于科举、学术场域中的知识人就一直在思考和处理出仕与治学的关系，并通过一系列努力，实现仕途通达、著作等身的人生目标。美国社会学家希尔斯（Edward Shils）曾指出："在每个社会里，总有一些对神圣的事物具有特殊的敏感，对他们所处环境的本质和导引他们的社会的规律具有不寻常的反思能力的人。"[①] 本书的研究对象，就是处于清末科举、学术场域中具有"反思能力"的书院生徒。清朝末年，随着书院数量的空前繁荣，大量学人涌入书院肄业，他们以"书院生徒"之名，置身清末书院之中，一如既往地思考和处理出仕与治学的关系。与此同时，时运

[①] Edward Shils, *The Intellectuals and the Powers and Other Essays*, Chicago: University of Chicago Press, 1972, p. 254. 转引自杨念群《儒学地域化的近代形态：三大知识群体互动的比较研究》，生活·读书·新知三联书店2011年版，第91页。

国运之下，出仕、治学适逢科举停废，新学、西学冲击，传统知识人围绕价值判断所生之困境则如影随形：科举停废，何以出仕？"西学东渐"，治何之学？书院生徒是传统知识人的代表群体，他们更深刻地面临此困境，其中最具代表性的是，书院生徒进行举业、治学活动，实现出仕、治学的人生目标时，表现出鲜明的群体特征以及与国与时相呼应的时代特征。

对于清代书院的办学取向，学界已有基础认识。"（清代）书院俨然成为科举的附庸"①；"清中叶以后，书院取代官学成为科举教育的主要机构"② 等。这种认识，大概是基于清代书院类型和教学内容得出的结论。③ 但是，简单的价值判断容易遮蔽事实的复杂性和丰富性。诚然，单纯从数据比例的统计上看，课时文、应科举的书院占清代书院数量的绝大多数，但亦有以性理、经史词章、新学西学为尚的书院存在，这类书院，虽然数量上只占有清一代书院总数的很小比例，却以其独特鲜明的办学取向，成为清代书院发展史上的耀眼明珠。可以说，清代书院，确实存在以举业为首要办学目的的事实，亦不乏以治学为尚的办学旨趣，即清代书院依附科举的同时，也有学术、文化的追求。近年来，研究者注意到了清代书院，尤其是清末书院办学的复杂性，并逐渐从书院学规、章程、修习内容等史料出发，以书院创建者、管理者、施教者的视角自上而下展开讨论，得出了许多有意义的结论。而从书院生徒角度，鲜有考察受教育者对出仕、治学的认知和选择的研究，故似难以呈现清代书院的整体面貌。

"当历史研究通过科学的理论与方法，对这些社会历史中具体的人，或以群体，或以个体为对象，从不同的侧面、角度展开对其'愿望'、'动机'及其背后的历史原因与动力进行深入研究时，就可以从历史人

---

① 李世愉：《论清代书院与科举之关系》，《北京联合大学学报》2011 年第 3 期。
② 李兵：《书院与科举关系研究》，华中师范大学出版社 2005 年版，第 167 页。
③ 毛礼锐认为，清代书院类型有四类："第一类是继明代书院余绪，以讲求理学为主；第二类是以博习经史词章为主；第三类是以考课为主，是科举的预备场所——这类书院在清代最普遍，一般书院差不多都属于这一类；第四类是清末出现的学习经史兼习自然科学和工商诸科的书院——这类书院是近代新式学堂的先驱，它的出现已经预示着整个封建社会教育制度的破产。"参见毛礼锐《中国教育史简编》，教育科学出版社 1984 年版，第 68 页。

物的活动中去发现某些历史时期支配社会的特有的和一般的法则，从而发现社会发展的规律和特点。"① 理解近代中国变动特征，除了显而易见的改革、革命这条主线，还不应忽视置身其中的知识人群体研究。过往此类研究，多集中于对新式学堂生、留学生的讨论，但当我们向前追溯，考察近代学生群体从何而来，发现其"前身"——清末书院生徒在既存研究中鲜有论及。实际上，作为非菁英学人的书院生徒们在这段历史中所经历的转型以及转型前的状态也值得关注。清末书院生徒人数庞大。《宣统元年分第三次教育统计图表》数据显示，19世纪末中国尚有书院2000所，在院人数15万，意味着平均每所书院在院生徒75人。② 书院生徒，多非闻人，处在"士"变"仕"的努力阶段，他们出处进退的选择，不仅影响其个人人生目标的实现，而且与时代潮流交相呼应。

本书将清末书院生徒置于三层相互交织的历史语境，进行综合考察：一是清末社会"大变局"的宏观环境；二是清末科举制度与学术发展的中观环境；三是清末书院改制与停废的微观环境，通过对书院生徒课作、日记、笔记、书信、回忆录、自订年谱等诸多私人化记录的梳理，结合官书史料，进而回答一个问题：作为变局中的历史当事人，清末书院生徒的自我定位和社会定位会有何种变化？这个问题又可以理解为两方面：一方面，当书院的教学内容已经不仅止于对科举和传统学术的关注时，生徒的行为、心态是否还一如往昔，围绕仕、学展开？另一方面，清末科举制度变化、学术风尚的走向以及时局的动荡所带来的对科举"世俗力量"和学术"精神力量"的冲击和变革，是否如我们想象中一样，激烈地反映在书院生徒身上呢？

二 既有研究

光绪二十七年（1901年），清政府下令改书院为学堂，至此在中国

---

① 尚钺：《有关历史人物评价的几个问题》，《历史研究》1964年第3期。
② 数据根据国家图书馆古籍馆编《国家图书馆藏近代统计资料丛刊》（影印本），北京燕山出版社2009年版，第32—33册内容计算而得。有学者根据《中国书院学规集成》所收录资料，得出清代"每所书院不到75人"的员额规模，也可与此数据互证。参见徐梓、黄漫远《传统书院的现代价值》，《厦门大学学报（哲学社会科学版）》2018年第4期。

历史上存续千余年的传统书院从制度上消失，很快退出历史舞台。百余年来，学界有关书院的研究成果可谓汗牛充栋，针对清末书院的研究，亦可称硕果累累。以下大体按照书院与清代书院研究、清代书院生徒研究、清代科举考试与书院研究和清代学术变迁与书院研究等四个方面，就既往研究成果试做回顾。

（一）关于书院、清代书院的研究

1901年传统书院瓦解冰消后，在最初的十余年，书院作为西式学校对立面，收到颇多反对声音，严格的书院研究尚未开始。至20世纪20年代，书院才真正受到关注。1923年4月，毛泽东在《湖南自修大学创立宣言》中总结了书院和学校办学优劣，指出书院与学校"各有其可毁，也各有其可誉"①。1923年12月，胡适在东南大学发表演讲，讲稿由陈启宇记录后，于1924年在《东方杂志》上以《书院制度史略》为题刊出。胡适指出"书院之废，实在是吾中国一大不幸事"，认为"书院实在占教育上一个重要位置，国内的最高学府和思想的渊源，惟书院是赖"，并围绕书院的历史、书院的精神分别展开论说。② 同是1924年，陶行知亦指出"书院教育制度及其精神，在今日尤为办教育者所应知"③。自此，书院渐渐受到人们的注意。"五四"时期，康有为、梁启超、章太炎、蔡元培、毛泽东等知名人士皆对书院发表过言说，他们在西式学校制度弊病凸显的背景下，就现代学校之短处，反观传统书院之长处，试图在新的时代重塑"书院"概念。尤其是围绕"何为书院精神"展开的讨论，形成了不少精彩观点。④

除此之外，曹松叶的《宋元明清书院概况》、盛朗西的《中国书院制度》以及刘伯骥的《广东书院制度沿革》是1949年以前有关书院的三本重要学术著作。曹著利用地方志史料，运用计量统计的方法，对

---

① 毛泽东：《湖南自修大学创立宣言》，《新时代》1923年第1卷第1期。
② 胡适：《书院制度史略》，《东方杂志》1924年第21卷第3期。
③ 丁文江、赵丰田：《梁启超年谱长编》，上海人民出版社1983年版，第1014页。
④ 参见刘琪《书院研究与学校教育改革——五四时期教育界的一个热门话题》，《辽宁教育学院学报（社会科学版）》1991年第2期；肖高华《略论民国学人"书院精神"与"新式教育"融合思想》，《教育文化论坛》2017年第1期；邓洪波《书院研究综述（1923—2013）》，邓洪波等编著《书院学档案》，武汉大学出版社2017年版，第6—10页。

宋、元、明、清的全国书院数量进行了基础统计，其研究结果，便于研究者从宏观上把握书院的数量、区域分布等重要信息，为后来研究者颇多征引。① 盛著是最早的书院通史性著作，全书以六章篇幅，征引正史、文集、笔记，兼采地方志，对书院藏书、祭祀、师生、考课、膏奖等均有考证，惜篇幅嫌小，但将书院作为通史呈现，此书有开拓之功。② 刘著是最早的区域性书院研究，全书以十一章篇幅，述评广东书院历史和制度沿革，不同于以往的制度类著作偏重规章梳理，而是在爬梳大量史料的基础上，将书院制度放置于社会、教育环境中，考察书院与学制、学术、政治、文化等方面的互动，可以说是一本翔实的地方书院教育史专著，其研究视角颇有巧思，予人启发。③

20世纪80年代以后，许多有代表性的书院研究专著纷纷问世。出版于1981年《中国古代的书院制度》的作者陈元晖、尹德新、王炳照等人，从书院的起源、历代书院特点、书院组织和制度、书院教学四个方面，对中国古代书院做了一次较为全面的梳理，虽内容较为简约，但是基本囊括了书院发展的方方面面，为后来研究者编著书院通史类著作提供了致力方向，作者认为，清代学术思想和学风的几次变化，影响书院形成了四大类型，揭示了学术与书院之互动关系，多为后学所借鉴。④ 同是在1981年，张政藩的《中国书院制度考略》出版，此书体例与《中国古代的书院制度》略有相似，作者专辟一章"书院讲学与学术的关系"，认为"清儒之学，藉书院以发扬的也特别多"，惜格于篇幅和材料，未详细展开。⑤ 另有章柳全的《中国书院史话——宋元明清书院的演变及其内容》亦于1981年出版。中国书院研究迎来继20世纪20年代后的又一高潮。90年代以来，随着陈谷嘉、邓洪波主编的

---

① 曹松叶：《宋元明清书院概况》，《中山大学语言历史研究所周刊全编》（第7—8册），国家图书馆出版社2011年版。
② 盛朗西：《中国书院制度》，中华书局1934年版。
③ 刘伯骥：《广东书院制度》，台北"国立"编译馆中华丛书编审委员会1958年版。
④ 陈元晖、尹德新、王炳照：《中国古代的书院制度》，上海教育出版社1981年版。
⑤ 张正藩：《中国书院制度考略》，中华书局1981年版。

《中国书院史资料》①、赵所生、薛正兴主编的《中国历代书院志》② 以及季啸风主编的《中国书院辞典》③ 等书院文献整理书籍、书院学工具书的陆续问世，为后续书院研究的繁盛提供了坚实的基础史料。进入 21 世纪以来，研究者的视角逐渐聚焦，有关地区书院、断代书院以及书院与外部环境互动的关系的成果迭出。朱汉民、邓洪波、高峰煜的《长江流域的书院》，不同于以往书院研究专著的史学体例，而是围绕书院与外部环境的互动关系，分章讨论了书院与学术、书院与藏书、书院与士绅等问题，在"书院与学术"一章中，作者认为"宋明以后，学术、学派的发展与书院的兴衰唇齿相依"，但限于篇幅，作者仅介绍了清代浙东学派与证人书院、乾嘉学派与诂经精舍的情况，研究也主要集中于著名的书院教师，对书院生徒所涉不多。④ 另有胡昭曦《四川书院史》、徐梓《元代书院研究》等亦属地区书院、断代书院研究之佳作，导引研究后进，功不可没。⑤

清代是中国书院发展史上最为重要的阶段之一，当时书院数量、分布范围、书院类型和肄业生徒数量均超过其他朝代。书院在清代经历了进一步官学化、书院改制等重要历史进程，因而呈现出复杂性、多样性的特点，容易吸引研究者关注。清代书院进入研究者视野的时间相对较晚，1931 年陈东原发的《清代书院风气之变迁》⑥、1947 年邓之诚的《清季书院述略》⑦ 以及 1960 年日本研究者林友春的《清朝的书院教育》⑧ 可以视为国内外较早的清代书院研究成果。考其原因，或是书院改制"近在眼前"，清代书院仍被视为"封建沉疴"，不能激起研究者的研究兴趣和热情。

值得注意的是，海外研究者在清末书院研究方面亦有不少成果。日

---

① 陈谷嘉、邓洪波主编：《中国书院史资料》，浙江教育出版社 1998 年版。
② 赵所生、薛正兴主编：《中国历代书院志》，江苏教育出版社 1995 年版。
③ 季啸风主编：《中国书院辞典》，浙江教育出版社 1996 年版。
④ 朱汉民、邓洪波、高峰煜：《长江流域的书院》，湖北教育出版社 2004 年版。
⑤ 胡昭曦：《四川书院史》，巴蜀书社 2000 年版；徐梓：《元代书院研究》，社会科学文献出版社 2000 年版。
⑥ 陈东原：《清代书院风气之变迁》，《学风》1931 年第 1 卷第 9 期。
⑦ 邓之诚：《清季书院述略》，《现代知识》1947 年第 2 卷第 2、3 期。
⑧ 林友春：《清朝的书院教育》，《学习院大学文学部研究年报》1960 年第 6 期。

本研究者大久保英子自20世纪60年代以来，一直致力于清代书院的研究，她的著作《明清时代书院之研究》为国内研究者提供了国际视野。① 尤其值得一提的是，美国研究者巴雷·基南（Barry C. Keenan）以社会史视角考察江苏钟山书院、南菁书院，内含书院与学术、书院与新式学堂、书院与时局的讨论，对理解和认识书院与近代中国社会变化的关系，深具启发意义。② 进入21世纪，清代书院研究可谓硕果累累，邓洪波、庞亚妮分别在文章《书院研究综述（1923—2013）》《近三十年清代书院研究综述》中有精彩的论述，兹不赘述。总的来说，对清代书院的研究存在以下特点。

其一，传统研究热点稳定且持续。一直以来，书院功能、书院制度、书院教学、书院管理、书院改制等书院研究的基础问题一直受到研究者青睐。如李国钧、李才栋、王炳照的《中国书院史》，邓洪波的《中国书院史》等书，都辟有专章"清代书院"，详细介绍清代书院功能、制度、教学、管理等。③ 白新良的《明清书院研究》可以说是以"明清书院"为题的扛鼎之作，作者以深厚的史学功底，爬梳3000种史籍，全面整理明清时期不同区域、不同时段的书院。书中所见书院皆有据可考，为后学研究明清书院提供了非常重要的基础数据和文献来源。④ 但是以上均属"书院通史"性质的著作，对清代书院的研究宽广却不深入。进入21世纪后，清代书院研究无论是专著还是论文，都有将热点问题深入研究的趋势。如清末书院改制、停废是书院发展史上重大事件，自然吸引了众多研究者的研究目光，刘少雪的《书院改制与中国高等教育近代化》以教育制度演变的视角，在清末社会历史背景中分析书院改制的全过程。⑤ 但是此类成果更多着眼于传统书院"变"的一面，将书院改制与科举停废以及近代中国教育转型联合讨论，关注"变

---

① ［日］大久保英子：《明清时代书院之研究》，日本东京图书刊行会1976年版。

② Barry C. Keenan, Imperial China's Last Classical Academies: Social Change in the Lower Yangzi, 1864–1911, *China Review International*, SPRING, No. 3, 1996.

③ 李国钧、李才栋、王斌朝：《中国书院史》，湖南教育出版社1994年版；邓洪波：《中国书院史》（增订版），武汉大学出版社2012年版。

④ 白新良：《明清书院研究》，故宫出版社2012年版。

⑤ 刘少雪：《书院改制与中国高等教育近代化》，上海交通大学出版社2004年版。

的共相",但是"共相"之下,应该还是存在书院改制进程中亲历者——书院生徒的心态行为和出处进退的不同步的"异相"。

其二,著名学人的书院活动颇受关注。书院发展离不开置身其中、与之相关的学人,著名书院往往会吸引优秀学人授业、请学。清代书院学人受到研究者普遍关注。吴洪成、李占萍、苏安国的《名胜之巨擘文化之渊泉——保定莲池书院研究》专辟一章讨论吴汝纶掌教莲池书院的活动,将吴氏与莲池书院生徒互动作为专题研究,予人启发。① 研究论文方面,有《论晚清书院教育的多元性征——以王闿运与同期其他山长书院教育之比较为例》《卢文弨和李兆洛与江阴暨阳书院》等论文,考察著名学人的书院活动。② 遗憾的是,研究者视角多集中在书院教师,所见对书院生徒之讨论,也仅从管理的角度俯视书院生徒,个中或有对书院生徒的心态行为之涉及,却流于浮光掠影。

其三,清末书院与外部环境互动的研究蓬勃涌起。一般而言,研究者多将对清末书院之考察置于教育近代化的背景中,将新式学堂崛起作为传统书院改停之承继,以宏观视角考察地区教育近代化进程,而缺乏对历史事件中"人"的因素之检讨。③ 书院生徒是如何看待这一新旧转换的,他们对"仕"与"学"的态度是否因时因势而产生变化,这些都值得进一步讨论。

(二) 关于清代书院生徒的研究

最早的专门研究书院生徒的成果应该是出现在1934年,班书阁在《女师学院期刊》上发表文章《书院生徒考》,从生徒资格、选择、规则、课别与定额、膏奖与寄宿等方面,详细梳理了自唐代以来书院生徒的情况。文章虽是从书院管理视角讨论生徒,且失之简略,却对书院生

---

① 吴洪成、李占萍、苏安国:《名胜之巨擘文化之渊泉——保定莲池书院研究》,河北人民出版社2010年版。

② 李赫亚:《论晚清书院教育的多元性征——以王闿运与同期其他山长书院教育之比较为例》,《徐州师范大学学报(哲学社会科学版)》2007年第2期;赵统:《卢文弨和李兆洛与江阴暨阳书院》,《南京晓庄学院学报》2006年第5期。

③ 张健:《晚清浙江教育近代化历程研究》,硕士学位论文,陕西师范大学,2013年;陈彤:《趋新与速效:晚清陕西书院改学堂研究》,硕士学位论文,华东师范大学,2018年。

徒各方面都有涉及，同时尽量选用地方志史料，对后学多有启迪。① 另有吕方的《历代书院诸生考》与班文体例、内容几乎相同，所不同的是，吕文以"诸生"代替班文中"生徒"之称谓。② 仇文农、廖子季征引生徒黄凤歧本人的日记，结合晚清岳麓书院的办学特色，介绍了黄生岳麓书院肄业八年的经历，是较早的以个体书院生徒为对象的研究成果。③ 总的来说，20世纪90年代以前，从书院管理、制度视角俯瞰生徒群体的成果多，以生徒为主体的研究少，而聚焦清末书院生徒的成果则更少。

21世纪以来，有关清代书院生徒研究有了新进展。黄娟、李艳莉从生源与入学活动、寄宿生活、课余活动三个方面考察书院学生的生活日常，关注到了诸如生徒"闲谈""放纵自己"等生活细节，有别于以往生徒研究的宏观视角。④ 陶用以清代岳麓书院生徒录取规章为主要论据，考证清代名人陶澍的岳麓学习经历，得出陶澍并非岳麓书院学生的结论。⑤ 以上两文皆以微观视角考察书院生徒，只是在思路阐释方面还可以继续拓展。值得一提的是，朱学芳将对岳麓书院的师生关系的考察置于清末教育转型的大背景之下，认为书院的科举之学与经世之学是维系师生间关系的重要纽带。作者注意到了清末科举与学术对书院学人的影响，但由于侧重关注师生关系，难免将书院"师"与"生"作为整体加以讨论，而实际上师、生对科举、学术的理解和接受程度并非完全一致，生徒群体的心态行为还可以发掘资料以呈现。⑥ 总的来说，清末书院生徒是近代中国一个十分独特而又非常关键的群体，但是相对学堂生、留学生来说，对这一"非菁英学人"群体的学理研究和实证调查都较为欠缺。有关清末书院生徒的思考，多在书院"教学管理"的逻

---

① 班书阁：《书院生徒考》，《女师学院期刊》1934年第3卷第1期。
② 吕方：《历代书院诸生考》，《新东方》1940年第1卷第11期。
③ 仇文农、廖子季：《岳麓书院门生黄凤歧》，载湖南省书院研究会、衡阳市博物馆编《书院研究》，湖南大学出版社1988年版，第121—128页。
④ 黄娟、李艳莉：《明清书院学生日常生活研究》，《兰台世界》2015年第6期。
⑤ 陶用：《陶澍是否岳麓书院的学生》，《湖南大学学报（社会科学版）》2001年第3期。
⑥ 朱学芳：《清末民初师生关系变迁的历史考察——以岳麓书院变迁为主线》，硕士学位论文，北京师范大学，2009年。

辑框架中进行，鲜见将其视为独立精神活动主体和社会主体的视角的研究。

（三）关于清代书院与科举考试的研究

在大量关注书院本身发展历程的同时，学界也开始考察书院的发展与科举制度的关联，李兵的《书院与科举关系研究》可以说是此类主题中的扛鼎之作，作者在查阅大量第一手资料的基础上，系统地论述了唐代至清代书院与科举的密切关系，并且注重实证研究，通过统计学的方法展现历代书院生徒参加科举考试的情形。书中有三章分别介绍了清代考课式书院、汉学书院、书院改制与科举的关系。①

在大多数书院与科举的研究中，研究者或是将科举置于主体地位，造成书院生徒"不由自主"地"被动"参与举业活动的现象；或是聚焦于某一地区的书院，讨论书院本身与科举之互动。前者如《清代书院科举文教育》等，后者如《明清河北书院与科举关系刍议》《论清代科举政策对书院发展的影响——以常州府书院为例》《台湾的书院与科举》等，鲜有将书院生徒置于主体地位，讨论其在科举制度之下的主观感受。② 值得一提的是，鲁小俊著录现存清代书院课艺总集196种，以书院所在地区分为三卷，涵盖书院简介、版本序跋、课艺内容、作者考略四个部分。通过这套叙录集，可以考察生徒书院学习与举业活动之关系，由于作者在书中详细列出书院有课作存世的生徒名单，也为整理清代书院生徒基本信息如姓名、籍贯、入院前科名、入院时间、出院时间以及去向等提供了便利。③

（四）关于清代书院与学术变迁的研究

聂崇歧较早注意到了书院与学术的关系，他认为，"初期书院……谈不到发扬学术。宋代以后书院逐日加多，一部分以造就科举人才为职

---

① 李兵：《书院与科举关系研究》，华中师范大学出版社2005年版。
② 程嫩生：《清代书院科举文教育》，《内蒙古社会科学》2011年第2期；刘虹、张森：《明清河北书院与科举关系刍议》，《河北师范大学学报（教育科学版）》2008年第1期；宋斌、梁振：《论清代科举政策对书院发展的影响——以常州府书院为例》，《黑龙江民族丛刊》2015年第1期；林文龙：《台湾的书院与科举》，台北：常民文化事业公司1999年版。
③ 鲁小俊：《清代书院课艺总集叙录》，武汉大学出版社2015年版。

志,更和学术无干"。聂氏亦认为,"清代学术藉书院以发扬的也特别多"①。以此为开端,研究者多将视角聚焦清代书院与学术的互动,挖掘文集、日记、笔记、书院课作等史料,深入考察汉宋之争、今古之争、新学西学在书院的展开。刘玉才注意到了清末汉宋调和、经世致用学术风尚对书院的影响②;徐雁平以曾国藩与清末金陵书院文人互动为视角,讨论书院学人交往唱和与清末学术风尚之关系③。刘、徐二人皆以著名学人(学派)为切入视角,讨论学术在著名书院中的生存样态,而对于一般书院生徒在科举制度之下主动的学术追求的关注稍显缺乏。值得注意的是,刘氏著作《清代书院学术变迁研究》、徐氏著作《清代东南书院与学术及文学》之后分别附有《清代书院师生情况表》《清代东南书院文士活动年表》,此二表为书院生徒社会交往活动的讨论提供了基础材料。

三 思路与内容

综上所述,已有的书院研究无论是在原始史料发掘还是研究视野拓展方面都具有开拓之功,并已取得了丰硕成果。当然,既往研究成果中,书院规制研究多,书院学人研究少;书院教师研究多,书院生徒研究少;俯视视角研究生徒多,以生徒为独立精神活动主体和社会主体的研究少。以上这些为本书提供了可以推进的空间。

首先,"数千年未有之大变局"是对清末社会政治特征的一个普遍共识。研究近代中国的诸种变迁,不应忽视考察学生群体在社会变革事件中的表现及作用。大致由留学生、学堂生和教会学生组成的庞大的学生群体,是近代思想文化变革及社会转型的基本动力,学界对此论述已相当充分。④ 但当我们向前追溯,考察近代学生群体从何而来,发现其"前身"——清末书院生徒在既存研究中鲜有论及。留学生、学堂生和

---

① 聂崇歧:《书院和学术的关系》,《现代知识》1947年第2卷第2、3期。
② 刘玉才:《清代书院与学术变迁研究》,北京大学出版社2008年版。
③ 徐雁平:《清代东南书院与学术及文学》,安徽教育出版社2007年版。
④ 参见桑兵《留日浙籍学生与近代中国》,《西北大学学报(哲学社会科学版)》2018年第3期;瞿骏《天下为学说裂:清末民初思想革命与文化运动》,社会科学文献出版社2017年版。

教会学生与传统书院生徒，看似朝阳与夕阳之别，但实际上两类群体或许并没有想象中的那样畛域分明，更应该是存在某种递进和嬗变，书院生徒和近代学生群体一样，亦是透视晚近中国的视角之一。

  其次，关于清末书院的既存研究有一个倾向，即对书院制度发展、改废之过程及其影响罗列推阐较多，而对置身书院之中的亲历者作为独立精神活动主体和社会主体的研究不够。光绪二十七年（1901年），清政府下令改书院为学堂，至此在中国历史上存续千余年的传统书院从制度上消失，很快退出历史舞台，同治、光绪年间的书院生徒也成为历史上最后一代书院生徒。他们肄业书院期间，正是教育、社会转型悄然发生之时，他们学习生活的日常、所思所想的起落、交游唱和的节奏等"在场经验"，是否映照当时社会诸种变迁？他们在清末民初剧变时代的出处进退又有怎样的心路历程？以上种种，均值得深入探究。

  进而言之，晚清以降，中国社会仿佛被一股异常强大而又不可抗拒的力量强行拉入另一方向，完全不以个人想望和意志为转移，那么身处时代变局的每一个人都将面对转型之思。要理解传统知识人在清末民初的转型，对个体精英人士的考察固然必不可少，但以一个人数众多且范围固定的士人群体为对象进行考察亦不容忽视。作为非精英学人群体的书院生徒在清末变局之下的心态行为和出处进退应该得到如同近代学生群体般的同等观照。但值得注意的是，清末书院生徒群体人数众多，生徒各自家庭背景、成长环境各异，书院肄业时间分殊，所处地域经济文化发展状况迥异。这一现实使得每个书院生徒面对近代社会变革的大环境时，心态行为和出处进退兼具同质性的同时又不尽相同，因此，从清末书院发展情况和书院生徒群体群聚情况出发，提出清末书院生徒的两大任务：举业和治学，以传记史料、笔记资料等为基础史料，结合官书史料，通过个案和群体研究相结合的方式，分析书院生徒在入院甄选、肄业读书以及离院择业各阶段中处理举业、治学的心态行为和出处进退，在回答清末书院生徒"从何而来""缘何而聚"和"将去何处"的基础上，讨论清末传统知识人面对"仕"与"学"这对传统命题的选择过程及其背后原因，探讨处于近代中国"新旧之间"的知识人自我定位和社会定位。

  有鉴于此，本书拟从书院生徒入院前、肄业时、离院后三个阶段展开。章节安排如下：

上编："从何而来"。本部分在对清代书院教育、清末书院生徒管理制度梳理的基础上，重点考察清末书院生徒群体的形成与构成。主要包括：清末书院生徒群体形成的讨论：生徒基于举业科名、学术崇尚两个因素，即"科举名院"和"学术名人"对生徒群体首次入院、院际流动时的吸引力的考虑，选择书院。清末书院生徒群体构成的讨论：尝试通过对生徒前置科名、前置学缘、地理来源再到取录迁转的考察，从生徒群体特征的角度揭示知识人自我定位、社会定位的变化与体制变化的关系。

中编："缘何而聚"。本部分以生徒举业活动、治学活动和治生活动展开。举业、治学活动方面，从清末举业、治学观念更新的角度，以生徒课为研究对象，通过叶昌炽、唐文治典型个案的讨论，考察仕与学两种价值取向对生徒书院举业、治学活动的影响程度。治生活动方面，梳理清末书院膏奖制度的基础上，讨论生徒在书院奖励、资助经费的引诱下，存在的失范行为以及背后所揭示的关于仕与学的价值选择问题。同时，以莲池书院生徒群体、南京诸书院生徒群体为考察对象，讨论生徒在举业、治学之余，构建"学术圈"与"社交圈"时的心态行为。

下编："将去何处"。本部分以"北图藏珍本年谱丛刊"中同治、光绪年间书院生徒的群体研究，以及南菁书院生徒蒋维乔的个案研究相结合的形式，讨论举业与治学如何影响生徒离院后的出路、职业选择。总结清末书院生徒职业选择的三个面相：为官、为师、参与近代教育，表明职业选择以仕、学两个维度拓展延伸却又难以逃脱传统的惯性力量的束缚，折射出中国近代社会转型变动时期的种种特征。

四　资料说明

中国的书院文献数量众、种类多，内容丰富，价值亦高。书院文献一般是指"记录有关书院各种活动、建筑、规章等内容的资料，按照其载体，可分为单独成篇的篇目类文献和各自成书的书目类文献两大类型"[①]。

[①] 篇目类文献有碑记、序跋、书启、诗词赋、楹联等，散见于政典、史书、方志等之中；书目类有书院志、课艺、讲义、学规、同门谱等。参见邓洪波编著《书院学档案》，武汉大学出版社2017年版，第5页。

除此之外，间接性书院文献也为数甚巨，如方志中的书院记载，文人别集中的书院诗文、文人笔记、家谱、族谱中的书院史料等。自唐代以来，书院发展走过千年，书院文献产生和流播也经历千年，聚沙成海，数量和内容令人叹为观止。清代书院文献在种类和数量上又远超前代，故个人涉猎有限，难免挂一漏万。当然本书在广泛利用各种常见常用的书院资料的基础上，也尽量发掘与清末书院生徒有关的"新资料"。现将本书主要利用的资料介绍如下。

其一，书院生徒的日记、回忆录、年谱、笔记、诗文集、碑传、墓志等。清末书院生徒多非闻人，传世作品本就不多，其本人对徽时书院生活的记载更是难寻。本书收集利用了清末书院生徒、书院教师的多种日记、回忆录及年谱，日记方面，有蒋维乔的《因是子日记》及《蒋维乔日记》、叶昌炽的《缘督庐日记》、皮锡瑞的《师伏堂日记》、郭嵩焘的《郭嵩焘日记》等；回忆录方面，有邢赞亭的《莲池书院回忆录》、赵椿年的《覃䜩斋师友小记》、沈恩孚的《上海龙门书院纪略》等；年谱方面，有《北京图书馆藏珍本年谱丛刊》中所辑清末人物中记述其书院经历的33位生徒、唐文治的《茹经先生自订年谱》、胡传的《钝夫年谱》、张知本的《张怀久先生知本年谱》、皮锡瑞的《清皮门先生锡瑞年谱》等。辅之以《续碑传集》《碑传集补》《碑传集三编》《辛亥人物碑传集》《续滇南碑传集校补》等人物传记汇编以及《清代诗文集汇编》《清代笔记丛刊》等文集、笔记汇编。值得注意的是，日记、回忆录和年谱是重要的史料形式，若能善加利用，可为正史的重要补充甚至是关键凭据。但是，由于日记、回忆录和自订年谱均难免主观取舍，或有矫饰和虚假成分，更何况由于"记主们的社会地位不同，层次悬殊，视野各异，经历亦大相径庭；即使是共处于大致相同的环境之下，日记中留下的个人感受也可能完全不同"①。这就要求研究者对日记、回忆录和年谱等资料妥善解读，注意将各种材料比勘印证，"将日记内外的历史勾连贯通，才能逐渐接近记述之人，把握其所记之

---

① 田正平：《世态与心态——晚清、民国士人日记阅读札记》，上海教育出版社2017年版，第5页。

事，以免尽信书不如无书的偏弊"①。

其二，书院生徒的课作和课作集。书院生徒考课的答卷称课作（也称课艺、课卷），课作是考课之后形成的文字记录。清末书院考课盛行，上至省级书院，下至县级书院，无论科举书院抑或学术书院，几乎都实行考课制度，并且按照主考者身份不同，有官课、师课之分；按照考课时间不同，有日课、月课、季课、春课、秋课等之别；按照考课内容不同，有制艺试帖课、经古课、诗课、策论课、算学课等不同。由此估算，生徒课作数量应该相当可观。但由于课作并非出自名人之手，历来少受重视，散佚严重。存世课作文献，大致有课作原件（单个生徒的单篇课作）、课作别集（个人的书院课作汇集）以及课作总集。课作原件如国家图书馆藏两湖书院周培懋课作、上海图书馆藏东城讲舍丁梦松课作等；课作别集如王元穉《致用书院文集》《致用书院文集续存》等；课作总集数量较多且较为常见，如《莲池书院肄业日记》《诂经精舍文集》等。② 通过课作除了可以了解生徒姓名、籍贯、字号等基本生平信息，还可以考证生徒迁转、书院举业、治学活动之表现甚至是官师对其评价，而课作集汇集了一间书院同一时段不同生徒的同题之作，如莲池书院《吴门弟子集》中同作《读顾命》一题者有蔡如梁、刘登瀛、贾恩绂等，同作《拟潘安仁秋兴赋》者有李景濂、吴镗、刘乃晟等，同作《拟陆士衡文赋》有张殿士、李刚己等。③ 同题之作承载了生徒对相同课题的记忆书写，可用于教育的横向对比。

其三，书院学规和同舍录。书院学规（也称章程、院规、会约、揭示等）是书院教学不可或缺的一个部分。北宋以后，绝大部分书院为了保证教学、治学等日常运行的需要，均制定了作为学习和生活准则的学规。清末书院学规包括内容广泛，与生徒相关的有入学的条件、朔望的礼仪、课程的设置、日常的作息、奖惩的办法等。书院学规可以从制度层面考察生徒举业、治学的具体细节。同舍录（也称同学录、题名

---

① 桑兵：《治学的门径与取法——晚清民国研究的史料与史学》，社会科学文献出版社2014年版，第79页。
② 鲁小俊：《清代书院课艺总集叙录》，武汉大学出版社2015年版，第2—3页。
③ 吴闿生编：《吴门弟子集》，民国十九年（1930）莲池书社刊本。

记），是书院生徒的花名册。简约者记载生徒基本信息如姓名、籍贯、入院前科名等，详密者记载生徒三代情况、入院时间、斋舍迁移情况、出院时间、成绩以及去向等，如《广雅书院同舍录》《经心书院题名记》等。根据同舍录的记载，辅之以硃卷资料，可以考订、统计、分析书院生徒家庭出身、生平履历、学缘地缘关系等。

上编　从何而来

第一章

清代书院与书院教育

第一节　书院与书院教育

中国古代书院是一个集藏书、校书、修书、刻书、教学、祭祀、学术研究等多重功能于一体的文化组织。

"院"者,"周垣也",所谓"有垣墙者曰院"①。"书"、"院"二字连用,本意为"有围墙的,用来藏书的屋子"②。如被认为是中国古代书院之滥觞的唐开元五年(717年)官方设立的丽正修书院、开元十三年(725年)设立的集贤殿书院即为藏书、校书之所,"虽以书院名,实皆无生徒"③。后世所用"书院",早已不仅限于藏书之功能,如胡适认为:"书院为我国古时最高的教育机关。"④ 季羡林认为:"书院是中国封建社会的教育组织形式,以私人创建为主,有时也有官方创办的。"⑤ 王炳照认为:"书院是中国古代独有的一种教育组织形式。"⑥ 凡此种种,皆是关注到书院的教育教学的功能和意义,并将教学视为书院最本质的属性。可以说,书院之名,起自藏书,兴于教学。

---

① 陈廷敬、张玉书等编撰:《康熙字典(修订版)》,社会科学文献出版社2015年版,第1645页。
② 徐梓:《东佳书堂小考》,《湖南大学学报(社会科学版)》2015年第2期。
③ 班书阁:《书院生徒考》,《女师学院期刊》1934年第3卷第1期。
④ 胡适:《书院制史略》,《东方杂志》1924年第21卷第3号。
⑤ 季羡林:《中国书院辞典序言》,载季啸风主编《中国书院辞典》,浙江教育出版社1966年版,第1页。
⑥ 王炳照:《中国古代书院》,中国国际广播出版社2009年版,第2页。

书院生徒伴随书院教学功能而生，是书院实现教育机构职能的要素之一。"生徒者，书院之主体。盖书院之设端为教士，所教之士即生徒也。"① 因此，讨论书院生徒，首先必须明确书院何时具有了教学功能，成为真正意义上的教育机构。"书院"之称谓起源于唐代，学界已无争议，但当时书院是否具有教育机构的特征，是否有生徒肄业其中，尚难以确定。有学者认为唐中宗景龙年间的福建漳州松洲书院，具备教师（陈珦）、生徒（士民）和教学内容（典礼、古义）三要素，是"中国第一所教学功能比较齐全的书院"②。还有学者认为五代时期创建的江西德安东佳书堂，具备教师（四方学者）、生徒（子弟）和教学内容（礼乐、诗书）三要素，是"最早有明确记载的、具有教育教学属性的书院"③。无论得出何种结论，学界皆以是否同时具有教师、生徒、教学活动三项要素来考察、判断一所书院是否具有了教学功能。可见，教师、生徒是一所书院开展教学活动基本的"人"的要素。

讨论书院生徒，还必须理解书院自身的发展规律以及书院发展的外部环境特征。一方面，维系一个文化组织机构赓续长久的基础是"人"的群聚。书院开展教学活动，正是聚生徒于院的最佳途径。书院的起源，可以追溯到汉代，当时普遍存在的精舍、精庐，本为士人读书之地，后逐渐具有聚众讲学功用。如汉代包咸"因住东海，立精舍讲授"④。再如刘淑"少明五经，遂隐居，立精舍讲授，诸生常数百人"⑤。书院承续精舍、精庐的传统，并在教学内容、教学形式、生徒规模上有了进一步发展。至宋代以来，书院教育教学功能逐渐得到强化，根据白新良的统计，北宋71所新建书院中，具有教学职能的不下21所，而像初期书院那样以个人藏修读书为目的的书院却只有十余所。⑥ 及至清末书院的改制、废止前夕，中国尚有书院2000所，并且根据不同的教学内容，大致形成了讲求理学的书院、习经史词章训诂（或

---

① 班书阁：《书院生徒考》，《女师学院期刊》1934年第3卷第1期。
② 邓洪波：《中国书院史》，东方出版中心2006年版，第7页。
③ 徐梓：《东佳书堂小考》，《湖南大学学报（社会科学版）》2015年第2期。
④ 《后汉书》卷79《儒林列传下》，中华书局1965年版，第2570页。
⑤ 《后汉书》卷67《党锢列传》，中华书局1965年版，第2190页。
⑥ 白新良：《中国古代书院发展史》，天津大学出版社1995年版，第8—9页。

通经致用）的书院、科举考课式书院三种类型，而且在小范围出现了带有西学成分的新型书院。① 在千余年里，书院虽曾数次遭遇官方禁毁，但都绪斯文于不坠，这是因为书院始终保有教学功能，坚持聚生徒于书院。

另一方面，书院始终以辅佐官学的身份出现，承担教育教学、培养人才的任务，并受制于国家教育政策。唐末官学衰落不振，书院兴起以弥补官学教育不足。及至宋代，书院成为理学家的道场，又显现出与官学合流的态势。元明清时期，辅助官学教育的书院在追求独立个性的同时不得不向政治低头，出现"官学化"的种种特征。最终，大多数书院与科举结合，成为官学教育的辅助机构。可以说，书院始终保有教学功能，坚持开院授徒，是其获得官方支持、具有合理身份从而得以存续千年的关键要素。

总之，书院招收生徒，履行教学职能虽不是与生俱来，却在其发展过程中逐渐凸显，颇受重视。所谓"书院之设，所以育真才也。而他不与焉"②，"书院之设，所以育人才、广教化也"③。以上说法，皆将书院与生徒培养相连，凸显书院教学的重要性，甚至将书院之设归因于教学育才之需要。至清代，基本已经形成了一种共识，即书院为教学、造士、培植人才之所，具有翼学校、与学校相表里的功能、地位。书院基于自身发展规律和发展的外部环境，逐渐演变成一种具有浓厚正统色彩，辅助甚至替代地方官学的重要教育机构，并随着科举制度的兴废、学术风尚的趋向而起伏。

---

① 关于清末书院类型的界说，本书借鉴《中国古代书院制度》（陈元晖、王炳照）、《明清书院研究》（白新良）、《中国书院史》（邓洪波）等著作观点。

② 冯惟敏：《原恒》，冯惟敏著，谢伯阳编纂：《冯惟敏全集》，齐鲁书社2007年版，第458页。

③ 戴肇辰：《羊城书院试艺序》，戴肇辰编纂：《羊城书院试艺》，清同治九年（1870年）刻本，国家图书馆古籍部藏。

第二节　清代书院政策与书院发展

　　一般认为,清代是中国古代书院发展的鼎盛时代。① 当时书院数量、规模、类型、分布范围均超越前代。这种情况的出现,是书院经历两宋、元明之后,自身发展规律之体现,亦是受到清廷书院政策之影响。

　　顺治九年（1652年）,朝廷下诏:"不许别创书院,群聚徒党,及号召地方游食无行之徒,空谈废业。"② 此一诏令,被认为是清初官方抑制书院之始。时隔五年,这一严苛的政策即随着清政权的稳定而有所松动。顺治十四年（1657年）,湖南抚臣袁廓宇倡率捐修被废弃的衡阳石鼓书院,得到朝廷的准允。自此,各地书院渐有恢复之势。

　　雍乾年间,随着国家政权巩固,社会稳定,书院政策逐渐放开。雍正十一年（1733年）,谕:

　　　　谕内阁各省学校之外,地方大吏每有设立书院,群聚生徒讲诵肄业者。朕临御以来,时时以教育人材为念,但稔闻书院之设,实有裨益者少,浮慕虚名者多,是以未尝勅令各省通行,盖欲徐徐有待,而后颁降谕旨也。近见各省大吏渐知崇尚实政,不事沽名邀誉之为,而读书应举之人,亦颇能屏去浮嚣奔竞之习。则建立书院,择一省文行兼优之士读书其中,使之朝夕讲诵,整躬励行,有所成就,俾远近士人观感奋发,亦兴贤育才之一道也。督、抚驻扎之所,为省会之地,著该督、抚商酌举行,各赐帑金一千两。将来士人群聚读书,须预为筹画,资其膏火,以垂永久。其不足者,在于存公银内支用。封疆大臣等,并有化导士人之职。各宜殚心奉行,

---

① 白新良:《明清书院研究》,故宫出版社2012年版,第127页;邓洪波:《中国书院史（增订版）》,武汉大学出版社2012年版,第449页。
② 素尔讷等纂修,霍有明、郭海文校注:《钦定学政全书校注》,武汉大学出版社2009年版,第94页。

黜浮崇实，以储国家菁莪、棫朴之化，则书院之设，有裨益于士习民风而无流弊，乃朕之所厚望也。①

从这道三百余字的上谕中，可以看到当时朝廷对书院的基本态度。其一，朝廷对书院政策之严柔，是基于书院对政权稳固是否有利而定；其二，朝廷对书院的定位是兴贤育才、裨益士习文风；其三，自雍正朝始，政府已有意识地通过官员倡建、皇帝赐帑金等形式，逐渐增加书院官学色彩。由雍正十一年始，围绕着直省创设省会书院的标志性事件，全国书院在经费来源、山长聘用、生徒选录、教学内容和书院考课等方面形成了一整套既定的程式，清代书院开始进入繁荣发展时期，这种势头一直延续到乾隆末年。

嘉道咸三朝，国事衰微，内忧外患，朝局动荡之下，书院发展亦现疲态。比较突出的问题是山长质量的下降。有些书院山长不仅"学品庸陋，滥竽充数"，甚至有山长"夤缘推荐，滥膺讲席，并有索取束脩，身不到馆者"②的现象，由此滋生各种问题，出现诸如生徒顶名肄业、不守学规、希图膏火等。鉴于此情况，清廷对书院政策由雍乾时期的扶持走向调整，下发多道诏令严格山长、教师选用标准，规范山长、教师教学行为，希望通过改革，引领书院重现雍乾繁荣局面。如道光二年（1822年）谕旨："各直省督抚，于所属书院，务须认真稽查，延请品学兼优绅士，住院训课。其向不到馆支取干俸之弊，永行禁止。"道光十四年（1834年）谕旨："各省会书院院长，令学政会同督抚司道公同举报。各府州县院长，由地方官会同教官、绅耆公同举报。务择经明行修之人，认真训课。……不得虚列院长名目，并不亲赴各书院训课。"③尽管这一时期书院发展气势渐弱，但得益于朝廷政策利好以及学术思想界的渐趋活跃，全国书院根据学术倾向形成了三种不同类型，分别是：

---

① 素尔讷等纂修，霍有明、郭海文校注：《钦定学政全书校注》，武汉大学出版社2009年版，第285页。

② 《清会典事例》卷395《礼部·书院·各省书院》，中华书局1991影印本，第5册，第416页。

③ 《清会典事例》卷395《礼部·书院·各省书院》，中华书局1991影印本，第5册，第416页。

讲授汉学、经史词章的书院，讲授程朱理学的书院以及提倡"通经致用"的今文书院。①

同治时期，随着太平天国之后江南地区社会重建，书院发展迎来了新的契机。同治二年（1876年），谕："将书院膏火一项，凡从前置有公项田亩者，作速清理。其有原存经费无存者，亦当设法办理，使士人等聚处观摩，庶举业不致久废，而人心可以底定。"② 同治十年、十三年，皇帝赐广西秀峰、宣城、榕湖书院，江苏紫阳、正谊书院御书匾额，昭示政府在太平军袭扰地区重振文教的决心。光绪初年，朝廷先后下令为江西白鹿洞书院、广东广雅书院筹办经费。这一系列的举措，不仅让饱受战火侵扰的江南书院有了修整、恢复的机会，更拉开了同治、光绪年间全国新建、兴复书院热潮的帷幕。据邓洪波统计，同治朝全国创建书院440所，恢复、重建书院28所；光绪朝创建书院793所，恢复、重建书院27所；同光两朝全国新建、兴复书院共计1288所。③ 书院在同治、光绪两朝短短四十余年的时间里，出现了落幕前的最后绚烂。

有清一代，朝廷对书院政策经历了由限制、笼络到发展与加强控制相结合的过程，每一次政策的调整，都会影响到书院外部生存环境和内在机体运行。与清代书院政策指向一致的是书院发展的四个阶段。一般认为，清代书院发展经历四个阶段，即书院恢复和发展的顺治、康熙时期；书院全面发展的雍正、乾隆时期；书院逐渐衰落的嘉道咸时期以及书院快速发展、变化并最终废止的同光时期。④ 四个阶段的书院教育有以下显著特点：顺康间，朝廷对书院政策先紧后松，以康熙帝颁赐著名书院匾额为契机，书院进入起步发展阶段，配合朝廷文教政策，书院教学以程朱理学为主要内容。雍乾间，朝廷对书院以扶持为主，以雍正十

---

① 白新良：《明清书院研究》，故宫出版社2012年版，第201页。
② 刘锦藻撰：《清朝续文献通考》卷100《学校考七·书院》，浙江古籍出版社1988年版，第8591页。
③ 邓洪波：《中国书院史（增订版）》，武汉大学出版社2012年版，第493页。
④ 白新良、邓洪波等都持此类观点，参见白新良《明清书院研究》，故宫出版社2012年版，第127页；邓洪波《中国书院史（增订版）》，武汉大学出版社2009年版，第484—485页。

一年省会书院建立为契机，书院进入快速发展阶段，配合科举制度和学术环境，书院教学逐渐转向偏重经史考据之学和时文讲授。嘉道咸间，书院政策以调整、整顿为主，受政局影响，书院进入逐渐衰落阶段，配合乾嘉汉学的兴盛，汉学占据书院讲学的主流，科举时文讲授亦有一席之地。同治、光绪年间书院发展情况相对复杂，具体而言，以光绪二十二年（1887年）和二十四年（1989年）为时间节点，同治元年至光绪二十年，讲授经史词章、时文的书院占据主流，书院改革暗流涌动；二十二年至二十四年，书院改制高潮到来，各地参酌整顿书院、创建新型书院、书院改学堂三种形式着手改革，传统书院辉煌不在，但无论从数量还是形式上看，书院都并没有脱离传统轨道。二十四年以后，新型书院与传统书院短暂并存，传统书院最终被新式学堂所取代。

第三节　同治光绪时期书院的特点

同治三年（1864年），曾国藩重建被毁于战火的钟山书院。随着一批江南地区书院的新建、兴复，传统书院在其停废之前迎来了最后一个发展高潮。

一方面，同治光绪时期科举考试虽弊端凸显，但其对知识人的影响始终存在。各种类型的书院都无法回避科举考试的影响力。讲求科举的考课式书院自不必说，如应元书院公开宣称"考选举人入院肄业，系属培植文教，特为翰林储才而设"，并以优厚的资助、奖励费用支持生徒的举业活动："考选举人入院肄业，按期扃试，分别等第，除膏火奖赏外，并于该举人赴京会试时，酌给盘费银两。"[①] 即使有鲜明办学风格或是教学内容受到新学影响的书院，科举影响力仍然存在。如瞿鸿禨在光绪十二年《申订诂经精舍规约》中向诸生徒强调科举考试的重要性：

---

① 王凯泰：《应元书院志略》，转引自赵所生、薛正兴主编《中国历代书院志》（第3册），江苏教育出版社1995年版，第267页。

"盖制艺代圣贤立言，足觇学养，功令所在，不得自命经生，故意厌薄。"① 以经史训士的诂经精舍尚不能免俗，这便可以理解生徒赵椿年置身"经史、政治、舆地、天算、格致各学"皆备的南菁书院，仍不免发出"余肄业南菁，尚不能废举业"②的感慨。

另一方面，清代学术发展与变迁的总趋势是汉学与宋学由"鼎峙"到"合流"。以嘉道为界，前期汉学盛、宋学衰，后期宋学复兴，汉宋之学最终走向合流。"兼综汉宋"成为清末学术界的集体呼声，正所谓"汉学，学也；宋学，亦学也；经济词章以下皆学也，不必嗜甘而忌辛也"，"不惟汉、宋两家不偏废，其于一切学术亦不可废"③。受学术界趋向影响，至少在同治朝和光绪朝前期，书院仍以汉宋之学为主流，但当时无论是新建还是兴复书院，前者如龙门书院、经心书院，后者如诂经精舍、钟山书院，学术风尚都呈现一种包容汉宋，兼及今文经学、诸子学的态势。尤其是甲午战争后，在各地方实力官员的努力推动下，各省级书院开始以添改课程为手段，将新学、西学引入传统书院，对书院学术内容重新归类。

同治光绪时期书院发展的另一个特点是洋务派中的有识之士改革、创办新式书院。其中，比较著名的是张之洞于光绪十五年（1889年）创办的广东广雅书院、十七年（1891年）创办的湖北两湖书院，此二书院在教学形式和课程设置上有别于传统书院。在教学形式方面，改变传统的会讲与课试的方法，仿照西方学堂形式，由分教上堂讲课。在课程设置方面，两书院课程大致包括又不仅限于经、史、理、文四课，并随时局之变化略有调整。如两湖书院，在光绪二十二年（1896年）时废除理学、文学二门，留下经、史二门，另加舆地与时务，后改时务为算学，又增天文、地图二门。至二十五年（1899年），两湖书院已形成了经、史、算学、天文、地图、兵法、体操等诸门文武兼备的近代课程

---

① 瞿鸿禨：《申订诂经精舍规约》，转引自邓洪波主编《中国书院学规集成》，中西书局2011年版，第315页。

② 赵椿年：《覃覃斋师友小记》，转引自沈云龙主编《近代中国史料丛刊》（第600册），台北：文海出版社1969年版，第310页。

③ 张之洞：《创建尊经书院记》，载张之洞著，苑书义等主编《张之洞全集》（第12册），河北人民出版社1998年版，第10077—10078页。

体系。新式书院在教学形式和课程设置上向近代教育奔跑，积极引入新学、西学课程，提倡培养现代科技专才，但其考课试题中仍可见"论语学问""周礼学问""左传学问"等传统经古试题，也依然鼓励生徒以科举入仕为出路。

可以说，虽然当时科举制度已是强弩之末，传统学术体系亦处于衰落态势，然而科举制度、传统学术还未完全退出舞台，所以无论置身何种类型的书院，举业和治学一直都是生徒的主要活动。

第四节 传统书院的"落幕"：书院改制与废止

近代中国以"变"著称，教育领域的"变"，意指延续千年的传统教育生态的终结，其中最引人注目者，当属传统书院的改制以致逐渐废止和科举制度的停罢。如果说科举制度发展至清末已有气数将尽、日薄西山之态，遭遇停罢实属必然，那么书院制度则是被强令终结的，书院在改废的最后时刻，仍处于发展的繁盛态势，教学、藏书、祭祀传统三大功能正常运行，肄业生徒的数量及其在举业、治学方面的成就远超前代。仓促而至的改制，猝不及防而又备受争议，甚至有学者认为，传统书院的改废，是"中国制度史上罕见的落幕于辉煌的悲剧"[①]。

光绪二十四年（1898年），谕："各省府厅州县，见有之大小书院，一律改为兼习中学西学之学校"[②]，是为"戊戌书院改制"。由于戊戌变法不过百日，此谕令成效甚微。同年九月，礼部奏请"各省书院照旧办理，停罢学堂"，后慈禧太后颁下懿旨，"书院之设，原以讲求实学，并非专尚训诂词章，凡天文、舆地、兵法、算学等经世之务，皆儒生分内之事。……是书院之与学堂，名异实同，本不必定须更改"[③]。四个

---

① 邓洪波：《晚清书院改制的新观察》，载朱汉民主编《中国书院》（第八辑），湖南大学出版社2013年版，第21页。

② 刘锦藻撰：《清朝续文献通考》卷100《学校考七·书院》，浙江古籍出版社1988年版，第8607页。

③ 《清实录·德宗景皇帝实录（六）》（第57册），中华书局1986年版，第654—655页。

月时间内，由书院改称学堂，再由学堂复称书院，政令频繁变动之下，昭示着传统书院已是风雨飘摇，改革势在必行。

光绪二十七年（1901年），谕："着各省所有书院，于省城均改设大学堂，各府及直隶州均改设中学堂，各州县均改设小学堂。"① 至此，在中国历史上存续千余年的传统书院从制度上消失，其实体也在之后的几年中陆续退出历史舞台。

清末浙江杭州诂经精舍的发展历程，正是观察清末书院改废的微观窗口。光绪二十三年（1897年），浙江巡抚廖寿丰奏请将省城敷文、崇文、紫阳、诂经、学海、东城等六所书院，酌筹改并，另设专课中西实学的求是书院。在这轮书院改革风潮中，诂经精舍在掌教俞樾的支撑下，还在坚持办学，但经费、资奖已经大受影响。俞樾此时已察觉到潮流日新，书院改制是大势所趋，即便有心"藉孱躯稍留大局"，亦感慨"断非区区螳臂所能枝柱矣"，终于在二十四年辞聘而去。同年，书院改学堂令下，和诂经精舍一样享誉全国的江苏南菁书院，在是年七月即在学政瞿鸿禨领导下改为省会高等学堂。杭州诸书院除敷文、东城书院早于光绪二十一年停办外，紫阳、崇文亦于光绪二十八年改为高等小学，仅"诂经硕果仅存，其何能久？"俞樾之后，不过6年时间里，黄体芳、谭献、汪鸣銮先后主诂经讲席，如此频繁的变动山长，似乎亦昭示着诂经精舍"气运已尽"。最终，光绪二十九年（1903年）诂经精舍弦诵辍响，与浙江最后一科癸卯乡试一起，走入历史。

诂经精舍创立于嘉庆二年（1797年），彼时阮元初创，拔两浙之隽俊，倡朴学之盛名；至清晚期，俞樾重兴，继阮元之余韵，裨东南人才、学术甚矩。戊戌变法后的六年，是诂经精舍走过的最后六年，它见证了中国传统儒学走向衰落和发生新转变：汉宋之学的地位被新学、西学冲击而动摇，也经历了科举考试从内部改革到最终停罢。诂经精舍最后六年，虽江河日下，不复往昔荣耀，但无论从招生人数还是考课题目来看，似乎仍在做濒临"落幕"前最后的努力和挣扎。光绪二十三年浙江学政徐致考试诂经精舍及紫阳、崇文二书院肄业诸生，诂经报名者

---

① 陈谷嘉、邓洪波主编：《中国书院史资料》（下册），浙江教育出版社1998年版，第2489页。

五百余人，及点名时实到四百七八十人。① 光绪二十四年（1898年）诂经精舍甄别试取录生徒二百四十名。同年三月师课题中仍见"考工记是否先秦古书考""周武取士于赋薪赋以题为韵"这类经古考题。②

　　戊戌变法后的六年，是传统书院落幕的"前夜"，彼时科举制度已然式微，但并不意味着科举功名的社会价值完全丧失；新学西学进入传统书院，也不意味着对传统学缘关系强调的退场。作为中国传统教育体制改革的先声，清末书院改废先于科举制度停罢出现，确实起到了摧毁传统教育"第一道防线"作用，但由于传统书院制度并非衰竭而亡，而是在繁盛态势下被强令终结的。骤然而至的书院改制，虽然在制度上与传统制度决裂，向近代奔跑，但在下一章将看到，无论从客观的书院生徒群体特征还是从主观的生徒意识行为来看，似存在不同步的停顿和迟滞。

---

① 《武林试事》，《申报》1897年5月17日。
② 《浙垣校士录》，《申报》1898年4月24日附张。

第二章

清末书院生徒群体的形成分析

第一节 生徒与书院生徒

"生"和"徒"两字有较强的独立性,可单独成词。《说文解字》对"生"的解释为:"进也。象草木生出土上。"引申其他释义有生育,养育(《诗经·大雅·生民》:不康禋祀,居然生子);生活(《汉书·卫青传》:人奴之生,得无笞骂足矣);一生,一辈子(《李义山诗集·马嵬》:他生未卜此生休);有才学之人,也为读书人的通称(《诗经·小雅·常棣》:虽有兄弟,不如友生)等意。自汉代以来,儒者皆号"生",后世师称弟子曰"生",弟子自称亦曰"生"。

《说文解字》对"徒"的解释为:"步行也。"引申其他释义有服劳役的人(《周礼·天官冢宰》:胥十有二,徒百有二十人);同类之人,党(《左传·宣公二年》:知季曰,原屏咎之徒也);弟子,门人(《论语·微子》:是鲁孔丘之徒)等意。

在古代典籍中,"生""徒"二字连用,最早见于东汉蔡邕的《蔡中郎集》"既讨三五之术,又采二南之业。以鲁诗教授,生徒云集,莫不自远并至"①。此中"生徒"即"学生、门徒"之意。② 与此相似的还有《后汉书·马融列传》:"(马融)常坐高堂,施绛纱帐,前授生

---

① 蔡邕:《琅琊王传蔡朗碑》,《蔡中郎集》卷3《文集》,四部丛刊景明活字本。
② 张玉书等撰,康熙字典校点组校点:《康熙字典》,北京师范大学出版社1997年版,第263、611页;商务印书馆编辑部编:《辞源(修订本)》,商务印书馆1998年版,第2097页。

徒，后列女乐。"①《后汉书·邓寇列传》："恂素好学，乃修乡校，教生徒。"②《教育大辞典》将"生徒"定义为"汉代以后中央官学、地方官学、私学和书院学生的泛称"③。

  书院生徒，是除书院教师外，书院中重要的"人"的要素，是书院或实现其教育机构职能不可缺的一环。本书中的"生徒"是在清末（主要是同治、光绪年间）有书院肄业经历的知识人。由于清末书院数量众多，分布广泛，受书院类型、等级和功能等因素的影响，肄业其间的生徒情况相当复杂，有必要在此说明。

  清代书院与科举考试"紧密捆绑"，同一书院内，生徒科名复杂，别称亦多。在各类书院文献资料中，比较有代表性的是用生员、生童称呼生徒。生员之称，可溯及魏晋时期，后魏道武帝于平城"立太学、置五经博士，生员千有余人"④。至明清时，生员专指"考取府、州、县学的学生，不一定入学肄业，但须受本地教官及学政的监督考核"⑤ 的具有初级科名的知识人。生员下分文、武两种，文生员下有廪、增、附、监、贡生等类。生童之称，为一些书院中生员、童生的合称。如广东南雄道南书院乾隆三十一年所订章程规定："每年取正课生童各二十五名，生监每名每月膏火银柒钱，童生膏火银五钱。"⑥ 此中"生童"应为生监与童生的合称，亦有将"生童"理解为童生者，如《教育大辞典（增订合编本）》中将"生童"释为"童生，有文生童、武生童之称"⑦。

  根据季啸风主编《中国书院辞典》所载，书院生徒尚有内课生、

---

① 《后汉书》卷60上《马融列传》，中华书局1965年版，第1972页。
② 《后汉书》卷16《邓寇列传》，中华书局1965年版，第624页。
③ 顾明远主编：《教育大辞典（增订合编本）》，上海教育出版社1998年版，第1385页。
④ 《北史》卷69《列传儒林上》，中华书局1974年版，第2704页。
⑤ 顾明远主编：《教育大辞典（增订合编本）》，上海教育出版社1998年版，第1387页。
⑥ 宋淇源：《道南书院经费支给规条》，转引自邓洪波主编《中国书院学规集成》，中西书局2011年版，第1342页。
⑦ 顾明远主编：《教育大辞典（增订合编本）》，上海教育出版社1998年版，第1385页。

内肄业生、附课生、随课生、正课生、外正课生、外课生、外肄业生、补课生、听讲生、受业生等十数种称谓。如正课生、外课生系是书院根据生徒受业地点、考课成绩、受业等级对生徒进行内部分类而产生的称谓。大体来说，正课生的含义有三，一为考试成绩优异者之称谓，二为住院生徒之称谓，三为内外课生徒之统称。外课生含义有四，一为对成绩低于内课者之称谓，二为对成绩属于三等者之称谓，三为未参加录取考试而参加考课生徒之称谓，四为专学中学不习西学者之称谓。清代书院生徒别称繁多，和当时书院员额、考课类型以及生徒成绩、所获得资助奖励经费等相关。无论称谓为何，只要其有书院肄业经历，都是本书的研究对象。

第二节　清末书院生徒群体的数量

光绪二十七年（1901年），清政府下令改书院为学堂，至此在中国历史上存续千余年的传统书院从制度上消失，很快退出历史舞台。值得注意的是，清代却又是书院发展史上前所未有的繁荣时期，即使在改废最后时刻的清朝末年，传统书院仍处于发展的繁盛态势，教学、藏书、祭祀传统三大功能正常运行，肄业生徒的数量及其在举业、治学方面的成就远超明代。宣统元年（1909年）中国尚有书院2000所，在院人数15万，而同时期大学堂生和高等学堂生人数分别为549万人和3387万人。[①] 总体来说，清末书院生徒群体数量庞大。

一　清末书院数量和各级书院员额

清末书院生徒群体数量庞大，与当时新建、兴复众多书院不无关系。

同治三年（1864年），曾国藩率军克复被太平天国占领的南京，甫进城，即着手重建被毁于战火的钟山书院。次年二月，钟山书院另

---

① 数据根据《各省专门学堂学生统计表》计算而得，见图书馆古籍馆编《国家图书馆藏近代统计资料丛刊》（影印本）（第32册），北京燕山出版社2009年版，第98—100页。

址重开，曾国藩礼请江南名士李联琇执掌教席，由是钟山书院弦歌相继，更胜从前。钟山书院的事例或可反映，同治初年，随着一批东南地区书院的新建、兴复，传统书院在其停废之前迎来了最后一个发展高潮。按照邓洪波的统计，同治、光绪两朝四十七年间，书院年平均建复数分别为同治朝36所和光绪朝24所，分别列有清一代各朝的第一和第三。① 就数量上来说，同光年间可以说是传统书院发展的"黄金时代"。

兹将同治、光绪时期的书院统计数据，制成表2-1。

表2-1　　　　　　同光时期书院数量统计　　　　　（单位：所）

	曹松叶统计			邓洪波统计		白新良统计	
	新建书院数	兴复书院数	改造书院数	新建书院数	兴复书院数	新建书院数	兴复书院数
同治（1862—1874年）	32	65	16	440	28	366	14
光绪（1875—1908年）	17	49	11	793	27	671	11
合计	190			1288		1062	

资料说明：曹松叶：《宋元明清书院概况》，《中山大学语言历史研究所周刊全编》（第7—8册），国家图书馆出版社2011年版；邓洪波：《中国书院史（增订版）》，武汉大学出版社2012年版，第456页；白新良：《明清书院研究》，故宫出版社2012年版，第235—246页。

大体而言，清代书院主要有省级书院、府（州）级书院和县级书院三个层级。

清末近2000所书院中，既有享誉世界、广受关注的省级书院如岳麓书院、南菁书院，亦有不为人知的县级书院、民办书院，它们遍布华夏大地，各具特色，各领风骚。每所书院在其或长或短的发展历程中都有较为固定的员额限制，并根据其各自等级呈现一定规律。兹根据《中

---

① 邓洪波：《中国书院史（增订版）》，武汉大学出版社2012年版，第458页。

国书院学规集成》所录清末各书院章程，统计出清末各级书院大致的员额情况。

表2-2　　　《中国书院学规集成》所录清末书院员额情况　　（单位：所/名）

	书院数	员额	平均员额数
省级书院	22	2621	约119.14
府级书院	39	3089	约79.20
道级书院	2	180	90
州级书院	17	893	约52.53
县级书院	62	3658	59
民办书院	13	1044	约80.31

如表2-2所示，清代书院招生人数根据级别不同，呈现一定规律：一般而言，清末省级书院员额100名左右；府（州）级书院在100名以内，以60—70名为多见；县级书院50名左右，有的文教不发达的县级书院，可能仅20—30人肄业。清末书院员额除受书院等级影响，还与官学学额、乡试定额存在一定联系。

二　官学学额、乡试定额与书院员额

官学学额、乡试定额与书院员额通过科举考试而建立了一定联系。

清代官学学额[①]与科举考试有着非常密切的联系。清袭明制，强调"科举必由学校，而学校起家可不由科举"[②]。由此，官学与科举考试建立起天然联系。官学学生既是科举考场中的考生，又是未来朝廷官员的后备人选，可以说朝廷通过科举考试这一纽带，将官学教育与国家用士联系在一起，将知识人"士"变"仕"的理想串起。正因如此，朝廷对地方官学学额控制严格而谨慎，雍正二年（1724年）以后，各地方

---

① 本书所讨论的"官学学额"是指与书院取录有关的各直省府、州、县学取进童生名额，不含为某些特别群体考生配置的专额。
② 《明史》卷45《选举一》，中华书局1974年版，第1675页。

官学额进人数每所不会超过40人,即使在晚清官学废弛、名存实亡的情况下,各地学额亦没有出现较大变化。学额配置受本地文风、应举者多寡及赋税三个因素影响,呈现区域差异。①

那么,官学学额与书院员额存在何种关系呢?表2-3列出了文教水平较高的浙江省和文教水平较低的贵州省各自官学学额与省级书院员额,发现学额较多的浙江省,其省级书院招生数额亦较多,学额较少的贵州省,其省级书院招生数额相对较少。这至少说明,一省官学学额数与其省级书院员额的发展趋势是一致的。②

表2-3　同光年间浙江、贵州两省学额与书院员额对比　　（单位：人）

省份	全省官学取进童生数	省级书院员额总数
浙江	1796	294（其中敷文书院：144、诂经精舍：60、求是书院：90）
贵州	734	140（其中贵山书院：60、正习书院：40、正本书院：40）

资料说明:《钦定学政全书校注》、《中国书院学规集成》、道光《贵阳府志·学校略下》、民国《杭州府志·学校三·书院》。

即使在一省之内的各县,县学学额与县级书院员额仍表现出与上述一致的趋势。表2-4对比了湖南一省内,不同县的县学学额与县级书

---

① 顺治四年定:直隶、各省儒学,视人文多寡,分大、中、小学取进童生。大学四十名,中学三十名,小学二十名。又定:直隶各学廪膳生员,府学四十名,州学三十名,县学二十名,卫学十名。增广生员名数同。顺治十五年题准:直省取进童生,大府二十名,大州县十五名,小学四五名。康熙九年题准:各直省取进童生,大府州仍旧,中学十二名,小学或八名,或七名。雍正二年奉上谕:人文最盛之州县,题请小学改中学,中学改为大学,大学照府学额取录。素尔讷等纂修,霍有明、郭文海校注:《钦定学政全书校注》,武汉大学出版社2009年版,第154页。

② 若论官学学额、科举中额及书院员额皆受省域文风影响,表现出一致趋势理所当然,那么此处试举一反例。根据张伟然的研究:"1726、1870年在长三角各州县学学额大都较前有显著增加的情况下,各地学额与所中举人、进士的相关系数较前并没有显著提高,甚至变小",可知学额与科举中额的趋势有可能存在不一致的情况。参见张伟然、梁志平《定额制度与区域文化的发展》,《中国历史地理论丛》2008年第7期。

院员额。同光年间,湖南各县取录童生额数大致有四个档次,分别参照府学、大学、中学和小学标准各取进童生 20 名、15 名、12 名、8 名,对应各县县治所在地的书院取录生徒员额亦能发现一定相关性,即学额较多的县,其县级书院取录生徒员额亦多。当然,影响书院员额的因素较多,也存在个别与此趋势不相符合的情况。如凤凰厅学额为 8 人,其域内敬修书院员额在嘉庆年间就达 72 人,这或与敬修书院地处苗族百姓群聚地,是受到朝廷政策扶持的苗疆书院有关。总体来说,由于同光年间科举影响力广泛渗透于各书院,书院员额设置参考官学学额,呈现较为一致的趋势实属必然。

表 2-4　　同光年间湖南部分县学学额与书院员额对比　　（单位：人）

县学	县学学额（不含廪膳、增广）	县级书院	书院员额
巴陵县学	20	金鹗书院	100
湘阴县学	15	仰高书院	75
宁乡县学		玉潭书院	70
临湘县学		莼湖书院	40
芷江县学		秀水书院	50
安仁县学	12	宜溪书院	32
乾州厅	8	立诚书院	25

资料说明：《钦定学政全书校注》、邓洪波：《湖南书院史稿》。

乡试是清代科举考试过程中竞争最激烈的一级考试,乡试定额是国家科举政策的重要反映。清廷通过调整乡试定额,维持区域间的平衡,维护科举制度在统治中的重要地位。一省的乡试定额,可以说是一省文风、经济实力的晴雨表,也是书院员额设置的影响因素之一。表 2-5 对比了部分省乾隆、同治年间乡试定额与书院员额的变化情况,可见书院增额与乡试定额增加的趋势一致。

表 2-5　乡试定额变化与书院增额变化对比（乾隆、同治年间）①

（单位：人）

省	乾隆十二年乡试定额	同治六年乡试定额	书院	乾隆间书院员额	同治间书院员额
浙江	94	129	龙湖书院	30	80
			安定书院	16	20
			爱山书院	30	130
江西	94	104	白鹭洲书院	30	80
湖北	48	58	紫峰书院	15	20
湖南	47	59	玉潭书院	50—60	80

资料说明：王德昭：《清代科举制度研究》、光绪《钦定科场条例》卷20《乡会试定额·例案》、邓洪波：《中国书院学规集成》。

总的来说，清代书院员额设置与官学学额、乡试定额设置的趋势基本一致，即某地区官学学额、乡试定额数量多，那么区域内书院员额数量也相应多，反之亦然。当然，影响书院员额设置的因素复杂，表2-3、表2-4、表2-5或许可以反映，书院招生采用定额的方式，借鉴官学，并参考官学学额、乡试定额发展趋势配置。由于官学学额、乡试定额与科举考试密切相关，故书院员额设置，也在一定程度上反映了清代科举考试在基层社会的影响力。

值得注意的是，书院员额并不是一成不变的，部分书院会在科考之年大规模、临时性的增加员额，以偏远地区书院多见。

贵山、正本、正习三书院坐落在贵州省城贵阳，同为省级书院，其章程规定："贵山书院正课生员28名，副课32名共60名，有科场之年增正课30名，副课30名。正本书院、正习书院正课生员11名，副课14名共25名，正课童生10名，副课5名，有科场之年各增正课生员9名，副课21名，童生不增。"②贵山书院科场之年一次性增加员额100%，正本、正习更规定乡试之年只增生员数，不增童生数，三书院

---

① 清代乡试定额经过数次调整，本表选择定额较为稳定且实行时间段较长的乾隆十二年、同治六年为观测点进行讨论。

② 道光《贵阳府志》卷43《学校略下》，清咸丰二年刻本。

员额临时调整都带有明显的科考前"强化训练"意味。

　　州县级书院增员更具有科考针对性。光绪年间湖南巴陵县金鹗书院规定："遇乡试之年，取准生员正课12名，副课12名，童生正课8名，副课8名，附课50—60名。小试之年，生员正课8名，副课8名，童生正课12名，副课12名，附课50—60名。"① 金鹗书院根据不同级别的考试调整取录员额，乡试之年生员应考，生员员额增加，小试之年童生应考，童生员额增加，员额设置与科举考试紧密配合。

　　清代科举考试对书院的影响力无处不在，即使身处不以举业为尚的南菁书院，肄业生徒也承认"南菁院友向为科名之利器"②。故而在科举时代，科举考试影响书院员额设置本在情理之中。

第三节　清末书院生徒群体的构成

　　清代书院取录生徒方式一般有二。一是参考生徒岁、科二试成绩"拔入"书院，其权操之于官员；二是生徒报名投考后被"甄别"入院，其权操之于山长。后者取录方式之下，生徒有自主选择哪所书院肄业的权利。生徒选择书院肄业，除了考虑书院膏奖丰简之外，亦是基于自身科名、学缘、地缘等因素的综合考量，即基于自身条件、诉求而做出的价值判断。那么，考察生徒入院前的科名、学缘、地缘，了解生徒群体构成的基本情况，可以理解生徒选择书院的动机及其背后科举、学术的价值影响力。另外，生徒肄业书院并不是静止而是动态变化的，即存在一名生徒肄业多个书院的情况，这种迁转的背后，是生徒对科举、学术资源进行的再次判断。本节主要就生徒入院前的科名、学缘、地缘，及其取录迁转情况做一简单分析。

---

① 《金鹗书院酌议章程八条》，转引自邓洪波主编《中国书院学规集成》，中西书局2011年版，第1191页。

② 殷葆诚：《追忆录一卷续录一卷》，转引自北京图书馆编《北京图书馆藏珍本年谱丛刊》（第186册），北京图书馆出版社1999年版，第615页。

一　入院前科名

有清一代，书院招生一般以童生、生员为主。有的书院同时招收童生、生员，如山东章丘绣江书院生徒："一是经县、府学考录的生员，只是定期送交课卷批改，称为'附学生员'；一是经县学考试合格的童生，或学有相当程度、入院专攻经史的生员。"① 有的书院声明专课童生或不录童生，如河南开封彝山书院，"念培养英才之道自成童始"②，特专课童生；河南豫南书院，只选录周边"三郡举、贡、生、监肄业其中，童生一概弗录"③。另外，清代还存在专课或兼课举人的书院，如"特为翰林储才而设"的广东应元书院，只考选举人入院肄业；再有江西豫章书院，于光绪八年（1882 年）附设孝廉书院，专选举人入院肄业。也就是说，生徒入院科名，最低可能是没有任何科举考试经历的童生，最高可能是参加过乡试的举人。

表 2-6 统计了《北京图书馆藏珍本年谱丛刊》（下称"北图年谱"）33 位生徒入院前的科名情况。其中，有 26 人在首次入读书院前就已经获得了地方儒学廪生、附生、监生等身份，具有生员科名；有 6 位则是以童生身份首次入院的，而这 6 人在首次入读低级别的州、县级书院后，大都能迁转至高级别的省级书院。因此可以得出：低级别的州县书院对生徒前置科名要求较低，而高级别的省级书院，一般要求有生员科名。更显而易见的是，一旦成为生员，马上就能获得省级书院肄业机会，如殷葆诚 20 岁时肄业江阴本地的礼延、西郊书院，28 岁时成为生员，翌年即进入省级南菁书院学习，还有王锡彤 17 岁入本地淇泉书院学习，19 岁成为生员，22 岁就进入省级大梁书院学习。

---

① 《绣江书院条规》，转引自邓洪波主编《中国书院学规集成》，中西书局 2011 年版，第 775 页。
② 史致昌：《彝山书院重定章程》，转引自邓洪波主编《中国书院学规集成》，中西书局 2011 年版，第 883 页。
③ 朱寿镛：《豫南书院章程十条》，转引自邓洪波主编《中国书院学规集成》，中西书局 2011 年版，第 959 页。

表2-6 书院生徒入院前科名情况（《北京图书馆藏珍本年谱丛刊》）

姓名	科举经历/年龄	首次入院/年龄	迁转书院/年龄	首次入院科名
王舟瑶	始应童试/16岁；生员/24岁	清献书院/20岁；九峰精舍/21岁	诂经精舍/29岁	童生
殷葆诚	初应童试/19岁；生员/28岁	礼延、西郊书院/20岁	南菁书院/29岁	童生
王锡彤	初应童试/14岁；生员/19岁	淇泉书院/17岁	大梁书院/22岁	童生
章炳麟	始应童试/16岁	诂经精舍/23岁		童生
权量	始应童试/17岁；生员/22岁	应各书院月课/17岁	经心书院/22岁	童生
丁福保	监生/22岁；生员/23岁	南菁书院/22岁		生员（监生）
李根源	始应童试/20岁；生员/20岁	来凤书院/17岁		不详
章嵚	生员/19岁	书院应月课/16岁	诂经精舍/19岁	童生
朱彭年	初应童试/15岁；生员/20岁	崇文书院、东城讲舍/29岁		生员
熊起磻	始应童试/17岁；生员/24岁	涑水书院/28岁	大梁书院/29岁	生员
章定瑜	始应童试/19岁；生员/24岁	崇文书院/26岁		生员
赵天锡	始应童试/16岁；生员/20岁	广雅书院/35岁		生员（附生）
李思敬	生员/18岁	明达书院/21岁		生员
瞿鸿禨	生员/17岁	城南书院/21岁		生员（附生）
晏安澜	生员/18岁	宏道书院/25岁		生员
张謇	生员/16岁	师山书院/20岁	钟山、惜阴书院/22岁	生员
李钟珏	生员/17岁	敬业、蕊珠书院/18岁	龙门书院/22岁	生员

续表

姓名	科举经历/年龄	首次入院/年龄	迁转书院/年龄	首次入院科名
陈衍	初应童试/15岁；生员/18岁	致用书院/19岁		生员
赵启霖	生员/16岁	岳麓书院/22岁		生员
周宗麟	生员/20岁	经正书院/29岁		生员
张之汉	初应童试/22岁；生员/24岁	萃升书院/26岁		生员
钮泽晟	生员/16岁	爱山书院/28岁	安定书院/30岁	生员
庄蕴宽	始应童试/16岁	南菁书院/20岁		生员（监生）
夏辛铭	始应童试/16岁；生员/16岁	诂经精舍/22岁		生员
吴士鉴	始应童试/17岁；生员/17岁	东城讲舍/18岁		生员
萧瑞麟	生员/19岁	五华书院/24岁	经正书院/25岁	生员
邓镕	生员/19岁	尊经书院/21岁		生员
袁嘉谷	生员/15岁	五华书院/21岁	经正书院/22岁	生员
邵章	生员/15岁	诂经精舍/16岁	东城讲舍/17岁	生员
梁启超	生员/12岁	学海堂/15岁		生员
潘鸣球	生员/23岁	南菁书院/27岁		生员
李学诗	生员/19岁	来凤书院/20岁	五华书院/21岁	生员
蔡焕文	生员/15岁	崇文书院/22岁		生员

资料说明：根据北京图书馆编：《北京图书馆藏珍本年谱丛刊》，北京图书馆出版社1999年版，第173、176、177、180、181、183、184、185、186、188、189、191、192、193、196、197、198、199册内容整理。

同一所书院中，生徒们不尽相同的前置科名也值得关注。我们以南菁书院光绪十一年（1885年）入院生徒为例。① 据生徒赵椿年回忆，该年入院生徒32人，其中住院肄业24人，在这24位住院生中，有9位入院前科名不详，其余13人中，唐文治、章际治入院前已是举人，其他皆为县学生员。值得注意的是，张锡恭、华世芳、沙从心、王虎卿、陈浏、李安、杨模、姚锡光、杨世沅等9位生徒入读南菁书院甫半年，就参加了乙酉科朝考，一举成为拔贡，有了不经乡试、会试直接获得官职的机会，这或与他们肄业南菁书院，获取了一定科举资源有关。

根据以上情况，我们可以进一步得出：一方面，受生徒本人求学书院动机的影响，同一书院中，生徒科名有高有低，很难统一。清代书院招生的标准是"择乡里秀异沉潜学问者，肄业其中。其恃才放诞，佻达不羁之士，不得滥入书院中"②。按照官方的想法，生徒肄业书院的动机应该是十分单纯，即沉潜学问而不作他想。但实际来说，生徒择书院肄业，或借书院以栖身，或凭膏火以自给，或借书院以徐图举业，或傍书院而潜心学问，凡此种种动机，亦可能造成生徒入学前科名复杂的情况。像前文提到的南菁生徒章际治，成为举人后，对自身学术水平亦不满足，就学书院，"从张文虎、黄以周、缪荃孙诸大师游，纵经史文辞、九章算数，所造卓卓"③。太仓人唐文治，早在光绪八年便已中举人，分别于光绪十年、十一年两次投考南菁书院。④ 章、唐二人以举人之姿，入南菁书院肄业，皆志在求取高深的学问。

另一方面，清末书院改制前，传统书院对生徒前置科名的强调一直较为稳定，特别是在省级书院中，罕有无科名持有者肄业的情况。一般认为，自鸦片战争以来，科举制度已现强弩之末之颓势，咸同间因军兴道梗，光绪末年因《辛丑条约》，会试假闱河南，便是明证。尤其进入20世纪，在新学冲击之下，科举制度已然走到了风雨飘摇的边缘，那么依

---

① 赵椿年：《覃擘斋师友小记》，转引自沈云龙主编《近代中国史料丛刊》（第600册），台北：文海出版社1969年版，第284—285页。
② 素尔讷等纂修，霍有明、郭海文校注：《钦定学政全书校注》，武汉大学出版社2009年版，第285页。
③ 徐震：《江阴章若琴先生墓碑铭》，《华国月刊》1925年第2卷第6期。
④ 据唐文治自述，光绪十年（1884年）黄体芳在江阴设南菁书院，毕光祖为其报名寄卷应试。光绪十一年，唐文治与毕光祖、张树冥诸友亲赴南菁书院应试，取超等，住院肄业。

附科举制的科名阶层划分自然应该走到尽头。然而实际情况并没有我们想象的那么严重，在19世纪至20世纪之交，多数知识人所自觉选择和倾力以求的仍然是由科举进身，无论是书院还是取其而代之的新式学堂，招录持有举人、秀才等科名的生徒、学堂生仍属常态。如江苏南菁书院已于光绪二十七年（1901年）改称"江苏全省高等学堂"，但在光绪三十四年（1908年）《申报》刊登的一则启事中，仍可见南菁学生袁骧勤自称"由附生入江阴南菁学堂于（光绪）三十二年毕业"，并称同学为"太兴廪贡生赵某某"①。诚然，在变革时代，传统知识人的自我定位和社会定位都将出现变化，但行为虽有断裂，思想却在延续，这也就可以解释，即使在科举制度已然停摆的1909年，袁骧勤仍以科名自鸣于世。

二 入院前学缘

"按照儒家哲学，个人从来都不是孤立的、独立的实体，人被界定为社会的或互动的存在"，而"儒家的社会理论就是要把个人发展成为关系本体的个体"②。由"个人"成为"关系本体的个体"的过程中，社会网络的构建是重要的一环。在中国传统社会，人们通过亲族、地域、籍贯、同业、同学和师生等关系构建社会网络，因而形成了亲缘、地缘、业缘、学缘等人际关系。学缘关系是在共同的学习环境中与师长、同门、同年构建成的各种人际关系。本部分讨论的学缘，特指清末书院生徒入院前的学缘，主要包括科举学缘和学术学缘，亦即书院生徒在入院前于科举活动与学术活动中的产生、形成的师生、同门等关系。

讨论书院生徒入院前的学缘，有必要对一般情况下清末传统知识人求学经历作大体概述。③ 传统教育背景下，传统知识人基本要经历家庭

---

① 《南菁学生袁子龙被诬藏匿熊成基之报告》，《申报》1909年2月4日。
② 金耀基：《关系和网络——一个社会学的阐释》，《金耀基自选集》，上海教育出版社2002年版，第99—100页。
③ 所谓"一般情况下清末传统知识人"，是本书基于清末，尤其是清末十年时局、学界思潮变化，反映在知识人求学过程中可能出现的跳脱于传统模式的事实而特别提出的。"一般情况下的清末传统知识人"是指那些在传统教育走向瓦解，近代教育萌生涌动之际，仍在行为意识上保持与传统教育一致的知识人，其求学历程仍旧遵循"出生—家庭启蒙教育—私塾（家塾、义学、社学等）—府州县学（书院）"模式。

启蒙教育、私塾（家塾、义学、社学等）教育、府州县学（书院）教育三阶段，并在此过程中或结束后参加科举考试。传统知识人的学缘关系，多是在求学过程中酝酿并形成的。下面以生于同治五年（1866年）奉天府张之汉为例作一讨论。张之汉（1866—1931年），字仙舫，辽宁沈阳人。父事贾，后家道中衰。表2-7勾勒出张之汉从5岁至44岁的求学、举业经历，在一定程度上反映了张之汉的学缘关系。

表2-7　　　　　　　　张之汉进学、举业时间

时间（段）	年龄（段）	教育阶段	学习内容、结果	师从	学友
同治九年	5岁	启蒙教育	作画	父声远公	
同治十一年	7岁	家塾	识字	陈姓启蒙师	
光绪元年至三年	10—12岁	私塾	《论语》《孟子》《毛诗》《尚书》等儒家经典，并学习作对	曹姓师"曹师授课甚严，深资造就"	
光绪四年至六年	13—15岁	私塾	制艺、试律	康庶堂	
光绪八年至十年	17—19岁	私塾	应试诗文	尚襄武、张晓峰	
光绪十三年	22岁	应童试	"得应试法门"	拜陈笙伯为课师	
光绪十四年	23岁				在馆，与朱子和孝廉研究词章书法，颇得他山之助
光绪十五年	24岁	应童子试/府州县学教育	中十一名，入泮		

续表

时间（段）	年龄（段）	教育阶段	学习内容、结果	师从	学友
光绪十七年至绪二十年	26—29岁	应乡试/书院教育		萃升书院	从刘昆圃就正文艺，师友之益，所获唯多
					与袁洁珊会课举业，以函信往来，借资深造
光绪二十四年	33岁	应岁试	岁试一等第一名，补廪生		
光绪二十九年	38岁				与吕星五、书昧三孝廉，方子余、陶桂轩茂才金兰结契，讲究身心性命之学
宣统元年	44岁		举孝廉方正，中优贡正取		

资料说明：《石琴庐主年谱》，《北京图书馆藏珍本年谱丛刊》（第188册），北京图书馆出版社1999年版，第679—720页。

朱子，名不详，金州人。据《石琴庐主年谱》记载，当年朱子与张之汉在相邻两地坐馆，"课暇过从，就正多益"。见《年谱》第692页。

袁洁珊，名金铠（1870—1947年），辽宁辽阳人。20岁补县学生，旋入沈阳萃升书院肄业。应是在那时结识了同在萃升书院肄业的张之汉。张之汉云："生平道义性命之交，第一为袁君洁珊，结契最早。"民国后，屡任临时参政院参政、通志馆副馆长等职。1932年伪满洲国成立后，任伪满奉天省省长等职。① 袁洁珊博闻强识，著有《中庸集解》《连湾杂著》《文存》《诗存》等皆刊行于世。

张之汉的求学、举业经历，与当时大多数家境贫寒的知识人类似，一边进学举业，一边馆课为生，并在此过程中，结识诸位师友，完成学缘网络的搭建。由于张之汉基本上是走应试科举之路，其所肄业的萃升书院亦是一所典型的科举书院，故于学术方面造诣平平，其学缘关系也相对简单，师友皆是举业同道。

再以浙江杭州府吴士鉴求学、举业经历为例。吴士鉴（1868—1933年），字絅斋，浙江杭州人。曾祖吴振棫曾官至云贵总督，父亦是进士出身。吴士鉴于光绪十八年（1892年）中壬辰科一甲第二名。

表2-8　　　　　　　　吴士鉴进学、举业时间

时间（段）	年龄（段）	教育阶段	学习内容、结果	师从	学友
同治十二年至十五年	6—14岁	私塾教育	授经、学作小诗、时文起讲。"学作古今体诗，杂阅学海堂经解，略知古音古字"，"有治经小学之志"	孙士瀛	
光绪九年	16岁	私塾教育	始习举业	任伟	
		书院教育	应考东城讲舍	秦缃业	
光绪十年	17岁	应钱塘县试、杭州府试、院试/府州县学教育	取为钱塘县学生员		
光绪十一年	18岁	书院教育	肄业东城讲舍，"作经说词赋，每课必列一二名"	高学治	与姚诒庆"订交经史词章之学，互有商榷，为生平第一益友"

① 参见徐友春主编《民国人物大辞典》，河北人民出版社2007年版，第1108页。

续表

时间（段）	年龄（段）	教育阶段	学习内容、结果	师从	学友
光绪十二年至十三年	20—21岁	应科试/私塾教育	习举业，补廪膳生	朱锡荣	
光绪十五年	22岁	应乡试	中式第四十四名	受知师李文田，"（李）始告以治舆地之学"	
光绪十六年	23岁	应会试	榜发不售		与袁昶、王懿荣、黄绍箕，"皆忘年相交，时时引重之"
					与姚诒庆讲求金石
					与江标、徐仁铸、王崇燕订交，"月必数见，颇得切劘之益"
光绪十八年	25岁	应会试	中式第三十四名殿试一甲第二名		

资料说明：吴士鉴：《含嘉室自订年谱一卷》，载北京图书馆编《北京图书馆藏珍本年谱丛刊》（第192册），北京图书馆出版社1999年版，第139—222页。

秦澹如（1813—1883年），名缃业，号澹如，江苏无锡人，乾嘉学派后期人物。道光二十六年副贡，官浙江盐运使，晚年主讲东林书院。善书、画，博宗经史百家，旁及金石书画，皆究极其奥，与孙衣言、谭献等友善。

高宰平（？—？），名学治，浙江仁和人，乾嘉学派后期人物。研治三礼，喜好宋明儒书，在校雠、训诂方面有建树，与劳权、戴望为友。

姚诒庆（1868年—？），字翼堂，浙江余杭人，肄业敷文、崇文、东城讲舍，吴士鉴与姚因同时肄业东城讲舍而相识。光绪十一年乡试中式第48名举人，历官度支部主事、民国财政部司长。①

李文田（1834—1895年），字畲光，广东顺德人，咸丰九年进士，光绪十五年浙江乡试主考官，是年吴士鉴参加浙乡试，考卷本欲被其他阅卷官撤换，李文田认为吴之试卷"博雅者无可更易"，吴始免撤去。李文田学出郑樵、王应麟等人，对辽、金、元三史有研究，对西北史地、金石故物、医学、词章诗文等，考索极详。②

吴士鉴出身官宦家庭，祖上两代皆进士出身，本人科场道路平坦无阻，并于科举之外坚持学术研究，其肄业的东城讲舍历来有"经义外兼课训诂、词章、杂文"③的传统，他受江南浓郁学风及乾嘉余脉师友的影响，确定了以金石评骘、考订碑板、精研史籍为一生学术追求，故其学缘关系亦相对简单，师友皆是古文经学同道。

一北一南两位传统知识人张之汉、吴士鉴皆是生于同治年间，他们的求学经历可谓同中有异。张之汉求学生涯一直疲于参加科举考试，却屡遭挫折，终于在四十四岁时获得优贡科名，当时距科举废止已有四年，科名早已有名无实，张氏于治学之上更是乏善可陈，未见有学术著作留存于世。吴士鉴相比而言则幸运许多，年仅二十五岁就高中榜眼，更是在金石、舆地、朴学等方面多有造诣。由于系出江南名门，又通过肄业东城讲舍、参加科考等结识了乾嘉余脉学人如秦缃业、姚诒庆、李文田等，成功构建了以金石、舆地为核心内容的学缘网络。

清末学术思想界继乾嘉考据风尚、道咸经世思潮之后呈现新的特点，理学、史地学、古文经学、今文经学、诸子学等皆在学坛占有一席之地。具体而言，清末学坛以光绪二十四年戊戌维新运动为大致界限，前期汉学、宋学依然在学界占主导地位，并呈现"汉宋合流"的态势，

---

① 参见闵尔昌《碑传集补》，沈云龙主编《近代中国史料丛刊》（第991册），文海出版社1969年版，第56页。

② 参见赵尔巽《清史稿·李文田传》卷441，中华书局1977年版，第12416页。

③ 东城讲舍，位于杭州，是同治年间知府薛时雨所建，"课章程均照个书院例，朔课杭州知府暨仁和、钱塘两县命题轮课，望课山长命题。光绪五年，时任杭州知府刘汝珍重修"。参见《杭州府志》卷16《学校三》，民国十一年铅印本。

后期传统儒学走向衰落,新学和今文经学成为思想学术的主流。①

　　清末的学术趋向与书院生徒学缘颇有关联。生徒首次入院及之后的院际流动都不同程度地受学缘影响,生徒院际流动甚至可以被认为是某种形式的学缘庇护下的学术流动。② 以光绪二十年进士、曾肄业江苏钟山等多所书院的生徒张謇为例,其首次入院和院际流动的过程,皆受到了"桐城学缘"的庇护。张謇十九岁时,从学训导赵彭渊,赵氏是桐城学人,"以桐城方氏所选《四书文》,及所选《明正嘉隆万天崇文》授读",张謇自此初涉桐城之说。二十岁时,张謇肄业师山书院,结识赵彭渊弟子陶延瑞,引以为友,开始深入了解桐城学说。二十一岁时,张謇结识桐城学人孙云锦,孙氏出自曾国藩之门,乃桐城文脉正统传人,应孙氏之邀,张謇去江宁为书记,在这段时间,受孙锦云影响,阅读了《方望溪·姚惜抱集》,并通过孙锦云的引介,接触洪汝奎、杨德亨等桐城文人。③ 张謇日后得以顺利考入由桐城派文人李联琇、张裕钊分别主持的钟山书院、文正书院,与入院前的"桐城学缘"不无关系。通过表2-9,可以更直观地看到清末书院生徒学缘与其首次入院、院际流动之间的关系。

---

① 梁启超、王国维、钱穆等都对清代学术分期有过精当的论述。这些学者大都认为,清代学术自道咸以后,表现出区别于以往的"新"的特点,如王国维认为,"我朝三百年间,学术三变:国初一变也,乾嘉一变也,道咸以降一变也。……道咸以降,涂辙稍变,言经者及今文,考史者兼辽、金、元,治地理者逮四裔,务为前人所不为。……故国初之学大,乾嘉之学精,道咸以降之学新"。参见谢维扬主编《王国维全集》(第8卷),浙江教育出版社2010年版,第618—619页。史革新认为,对道咸以后的晚清学术特征的讨论应更为细致:"把晚清学术简单地概括为'新',称西学或今文经学为晚清学术的主流,显然是不全面的。如果用这种说法来概括甲午战争以后的学界可谓大体正确,但涵盖在此以前的学术领域则不尽然。晚清学术主流是以汉宋学为主转变成为以新学、今文经学为主。"参见史革新《晚清学术文化新论》,北京师范大学出版社2010年版,第119页。

② 本书借鉴费正清等关于"庇护制网络结构"的提法,费正清等认为:"在学界和官场上,教育和考试制度也维系着庇护人——被庇护人的关系。"参见[美]费正清、[美]刘广京编《剑桥中国晚清史》(上卷),中国社会科学院历史研究所编译室译,中国社会科学出版社1985年版,第107页。

③ 张謇:《啬翁自订年谱》,载曹从坡编《张謇全集》(第6卷),江苏古籍出版社1994年版,第833—836页。

表2-9 清末书院生徒学缘结构（《北京图书馆珍本年谱丛刊》）

姓名	生卒	籍贯	入院前学缘	肄业书院及山长		书院学术背景	同学交往	资料来源
朱鹏年	1837—1896年	浙江富阳	从徐振声习举子业	崇文书院、东城讲舍		经史词章		《春渚草堂居士年谱一卷》
熊起磻	1844—1906年	河南光山		涑水书院	张鹏翼	山长张鹏翼为理学家，尊崇程、朱理学		《再青先生年谱一卷》
				大梁书院	仓景愉	大梁书院所学多为性理、经史时务之学		
章定瑜	1854—1911年	浙江	从先大父教，学制举业	崇文书院		科举书院		《新淦公自订年谱一卷》
赵天锡	1855—1905年	广东新宁	从梁夔谱学制艺、诗词，旁及百氏、天文舆地、经世大典	广雅书院	梁鼎芬、朱一新	经史、理文课程		《赵鲁庵先生年谱一卷》
李思敬	1845—?	广东广州	从客瑶林治经史并习举业	明达书院	何介臣、陈云史、陈子骧	明达书院先生为八旗书院。陈子骧山长擅长训诂说经		《凉叟七十年谱一卷》

续表

姓名	生年	籍贯	入院前学缘	肄业书院	书院及山长	书院学术背景	同学交往	资料来源
瞿鸿禨	1850—1918年	湖南长沙	从彭芸渠、胡湘琳习八股、制艺	城南书院	何绍基、郭嵩焘	考据、经世之学		《止盦年谱一卷附录一卷》
晏安澜	1851—1919年	陕西镇安	从潘光裕等习制艺、五经	宏道书院		关中理学"三原学派"发源地		《晏海澄先生年谱四卷附录一卷》
李钟珏	1854—1927年	上海	于顾氏家塾学时文制艺	龙门书院	刘熙载	理学背景，义理经济合一		《目顽七十岁自叙不分卷》
陈衍	1856—1937年	福建侯官	家居习举业，终年为诗，多看经史训诂	致用书院		通经致用		《侯官陈石遗先生年谱七卷》
				清献书院	汪鸣銮	科举书院		
				九峰精舍		精舍专以经学词章课士	与黄方庆、江青、喻长霖、陈瑞畴、孙诒让、喻长霖读书九峰精舍	
王舟瑶	1858—1925年	浙江黄岩	从王乐育学诗，从夏韵诗、韫学经学，治词章、古今体诗	诂经精舍	俞樾	经史词章、小学、算术等	与黄方庆、孙诒让再为同学	《默盦土自定年谱一卷续编一卷附录一卷》

续表

姓名	生年	籍贯	入院前学缘	肄业书院及山长	书院学术背景	同学交往	资料来源
赵启霖	1859—1935年	湖南湘潭	从长沙章俊丞业，章擅究任篙，穷其指要	岳麓书院		经世致用	与同学孙蔚林、黄俯山以文行相砥砺	《潜园自述一卷》
周宗麟	1860—1929年	云南大理	从胡叶封师肄业	经正书院		通经致用		《求存斋自订年谱一卷》
殷荣诚	1862—1930年	江苏江阴	从朱敬斋先生习八股、诗赋	西郊书院		科举书院		《追忆录一卷续录一卷》
				南菁书院		经史词章		
张之汉	1866—1927年	盛京奉天	从尚襄武、张晓峰学应试诗文	莘升书院	章鼎	科举书院	与袁洁珊会课举业	《石琴庐年谱一卷》
王锡彤	1866—1938年	河南汲县	从潘福荫，试帖、诗律	淇泉书院		科举书院		《抑斋自述七种》
				大梁书院		经史时务		
钮泽晟	1866—？	浙江乌程	从何其昌都《四书》《诗经》《左传》	爱山书院，安定书院		经史词章		《自述录一卷》

第二章　清末书院生徒群体的形成分析　53

续表

姓名	生卒	籍贯	入院前学学缘	肄业书院	书院及山长	书院学术背景	同学交往	资料来源
庄蕴宽	1867—1932年	江苏苏州	从吴仲孚学文学、《周礼》	南菁书院		经史词章	在南菁与唐文治订交	《思缄公年谱一卷》
夏辛铭	1868—1931年	浙江濮川	从徐树百研究经学训诂之学	诂经精舍、学古堂		经史词章、算术等		《榆庐年谱一卷续一卷》
吴士鉴	1868—1933年	浙江杭州	从孙噬山学古体诗、阅《海堂经解》	东城讲舍	高学治	训诂词章	与姚诒庆等订交经史词章之学	《含嘉室自订年谱一卷》
萧瑞麟	1868—1939年	云南昭通	从父习四书未注入股文	五华书院		科举书院		《先府君萧公石斋年谱一卷》
邓镕	1872—1932年	四川成都	家居习四史文选、唐宋诗	经正书院	伍崧、刘佛青	通经致用		《忍堪居士年谱一卷》
袁嘉谷	1872—1937年	云南石屏	从祖习经籍、国语、国策文	尊经书院、五华书院	许印芳	经史词章、科举书院	入经正与同学咸相砥砺	《袁屏山先生年谱一卷》
邵章	1872—1953年	江苏南京		诂经精舍、东城讲舍	谭献、李允江、高凤岐、林纾	经史词章、小学等、训诂词章		《倬盦自订年谱一卷》

续表

姓名	生卒	籍贯	入院前学缘	肄业书院、兼课	肄业书院及山长	书院学术背景	同学交往	资料来源
梁启超	1873—1929年	广东新会	从吕拔湖、石星巢、陈梅坪学训诂	学海堂、菊坡、粤秀、粤华书院		学海堂专治经学，菊坡书院专治词章	当时同学中有孙博、谭仲鸾等	《梁任公先生年谱长编初稿》
潘鸣球	1873—1932年	江苏武进	从外祖涉猎经世之学	南菁书院		经史词章	所交接一时俊贤，造诣日益深	《潘霞青先生年谱一卷》
权量	1873—？	湖北江夏		经心书院	周树模、吴兆泰	经世致用		《适园老人年谱一卷》
				来凤书院	赵端礼	科举书院		
李希诗	1874—1930年	云南腾越	从岁贡生段有超受学	五华书院		科举书院	与同里解教临、刘声仁、景东吴承鑫同舍	《李希白先生年谱一卷附录一卷》
				西云书院	杨琼、鹿忠廷	科举书院		

续表

姓名	生卒	籍贯	入院前学缘	肄业书院及山长		书院学术背景	同学交往	资料来源
丁福保	1874—1952年	江苏无锡	从长兄学《左传》《史记》《汉书》《文选》《治经史》	南菁书院	王先谦	经史词章		《畴隐居士自订年谱一卷》
蔡焕文	1879—1947年	浙江德清	受业于塾师	崇文书院		科举书院	与许廷甫携人院肄业	《蔡谓生自编年谱一卷》
李根源	1879—1965年	云南腾冲	从学张光远，长于《说文》、音韵之学	来凤书院	赵端礼	科举书院	与同学革孚言订交	《雪生年录三卷》
章铁	1880—1931年	浙江杭州	从赵敏斋读	诂经精舍		经史词章，小学等		《天行草堂主人自订年谱一卷》

资料说明：根据北京图书馆编：《北京图书馆藏珍本年谱丛刊》，北京图书馆出版社1999年版，第173、176、177、180、181、183、184、185、186、188、189、191、192、193、196、197、198、199册内容整理。

由表2-9至少可以得出三点结论。

其一，学缘对生徒首次入院的影响，并不如之后的院际流动中强烈。这是因为，生徒在首次选择书院时，动机相对简单，行为相对被动。33位生徒首次入书院原因多为"被调入""博书院膏火"，甚至有生徒因书院在"湖山胜处"而"鼓箧于斯"的情况，并且多以地缘为首要考虑因素，没有一位生徒在首次入院时选择外省求学。而在院际流动时，由于受到了上一所书院师友的影响，生徒的选择带有明显的学缘倾向性。如河南光山人熊起磻，初肄业于光山本地的涑水书院，师从理学名家张鹏翼，被张称赞为"命世之才"。后熊起磻赴省城开封，肄业由理学家仓景愉主持的尚性理、经史的大梁书院，除却大梁书院作为省级书院的吸引力外，与之前涑水书院的学术取向相一致，也可能是熊起磻院际流动时考虑的因素之一。后熊生在大梁书院继续"每课试辄冠"，师长们"咸深器之"。

其二，学缘越近，生徒进入书院肄业越容易。清末浙江、江苏、广东、福建、湖南等省，存在一些学术趋向明显、膏奖丰厚的省级书院，吸引着全国有志于学士的人纷至沓来。由于有员额限制，这些书院在取录生徒阶段竞争非常激烈。如广州学海堂，是一所以尚经史辞赋而饮誉岭南士林的名院，每年招收专课肄业生不过二十人，而报名参加招考者以百数计。梁启超在肄业学海堂之前，受教于陈梅坪。陈梅坪曾任学海堂学长、师事陈澧。梁自言从陈梅坪学，"始知有段、王训诂之学"。光绪十三年（1887年），时年15岁的梁启超入学海堂肄业，并于次年成为学海堂专课肄业生。虽然关于梁启超缘何被录取的史料阙如，但梁启超从百数投考学海堂的优秀士人中脱颖而出，除却其个人的学养出众外，经由陈梅坪而与学海堂建立的学缘关系相信亦有助益。

其三，教育是中国最重要的社会流动手段之一。生徒从首次入院时的简单被动，到迁转时凭借学缘的向上流动，实现了个人社会网络构建。可以说，师长、同门庇护下的生徒院际流动，既是一种学术流动，也是清末知识人社会流动的写照。清末书院改制前夜，学缘对个体流向的影响依旧稳定，以学缘为参照之一的传统型流动模式仍未改变。生徒以有力且可靠的学缘辅助其从州县书院晋阶省级书院通途的同时，既巩固了当时传统型社会流动模式的地位，也成为一道具有区隔效应的或明或暗的门槛，在某种程度上使得清末社会阶层的变化相对迟滞于体制变化。

需要指出的是，生徒在择取书院肄业时，除了考虑学缘关系，亲缘关系亦是左右其选择的因素之一。如果祖、父代有书院讲学经历，子代进入书院肄业则显得"顺理成章"，如果祖、父代有一定学术地位和文化影响力，子代则可以迅速进入书院肄业。咸同年间，湖北胡孔福曾肄业江汉、经心、两湖三书院，查检其父履历，可见其父曾讲学湖北淯川、六峰、锦江等书院。① 亲缘与学缘交叠最显著的是清末的经训书院。经训山长皮锡瑞曾于同治十二年（1873 年）参加湖南乡试，受知于当时的乡试提调夏献云。后皮锡瑞主教经训书院，夏献云之子夏敬观受教于皮氏门下："善化皮鹿门师锡瑞，为清代殿后经师。予（夏敬观）受业于门下，凡十年，所得问学门径，皆师所授。"② 除此之外，皮锡瑞与敬观之兄敬庄还是儿女亲家，敬观侄承庆亦受业于皮锡瑞。另外，经训生徒华烨的胞妹嫁生徒梅启照三子梅长元。由此，在经训书院中，皮锡瑞、夏献云、华烨、梅启照等人除却师生关系、同门关系外，亦是亲族关系，学缘关系并不以抑制亲缘关系的特点而呈现。皮、夏、华、梅等人的亲缘、地缘、学缘关系借经训书院场域实现多维度的叠合，强化了书院师生的文化认同和价值选择的群体性。

三 地理来源

生徒籍贯与其入读书院有密切关系。清末书院生徒求学首选本籍本省书院，但亦有较少生徒负笈外省求学。

本籍本省求学，指的是生徒户籍本省或户籍外省落籍本省，选择籍贯所在地的州县级书院肄业，并且在院际流动时向上流动，进入本籍省级书院深造。表 2-9 所列出的 11 位有院际流动经历的生徒中，有 7 位是按照"州县级书院—省级书院"的模式完成他们的书院学习历程的。

---

① 顾廷龙主编：《清代硃卷集成》（第 319 册），台北：成文出版社 1992 年版，第 362 页。

② 夏敬观：《忍古楼诗话》，转引自张璋等编纂《历代词话续编》，大象出版社 2005 年版，第 377 页。

生徒首次接受书院教育，选择本籍州县书院，考虑的是经济成本和时间成本。除此之外，不多的选择，也使处于求学初期的生徒不得不就近入读县治内的"首要"书院。① 熊起磻 28 岁入读河南光山县浕水书院，据民国《光山县志约稿》载，浕水书院坐落在县治北流庆山上，是光山县内唯一一所设在城镇的、具有"高等教育"性质的书院，而县内其他如宏道书院要不久废，要不则为乡村书院或家族书院，教育对象多为幼童，属于"启蒙教育"范畴。熊起磻启蒙教育已经在私塾完成，所以他只能选择唯一一所具有"高等教育"性质的书院继续学业。

生徒院际流动时，选择向上的流动去往本籍省级书院，考虑的省级书院所带来的科举、学术方面的资源。一方面，省级书院拥有州县书院无法企及的学术资源。鸦片战争以后，中国城市化进程加快，但这仅限于物资富庶的沿海、南方城市，"广大乡村，特别是广大的内地农村，'现代化'的足迹迟至二十世纪二三十年代还没有出现"②。但是值得注意的是，书院城市化却早在明代就已经出现：区别于两宋时期的书院多建在人迹罕至的山林胜地，明清时期书院选址普遍倾向于县治、府治和省治及其近郊，"在学术功能和官方地位方面列为高等的书院，往往坐落在高级城市；较低级书院为层级中较高级书院输送学生"③。到 19 世纪时，已经形成了生徒由府州县向省级书院流动的惯性态势。书院城市化带来的结果是，"学术方面挑选人才越来越偏向于城市化程度最高的地方体系和地区体系"。故坐落在省城的著名书院，自然吸引生徒群聚。江苏无锡丁福保年幼时，即对坐落在江阴的南菁书院心神往之："近年来邑中之好学者，皆肄业江阴南菁书院，治考据词

---

① "首要书院"的说法来自施坚雅："我所说的首要书院，在地方志所描述的教育机构表中，几乎必然处于首要地位，得到较详尽的描述，并且获得多于同一行政区划中其他书院'官方'捐助。"参见［美］施坚雅主编《中华帝国晚期的城市》，叶光庭等译，陈桥驿校，中华书局 2000 年版，第 579 页。

② 孙燕京：《晚清社会风尚研究》，台北：云龙出版社 2004 年版，第 136—137 页。

③ ［美］施坚雅：《中华帝国晚期的城市》，叶光庭等译，陈桥驿校，中华书局 2000 年版，第 589 页。

章之学。余虽年幼，亦心焉慕之。"① 南菁书院作为省级名院的学术吸引力可见一斑。又如广东顺德梁梅，年三十尚困童试，参加粤秀书院官课时，所做的赋笔数篇被曾燠所赏识，接着便补邑庠生，拔入学海堂学习，才华亦被学海山长阮元欣赏，成为一名优贡生。而后被翁心存"偕行南北征途，唱酬款洽"②。梁梅入书院前，不过一介童生，正是因为先后进入粤秀书院、学海堂肄业，才有得以见教文宗曾燠、阮元、翁心存的机会。

另一方面，生徒肄业省级书院能间接获得科举资源。清末不少省级书院以不尚科举自我标榜，但它们科考中式率较高是不争的事实，是故省级书院生徒，一向被视为科举考试有力的竞争者。肄业诂经精舍的生徒张鉴就不无自豪地道："嘉庆六年以迄光绪癸卯百有三年间，浙江乡试四十有七科，曾有一科无精舍生徒预其选者乎？辜较计之，每科率占总数百之五六以上。"③ 有学者估算，诂经精舍生徒在乡试录取率高达20%，④ 可谓科名炽盛。那么生徒选择一所科考中式率高的书院助益举业之路，也在情理之中。事实上，很多蹉跎场屋的生徒在进入省级书院不多久，就非常"巧合"的在举业道路上取得阶段性胜利。赵启霖是湖南湘潭人，家贫困顿。光绪六年正月他从外舅家借了五两银子，从湘潭自家徒步到省垣长沙岳麓书院投考，在参加完甄别后，被列为正课第三名，入院肄业。赵启霖进入岳麓书院，不仅缓解了经济困境："官课取得奖资差可自给，且略有余裕以助家用"⑤，并且迎来了其举业道路上的关键性转折。同年八月，适逢湖南三年一次优贡考试，赵启霖得优贡。该年湖南列取优贡四人，皆出自岳麓书院。虽然没有资料显示进入岳麓书院和考取优贡有什么直接联系，但可以想见的是，岳麓生徒比之

---

① 丁福保：《畴隐居士自订年谱一卷》，转引自北京图书馆编《北京图书馆藏珍本年谱丛刊》（第197册），北京图书馆出版社1999年版，第64—65页。
② 谭宗浚：《清故优贡生梁公事状》，转引自清代诗文集编纂委员会编《清代诗文集汇编》（第763册），上海古籍出版社2010年版，第191页。
③ 张鉴：《诂经精舍志初稿》，《文澜学报》1936年第2卷第1期。
④ 李兵：《书院与科举关系研究》，华中师范大学出版社2005年版，第251页。
⑤ 赵启霖：《瀞园自述一卷》，转引自北京图书馆编《北京图书馆藏珍本年谱丛刊》（第186册），北京图书馆出版社1999年版，第383页。

其他人更有可能获得地方官员另眼相看的机会。这是因为岳麓书院作为湖南省级书院，与抚部院台等官员互动频繁，最直接的互动就是被邀请主持书院官课。乾隆年间书院规定："每年岳麓官课，首院，次藩司，次臬司，次粮道，次盐道。学院在省，请示考课，各道在省，听其随时考课。"① 岳麓生徒有如此多的得见省府官员的机会，如果在官课表现出众，被抚部院台记下在心，那么优贡考试时，脱颖而出就自然而然了。② 更有甚者，如张知本光绪二十一年（1895年）入读由湖广总督张之洞创建的两湖书院，两年后参加本省优贡考试，房师批卷"镕经铸史，笔力遒劲，唯末艺未用其所长"，以为备取第一。张之洞覆阅后，以"末艺引毛诗传最佳"，直接改置为正取第一，获得了湖北四名优贡名额之一。③ 若不是先期肄业两湖书院，结识张督帅，恐怕张知本只能屈居优贡备取了。综上所述，肄业省级书院所带来的学术、科举红利，无疑是生徒在州县级书院难以企及的，这是造成生徒院际流动时向上去往省级书院的原因之一。

另外，虽然清代省级与州县级书院在行政上并没有明确的上下隶属关系，但由于教学程度和学术水平高低不同，自然形成了一种以行政单位而予以贯通的等级上的差异，甚至有多个书院间明确建立了"上下庠"关系。如福州共学书院与鳌峰书院是"互为辅翼"的关系，共学书院生徒优秀者送入鳌峰书院肄业；长沙城南书院、岳麓书院亦存在类似情况，规定"城南书院生员有佳者，送入岳麓书院"④。所以生徒在一省范围内由低级书院向高级书院流动，也符合当时教育行政的一般

---

① 陈宏谋：《申明书院条规以励实学示》，转引自陈谷嘉、邓洪波主编《中国书院史资料》，浙江教育出版社1998年版，第1585页。
② 清代优贡选拔制度：乾隆四年议准举报优生，大省五六名，中省三四名，小省一二名，学政三年任满前考选一次。由府州县学教官根据生员岁、科考试成绩举优，被举的生员参加优贡考试，通过者具有赴京朝考的资格。同治年间规定，考列一二等者以知县、教职任用，列三等者以训导任用。参见倪丽萍《清代的五贡与地方社会》，硕士学位论文，厦门大学，2009年，第28页。可以说，入选优贡的生员，有了免除参加乡、会试直接入仕的资格，故而可谓之"举业道路上的关键性转折"。
③ 张文伯：《民国张怀九先生知本年谱》，台北：商务印书馆1980年版，第4页。
④ 陈宏谋：《申明书院条规以励实学示》，转引自陈谷嘉、邓洪波主编《中国书院史资料》，浙江教育出版社1998年版，第1585页。

规律。

值得注意的是，清末有些闻名全国的省级书院允许甚至鼓励外省籍生徒来院肄业。如钟山书院，坐落在人文渊薮、礼乐名区的江苏江宁，雍正时为江苏省级书院，乾隆以后允许外省士人肄业其间。同治年间，有安徽桐城人齐光国，安徽泾县人朱琛、瞿祖骃，浙江海宁人都国樑作为外省籍生徒肄业钟山书院。扬州安定、梅花两书院甚至明确规定了外地生徒的员额："肄业生监，每取百名，府属生监占额七十名，外府二十名，外省十名。"当然，为了不至于有人品不端、冒认青衿的士人混入书院，两书院规定："外府，外省生监须由本籍或游幕衙门起文，或由同乡在扬官员出请送考。"① 但是，当我们查检生徒籍贯、求学书院所在地两项内容时会发现，清末书院生徒本省求学的占绝大多数，少有生徒赴外省书院肄业的情况。

表2–10反映的是清末正谊书院部分生徒的籍贯情况。正谊书院坐落在19世纪经济富庶、茂才佳士云集的江苏苏州，是一所省级书院，以重视经古、崇尚汉学闻名于全国。由表2–10可见，清末正谊书院生徒仍以江苏本省籍居多，其中吴县、元和、长洲三县所占比例最大，最高时合计达到55%，这是由于清代吴、元、长三县同城而治，隶苏州府。外省籍生徒均来自浙江省，最高时占总人数的12%，外省籍生徒不仅数量少，且来源单一。那么，明文规定了可招收10名外省生徒的扬州梅花书院的情况又是怎样呢？查检刊刻了光绪丙寅（1866年）至丙子（1876年）间31位生徒课作的《梅花书院课艺小课》，除两位生徒籍贯待考外，其余28位生徒均属籍江苏。同时期江南地区其他省级书院情况皆与之类似，即本省籍生徒人数占绝大多数，外省籍生徒主要来自苏、浙、皖三省，且人数不多。这是由于当时江苏、浙江、安徽三省商品经济及文化发达，城市化程度极高，省际交通便利，故而生徒在三省区域内小范围移动较为方便。

---

① 《安定梅花广陵三书院章程》，转引自邓洪波主编《中国书院学规集成》，中西书局2011年版，第217页。

表 2-10　　　　　　　清末苏州正谊书院应课生徒籍贯统计

分集籍贯	吴县	元和	长洲	常熟	新阳	其他	外省	总人数
正谊书院课选	11	7	4	2	1	昆山1；震泽1；震洋1；太仓2；嘉定2	浙江乌程3；浙江秀水2；浙江平湖2；浙江仁和1	40
正谊书院课选二集	6	5	5	2	2	无锡1；武进1；吴江1；嘉定1；归安1；震洋1；阳湖1；昆山1	浙江兰溪1；浙江余杭1	30
正谊书院课选三集	4	2	1	3	1	无锡1；镇洋1；金山1；南汇1；丹徒1；金坛2；吴江1；昭文1；海门1；苏州1	浙江海宁1；浙江仁和1	24

资料说明：生徒名单参考《正谊书院课选》《正谊书院课选二集》以及《正谊书院课选三集》，参见鲁小俊《清代书院课艺总集叙录》，武汉大学出版社2015年版，第287—303页。本表仅对上述三个课艺选集中收录的生徒情况进行分析，并不能代表所有清末应课正谊书院生徒的籍贯情况，但本表的统计具有一定程度的代表性。

出现这种情况，一方面是因为清代科举考试的"原籍应试"原则。① 一般来说，"原籍应试"原则之下，考生须在籍贯所在地的县治、府治参加县、府和院试，在籍贯所在地的贡院参加乡试。清代多数省级书院采用学政"调入"形式录取生徒，学政调入主要参考的是生徒岁、科二试成绩，而外省生徒在"调入"环节，无法提供直接"成绩证明"。加之"原籍应试"原则之下，生徒即使肄业外省书院，临近试期，势必要奔回原籍参加考试，于生徒来说多有不便。如胡适之父胡传，原籍安徽省绩溪县，16岁时便随祖父来到上海，后肄业龙门书院三年。查检胡传自订年谱，同治八年、同治九年均见记载有"三月，闻

---

① 原籍应试原则是指考生在原籍所在地以本身所属户籍类别应试的原则，包括原籍地与籍类两个维度。参见刘希伟《清代科举冒籍研究》，华中师范大学出版社2012年版，第70页。此处仅讨论生徒于原籍地参加考试这一维度。

学使者殷按临徽郡科试,乃弛回郡就试,……五月复至沪,入龙门肄业"① 等类似话语,胡传每年奔波往来徽州、松江两府,确实耗时耗力。

另一方面是因为传统知识人浓郁的乡党情结和省界意识,他们不仅在首次进入书院时,选择留在本籍府州县书院,而且当有机会院际流动时,基于乡党亲谊,也更愿意留在本省本地。殷葆诚家住江阴申港,一直是应课本县西郊书院,但由于西郊书院膏火微薄,遂投考由学政主持官课的江阴城内的礼延书院。但礼延书院与殷家距离较远,殷葆诚附读在外,"每当寒宵两夜,孑影茕茕,萧索情形,有非诸墨所能尽者"。又考虑到老母在家独居,"无一事不躬亲下至,力即不胜亦勉强而行"。于是,殷葆诚还是选择回到离家较近的西郊书院考课,这样便可以"每逢当课则隔夜回家,明晨到院领卷"②。

同时,一些传统观念和社会舆论,也限制了生徒跨越省界求学。清末四川蓬州玉环书院的学规,清晰明白地道出了府(州)、县书院不愿意招收外地生徒的苦衷,也暗示生徒远赴外地求学,可能会使其人品、学品遭受怀疑:"各州县皆有书院,如果其人品克端,读书有志,何不即在本处书院肄业,而乃弃家塾而远游,得毋为乡里所不容乎?查省中书院,全省中皆可肄业;府中书院,府属中皆可肄业,然尤必行文查明本籍,方准入院。倘素不认识而自称是某学生员,则凭证全无,安知非冒名而至,且本州亦何暇纷纷移查耶?"③

需要说明的是,跨省求学的情况虽然少见,但并非没有。生徒求学书院,并不是一个独立的环节,可能与游历、治生、赴考、避乱等多个活动相伴进行,他们可能随迁至此、游幕至此、宦游至此、避难至此,"顺便"应书院课。前述殷葆诚虽然眷恋家乡亲人,但为举业计,后来也不得不外出奔走。由于殷氏擅长古学,在重视时文的童试中屡屡铩

---

① 胡传:《钝夫年谱》,转引自欧阳哲生主编《胡适文集》(第1册),北京大学出版社2013年版,第418—419页。

② 殷葆诚:《追忆录一卷续录一卷》,转引自北京图书馆编《北京图书馆藏珍本年谱丛刊》(第186册),北京图书馆出版社1999年版,第578页。

③ 高士魁:《续修玉环书院序》,转引自邓洪波主编《中国书院学规集成》,中西书局2011年版,第1566页。

羽，便想到入京投靠姨丈，以北籍冒籍应考。他从江阴出发，先至江西临川大兄处稍筹川费，此时闻临川凤岗书院设经古之课，"以临川为汤玉茗先生桑梓，其后裔颇多文人，因报'汤本殷'名投考"①。当时报名参加考试的生员二百余人，童生四百余人，殷葆诚被录取为童生经古课第一，并得奖。殷葆诚如是在临川书院留滞半年始继续北上。还有一种情况是亲友推荐下的跨省求学。《清代硃卷集成》记载有一位浙江秀水士人王景曾，跨省肄业，凡上海敬业、北京金台、苏州正谊及紫阳、平湖新溪书院，每课皆蒙取超等。② 关于王氏缘何肄业多所省外书院，已不见于史料记载。但考察其家世发现，王家有一堂妹，自幼被景曾父母养在膝下，此妹后嫁与冯桂芬之子冯芳植为妻，王景曾遂与冯桂芬有了姻亲关系。冯桂芬是晚清大儒，曾主讲敬业、紫阳、正谊书院多年，影响力波及江苏、浙江多所书院，而考录王景曾入金台书院的顺天府尹万青藜，正是冯桂芬道光二十年的会试同年。王景曾能跨省肄业多所书院，或得冯桂芬助益。③ 还有一种情况是生徒为躲避战乱跨省求学。咸同年间，徽州是清军与太平军交战最为激烈的地区之一，很多徽州士人徙浙江、江西避难，汪宗沂就是其中之一，他于兵燹间避乱江苏，蒙曾国藩之邀入忠义局任编纂，同时肄业惜阴书院。④

"清时，书院诸生籍贯，有分与不分。其分籍贯者，大抵为郡县之书院；其不分者，类多省会之书院，与夫书院之名盛一时者。"⑤ 可见，清末省级书院对于生徒的籍贯要求相对宽松，有些闻名全国的省级书院允许甚至鼓励外省籍学子来院肄业。饶是如此，受制于科举考试规则和传统观念的影响，赴外省书院求学者并不多，生徒流动仍在封闭的地域

---

① 殷葆诚：《追忆录一卷续录一卷》，转引自北京图书馆编《北京图书馆藏珍本年谱丛刊》（第186册），北京图书馆出版社1999年版，第585页。

② 顾廷龙主编：《清代硃卷集成》（第256册），台北：成文出版社1992年版，第238—240页。

③ 同治癸酉年（1873年）刊刻的《金台书院课士录》中，共收录30位生徒课作，除11人籍贯待考外，原籍江苏生徒10人，原籍福建1人，原籍安徽1人，原籍云南1人，原籍山东1人，顺天本府籍只占5人。这或与清代江南士人冒籍顺天府应考现象有关。

④ 刘师培：《汪仲伊先生传》，闵尔昌：《碑传集补》卷41，转引自沈云龙主编《近代中国史料丛刊》（第997册），台北：文海出版社1974年版，第2270页。

⑤ 吕方：《历代书院诸生考》，《新东方》1940年第11期。

结构之内进行，生徒群体因而具有相对稳定的同质性。这不仅与清末书院招生规则相违，也与当时人们认知空间的拓展、人口移动的近代化等社会大环境的实际情况相矛盾。

第四节　清末书院生徒的取录与迁转

书院招生，必行删汰。书院取录生徒限制员额，自宋已然。"乾道初，师臣刘琪重建（岳麓书院），为四斋，定养士额二十人，淳熙末师臣潘时，广二斋，益额十人。"① 及至清代，书院员额受书院经费、书院级别、师资力量等因素影响，其中，书院经费是最为重要的影响因素。"书院课士，固为尽人所能与，若住院肄业者，不加选择，非惟院莫能容，经费亦不能取给而无匮，是以必择其优者，始之肄业于其中。"② 书院员额受制于书院经费盈绌，具体表现为书院经济越充盈，其所能招收、容纳的生徒越多。不少书院章程明确将书院经费与员额设置相关联，如广东道南书院规定，"正课生监三十二名，童生二十六名，附课生童各二十名。此皆经费所关，学舍所限，不能再为增减"③。广西富江书院表达的更为直白："膏火现在创始经费未充，且煤锡厂开歇无定，支绌时虞，俟经费充足后，或酌加额数，或略增膏火。"④ 书院学位虽非稀缺资源，但其能为生徒带来经济利益以及科举、学术双重"红利"，故也成为生徒们竞相追逐的对象。生徒取录和迁转是生徒群体形成的前因和关键，对生徒取录、迁转环节的分析有助于进一步理解书院生徒群体的构成。

---

① 光绪《湖南通志》卷68《学校志七》，清光绪十一年刻本。
② 吕方：《历代书院诸生考》，《新东方》1940年第11期。
③ 罗含章：《道南书院新定章程》，转引自邓洪波主编《中国书院学规集成》，中西书局2011年版，第1344页。
④ 顾国诰：《创立书院膏火记》，转引自邓洪波主编《中国书院学规集成》，中西书局2011年版，第1401页。

一　取录：举业能力与治学能力

清代书院取录方式有"拔入"书院和"甄别"入院。

一种是拔入书院，相关官员扮演重要角色。一般来说，以官员拔入方式取录生徒的书院，往往更看中生徒的举业能力。乾隆九年议覆："各省书院，肄业之人，令各州县秉公选择，送各布政司会同专司稽查之道员，再加考验，其果才堪造就者，方准学院肄业，毋得滥行收送。"① 书院甄别生徒之"微末小事"，却劳动督抚、学政、布政司、道员等地方高官，这既是政府控制书院的一种手段，也造成大多数生徒入院肄业必由官员"拔入"之现象，这在省级书院、著名书院中尤为普遍。

由于一省学政任内按临各府主持考试，与士子接触较多，相对督抚、道台等更有机会结识并拔入优秀生徒。瞿鸿禨（1850—1918年），字子玖，湖南善化人，同治十年进士，两充乡试考官，四督学政，可谓屡掌文柄。瞿鸿禨年少时曾肄业湖南城南书院："自丙寅为诸生，即从道州何子贞师城南书院受业，数年三冠超等，余亦必居前列，甚见契赏，每卷或嘉奖之中仍批示疵类。己巳以后，则湘阴郭筠仙师主讲城南，亦从游，课常前列，或时点窜其文，故予于二先生之得力为多焉。"② 这段书院经历影响瞿鸿禨颇深，若干年后，当他督学地方时，给昔日书院恩师郭嵩焘的信中写道："鸿禨于职，所当尽思，欲设诚而致行之，顾导之无其本，积敝之不可以回，力小任重，其何能及。"③ 瞿鸿禨希望以自己力所能及之力量，对"风俗颓败、学校之衰"的教育环境做一些改变。在担任浙江、江苏学政期间，瞿鸿禨有感苏、浙

---

①　素尔讷等纂修，霍有明、郭海文校注：《钦定学政全书校注》，武汉大学出版社2009年版，第286页。

②　瞿鸿禨：《止盦年谱一卷附录一卷》，转引自北京图书馆编《北京图书馆藏珍本年谱丛刊》（第181册），北京图书馆出版社1999年版，第407页。

③　瞿鸿禨：《上筠仙师》，载瞿鸿禨著，湛东飚校点《瞿鸿禨集》，湖南人民出版社2010年版，第237页。

"声明文物甲于各省",更立志"猥荷恩知,俾承其乏,益用兢兢"①,着意选拔了多位优秀的生徒入当地书院。如浙江学政任上,将王舟瑶、邵章拔入诂经精舍;四川学政任上,将院试获得优等的邓镕以高材生身份拔入尊经书院;江苏学政任上,将潘鸣球拔入南菁书院。王舟瑶、邵章等人在离开书院后,或是潜心学术,或是异域留学,或是从政从商,大都成为一时俊彦。经官员拔入而入院肄业的生徒日后大都小有成就,这是因为:其一,受拔入的生徒本身十分优秀,王舟瑶、邵章、邓镕、潘鸣球等人因院试表现出色,获学政青睐而进入书院,说明他们都有扎实的学术功底和时文能力。其二,受拔入的生徒都是进入一省名院,获得本省最优质的教育资源。其三,由于是受官员赏识,生徒入院后易受书院方面关注、优待。如周宗麟光绪十四年(1888年)科试考列一等第二,经学政戴鸿慈取调经正书院肄业。山长陈席珍时语之周生道:"此次戴学台调你晋省,桂香雨太尊临行,亦嘱我敦促尔。"② 此中可见被学政青睐的生徒,获得山长高看实属正常。可以说,生徒个人天赋和后天资源,成就了他们离院后更广阔的人生舞台。

还有一种是甄别入院,山长扮演重要角色。一般来说,以入院甄别取录生徒的书院,往往更看中生徒的治学潜力。在这类书院中,山长可以根据自身学术倾向决定入院甄别的结果。江苏惜阴书院是一所仿照浙江诂经精舍、广东学海堂例创建的专课经史、词赋的书院,根据办学宗旨,惜阴书院的招生"由两书院(钟山、尊经)山长、监院各就院中肄业诸生将其能攻经文者保送。其有在书院而尚未著名,及素未在书院之举人,本不与书院课者,自信钻研有素,一体听其报名投考,听候监院示期甄别,齐集扃试,取定甲乙,送入书院"③。从招生规章中可看出,惜阴书院招生过程中,钟山、尊经两书院的山长、监院有很大的决定权。清末李联琇主讲钟山书院十三年,李氏治学兼采汉宋,擅长诗赋

---

① 瞿鸿禨:《上筠仙师》,载瞿鸿禨著,湛东飚校点《瞿鸿禨集》,湖南人民出版社2010年版,第413页。
② 周宗麟:《疢存斋自订年谱一卷》,转引自北京图书馆编《北京图书馆藏珍本年谱丛刊》(第186册),北京图书馆出版社1999年版,第493页。
③ 陶澍:《惜阴书舍章程》,转引自邓洪波主编《中国书院学规集成》,中西书局2011年版,第198页。

骈文，以"遂于经，蔚于文"而闻名，又有翰林院庶吉士的经历，故将翰林院考赋传统带入书院。① 其任钟山山长期间，对长于诗赋的生徒如陈作霖、朱绍颐、汪宗沂、姚兆颐皆青睐有加。陈作霖初肄业钟山书院时，作赋笔法稚嫩，李联琇认为陈生之赋有唐代李程《日五色赋》的文采，极力赞赏。陈作霖尝言："幸得虚名于学校中，皆先生之赐也。"② 李联琇主钟山讲席之余，兼看惜阴书院课卷。③ 或因契合李联琇的学术取向，陈作霖顺利取录惜阴肄业。再如丁福保擅治经史、勾股测量等学，平时只是"稍稍学时文"，应童试，不善作文及小楷，不能列入前十名，后以算学考南菁书院，得数学家华世芳取录肄业。当然，由于山长学术倾向是很主观的东西，同一生徒面对不同学术倾向的山长，其境遇可能天差地别，早年张謇投考钟山书院，被韩叔起摒不录用，张謇自诩高才，质疑"文字何至百人中不能得一名"④，负气投书韩叔起求示疵垢。后来，张謇用他名试经古课于钟山、惜阴两书院，被李联琇、薛时雨取为第一，张謇在一月之内由摒弃到第一，皆因校士之人不同所致。

山长除了可以根据自己的学术倾向决定入院甄别的结果，更可以因学术偏好而左右生徒在书院的课别和考课等次。清末书院生徒课别有正课、副课、外课、随课之分，生徒考课等次按生监、童生不同有超等、

---

① 清代翰林院尤重考赋，选拔庶吉士的朝考、庶吉士的月课、庶吉士散馆诗赋皆涉及考赋，翰林院考赋促进清代赋律全面兴盛。参见潘务正《清代翰林院与文学》，博士学位论文，南京大学，2006年。

② 陈作霖：《感知己述十四则·李小湖先生》，转引自清代诗文集编纂委员会编《清代诗文集汇编》（第736册），上海古籍出版社2010年版，第87页。

③ "同治己巳至金陵，肄业钟山、惜阴两书院，主钟山讲者为李小湖（李联琇）师，主尊经讲者为薛桑根（薛时雨）师，惜阴则两师分主之。"参见冯煦《蒿庵随笔》，转引自沈云龙主编《近代中国史料丛刊》（第64册），台北：文海出版社1968年版，第612—613页。由冯煦之言可知，惜阴书院与钟山、尊经两书院被输送与输送关系，钟山、尊经两书院优秀生徒可被选入惜阴书院继续深造。此由道光年间惜阴书院章程亦可得知："然钟山、尊经两书院按月再课，……实已详备。今兹设惜阴书舍，专为激励翘秀，趋实慕古，……分经、史、词章三门命题课士，制举之业仍归两书院，俾免重复。"参见陶澍《惜阴书舍章程》，转引自邓洪波主编《中国书院学规集成》，中西书局2011年版，第198页。

④ 张謇：《啬翁自订年谱》，载曹从坡主编《张謇全集》（第六卷），江苏古籍出版社1994年版，第833—836页。

特等或上取、中取之称谓，不同书院称谓大同小异。一般来说，课别与生徒资助经费相连，考课等次与生徒奖励经费相连。山长对生徒课别、考课等次尤其是师课等次有着绝对决定权，对于与自己投契的生徒，往往青睐有加，拔为正课、超等，使其享受丰厚的资助和奖励。前文已述，李联琇擅长赋作，对长于赋作的陈作霖甚为欣赏，每有课试，常置陈生前茅，陈作霖坦言："奖借之者，靡不至予。"经训书院生徒魏建侯在书院课题"始皇得圣人之威论"中答以"后世之患，不在不德，而在不威"，获山长皮锡瑞赞赏并点评："试现汉唐宋明之亡，皆亡于柔懦，不亡于暴虐。然则后之人主，特恐不威，不能如始皇，乃犹窃窃然以始皇为戒，岂非迂论？"① 江西深受宋儒之说浸染，魏建侯见解独到，不复江右儒士陈腐习气，被推崇经世致用的山长皮锡瑞拔置高等。赵天锡肄业广雅书院之初，梁鼎芬主院讲席，对赵天锡"于执贽时有词气之嫌"，故有意抑之，"所课不获上选"，后朱蓉主讲席，对赵生赏识有加，每有课试，赵生"辄冠全院"②。赵天锡在广雅书院从籍籍无名到骤然夺冠，其中变化只不过是换了一位山长。

而生徒为了获取经济利益，也有可能迎合山长的学术趣向，作应景课作，出现"一朝山长一朝生"的现象。同光年间，先后主钟山、惜阴讲席的薛时雨擅长词赋，座下生徒皆以词赋事之，一时金陵一地人人善谈词赋而少有经世，受到时人非议："吾乡（金陵）学术不振，当归罪于老人（薛时雨），以老人为风流教主，比之随园；所选士亦多名士，而少经世之才。"③ 生徒因与山长亲厚而获得较丰厚的经济利益，那么自然也有生徒因不入山长青眼而苦恼，殷葆诚就曾经抱怨南菁书院山长因循旧弊，使其难获膏奖：

> 初入院者，山长必不肯骤置之前列，防其文非己出。……此种似弊非弊之习，不独经古书院为然，即八股书院亦何莫不然，所谓

---

① 皮锡瑞：《师伏堂日记》（第1册），北京图书馆出版社2009年版，第469页。
② 赵天锡：《赵鲁庵先生年谱一卷》，转引自北京图书馆编《北京图书馆藏珍本年谱丛刊》（第177册），北京图书馆出版社1999年版，第265页。
③ 卢前：《冶城旧话·东山琐缀》，南京出版社2016年版，第60页。

老名字也，特经学尤为显明昭著。

  南菁岁岁甄别，继续住院者大都止十余人，而好学深思之士，往往因去取难必不能竟遂初衷，是现行章程美尤有憾矣。①

  山长根据治学能力选择生徒，反之，生徒自然也会根据山长的学术趣向选择书院。胡适的父亲胡传，同治四年（1865年）进学为秀才，之后参加了几次乡试都未能如愿。"父亲深深了解他的学业为战火所耽误了，所以他决定到上海去进那些战后重开的'书院'，继续进修。经过慎重考虑之后，乃于1868年春初进了新近复校的龙门书院。"② 如胡适所言，其父选龙门书院肄业，确实是经过慎重考虑的，但其入院初衷，并不见得全是胡适所认为的"乡试未能入院"而"继续进修"，我们来看看胡传当时"慎重考虑"的过程：

  时全椒薛慰农先生主讲诂经精舍，德清俞荫甫先生主讲苏之紫阳书院，皆有重名。友有劝钝夫从薛者，钝夫前屡过杭州，略知其为人，不欲往。将往苏从俞，适俞新刻时文出，读之似不如所闻，亦不果往。闻上海敬业书院山长嘉善钟子勤先生经术文章可师可法，……请于钟先生，思受业于其门。先生所居亦隘，乃劝钝夫肄业于龙门书院。书院（龙门书院）不令习举子业，专以讲求正学；……时正延请兴化刘融斋先生主讲，尚未至也。闻先生语及此，喜甚，专待明春甄别而投课。③

  可见，胡传考虑的标准，并不是书院山长的时文教学水平，而是山长的学术趋向。虽然薛时雨、俞樾皆名重于世，但胡传自觉与他们学术兴趣不合，仍选择新修复的龙门书院肄业。后来的龙门书院生活，胡传

---

① 殷葆诚：《追忆录一卷续录一卷》，转引自北京图书馆编《北京图书馆藏珍本年谱丛刊》（第186册），北京图书馆出版社1999年版，第611、612页。

② 胡适：《我的父亲》，转引自欧阳哲生主编《胡适文集》（第1册），北京大学出版社2013年版，第170页。

③ 胡传：《钝夫年谱》，转引自欧阳哲生主编《胡适文集》（第1册），北京大学出版社2013年版，第418页。

形容为"既得良师，多益友，闻见渐广"，"真自幸得之望外矣"①。胡传的入院经历可以说明，山长学术趣向，不仅影响他们录取什么样的生徒，而且可以影响他们能吸引什么样的生徒报考。

除拔入、甄别外，尚存在另一种取录途径，即被大儒、亲友引荐入院。如莲池书院生徒贾恩绂是因才学获得同乡、前莲池生徒刘若曾的推荐，于光绪十六年（1890年）正月下旬，"轻装策骞赴保定"，入莲池书院。贾入院后，即得山长吴汝纶青睐，"颇不以常士目之，考试亦多列优等，名誉渐起"②。再如，同治四年（1865年）曾国藩另址重开遭兵燹停废的钟山书院，并延与其学术取向相近的李联琇担任主讲。时刘毓崧因为曾国藩的关系，与李联琇过从甚密，也是在同治四年秋天，刘毓崧之子刘寿曾从扬州来到金陵，谒见李联琇于钟山书院，入弟子列。李联琇取录刘寿曾，当然不是完全基于与刘毓崧的关系，早在咸丰丁巳（1857年）岁试时，刘寿曾就以一首《小海唱赋》获得了时任江苏学政、擅长赋作的李联琇的赏识，取录为县学生。李联琇对刘寿曾的才华底蕴早已心中有数，再加上刘毓崧的推荐，入读江南名院钟山书院便自然而然。查检清末书院生徒课作会发现，常有父子、昆仲、同宗肄业同一所书院的现象，如管礼耕、管礼昌两兄弟肄业正谊书院，刘寿曾、刘贵曾、刘富曾三兄弟肄业钟山、惜阴书院，黄澍棻、黄澍芸本支兄弟肄业经训书院，梅启照、梅台源父子肄业经训书院等。虽然没有直接资料显示亲友引荐可以左右书院取录，但是在人情社会中，亲朋师友关系对生徒书院生涯有所助益却是不争的事实。光绪年间，孙锵鸣甫出掌上海龙门书院，即有"京朝官请托私函"甚至"挟外国领事官书者"，只求为亲朋请托龙门书院一学位，以致孙锵鸣感慨"今日始知山长贵"③。湖南浏阳唐才常"时命不偶，长兹困顿"，家中需款甚殷，托同乡好友谭嗣同觅一枝栖身。时谭嗣同之父谭继洵任湖北巡抚，谭嗣同为唐才常

---

① 胡传：《钝夫年谱》，转引自欧阳哲生主编《胡适文集》（第1册），北京大学出版社2013年版，第419页。

② 贾恩绂：《思易草庐年谱》，转引自吴秀华《燕地贾恩绂手稿中所见桐城派学者资料》，《文献》2003年第4期。

③ 胡珠生：《孙锵鸣年谱》，孙锵鸣撰，胡珠生编注《孙锵鸣集》，上海社会科学院出版社2003年版，第754页。

在鄂"各处经营，现身说法"，① 终于觅得两湖书院一学位，"所获膏火，粗可敷日用"②。唐才常肄业两湖，生活条件得到很大改善，"既然可获百金之书院作底"③，那么便可以放弃以往的馆课，专心书院学习。即使已经获得肄业资格的生徒，也需要熟人打点关照，李平书考取南菁书院肄业后，由宗兄李伯壎引介给山长刘熙载，"许补缺住院"④。虽然李平书是由学政涂宗瀛拔入南菁的，但住院与否，权在山长，对于贫寒之士李平书来说，住院入读是一项难得的"福利"，这恐怕要感谢兄长李伯壎的引荐之功。

对于清末书院生徒取录环节的分析说明，生徒能否进入一所书院学习，是官员或山长对其举业能力、治学能力的认可。从更深层次看，一个能被书院，尤其是著名的省级书院取录的生徒，其科举业绩、学术资源、人际交往环境往往互为因果。书院的取录过程，是建立一个较高同质性的社会网络组织的过程，既给予了生徒们一种共同的身份，也塑造了他们彼此多有交集的认同。

二 迁转：院际迁转与向上迁转

生徒被取录后肄业书院的过程并不是静止而是动态变化的，生徒不会自始至终停驻在一所书院，即存在迁转情况。生徒迁转包含院际迁转进入同级书院，以及向上迁转进入高级书院。

院际迁转情况下，被转入的书院往往具有一定学术特色，卓然立于同侪之间。清末杭州有省级书院敷文、崇文、紫阳以及诂经精舍，前三所专习举子业，而诂经精舍独重经解，不尚时趋。杭州学界流传一种说

---

① 唐才常投考两湖书院的动机，不为举业，也不为治学，仅为"一枝栖身"："顷闻两湖书院课额尚有五名，侄比与七丈熟商，欲得一课以为退步。如课事到手，即附近有不甚丰之馆，皆可勉就。兹已拟于月之初赴考，不知能补入上舍否？"参见唐才常《上欧阳中鹄书》（二），中华书局编辑部编《唐才常集》（增订本），中华书局2013年版，第520页。

② 唐才常：《致谭嗣棨书》，中华书局编辑部编《唐才常集》（增订本），中华书局2013年版，第555页。

③ 唐才常：《上父书》（二十五），中华书局编辑部编《唐才常集》（增订本），中华书局2013年版，第512页。

④ 李钟珏：《且顽七十岁自叙不分卷》，转引自北京图书馆编《北京图书馆藏珍本年谱丛刊》（第183册），北京图书馆出版社1999年版，第287—288页。

法:"杭州人士之肄业精舍者,例需由其他三书院选送云云。"① 金华钱孔福即因在敷文书院月课超等,被拔入诂经精舍肄业。其他省亦有类似情况,如江苏钟山、紫阳书院与惜阴书院,蕊珠书院与龙门书院,福建共学书院与鳌峰书院,湖南城南书院与岳麓书院等,形成了一种同级的"输送"与"被输送"的关系。徐雁平认为:"'被输送书院'一般是倡导经解古学之书院,通过向此类书院输送生徒,缓解'俗学'(举业)与正学(五经为根柢)之间紧张关系,似可视为书院教育分工的标志。"② 从生徒角度来看,院际迁转进入同级书院,一方面,收转益多师之效,学问可获精进;另一方面,迁转可帮助生徒建立起更高品质、更强同质性的社会网络组织,成为其获取科举资源、学术资源的重要途径。清末的惜阴书院以"偏重词赋""遴钟山、尊经之高材生肄业其中"③而名重江南。同治八年(1869年),冯煦从钟山书院院际迁转至惜阴书院,师从薛时雨,获得诗词赋作的专业训练,其间与同窗刘寿曾、唐仁寿、秦际唐、朱绍颐等"以辞赋相角逐"④,通过燕集莫愁湖、雅集玄武湖等活动,勾画起一幅艳丽的惜阴生徒交游图景,也为冯煦日后名重金陵诗坛奠定了人际关系基础。

向上迁转情况下,两所书院本身有"上下庠"关系,一般是地方书院向省级书院输送生徒。广东粤秀书院规定:"广韶、肇高两学院岁科考试各选第一、二名生员,发榜后,即给文,令赴布政司投送,候拔入院肄业,仍咨督抚院行司遵照。雍正十三年二月,广韶学院咨送拔贡徐锡元文内并送新进胡宣等三名赴院肄业额,是拔贡与童生之新录入学者原在拔送之例。"⑤ 生徒向上迁转进入高级书院的过程,更能说明当时传统知识人社会流动的特征性。19世纪、20世纪之交,对于关系网

---

① 张鉴:《诂经精舍志初稿》,《文澜学报》1936年第2卷第1期。
② 徐雁平:《清代东南书院与学术及文学》,安徽教育出版社2007年版,第347页。
③ 褚成博:《惜阴书院课艺序》,转引自鲁小俊《清代书院课艺总集叙录》,武汉大学出版社2015年版,第364页。
④ 冯煦:《秋蟪吟馆诗钞序》,金和著,胡露点校《秋蟪吟馆诗钞》,上海古籍出版社2012年版,第452—453页。
⑤ 梁廷枬:《粤秀书院历议考课》,转引自邓洪波主编《中国书院学规集成》,中西书局2011年版,第1254页。

络资源的利用，成为个人社会流动和上升的一个重要渠道，其重要性不言而喻。下面以王舟瑶为个案，试说明科名、学缘、地缘等综合因素在个体书院迁转时显现的合力。

同治七年（1868年），清末名儒俞樾辞去苏州紫阳书院教习，回到故乡浙江，掌教杭州诂经精舍，直至光绪二十三年（1897年）去职，俞樾蝉联诂经讲席近三十载。俞樾掌教的诂经精舍，坐落在杭州西湖孤山之阳，为昔年阮元视学两浙、聚通经之士肄业之地，后渐停渐废。同治四年（1865年），布政使蒋益澧捐资重建精舍，三年后迎来了士林文宗俞樾授学武林，时诂经精舍群贤毕至，声名更胜从前。

俞樾掌教诂经精舍的翌年，家住浙江台州黄岩县小南门天长街的王舟瑶年仅十二岁，是年他从王乐胥开笔学为文。黄岩县是台州府仅次于府治所在地临海县的第二大县，清末黄岩县文风蔚然，人文彬盛。王舟瑶出生在黄岩一个普通家庭，祖上为西晋王导九世孙，因仕宦迁居浙江台州。王舟瑶曾祖、祖父、父亲三代科名不显，却不曾废读，时王家家贫，有亲朋劝舟瑶祖父遣舟瑶习贾，祖父对曰："吾家世读书，至吾父积学未第，吾又少废学，深以为恨，吾今令吾孙学，所以弥吾之憾而伸吾父之屈也，吾宁饿死不愿孙废学也。"① 王舟瑶十二岁开笔，十四岁跟随台州名士王棻开始接触经学。光绪四年（1878年），二十一岁的王舟瑶迎来了其求学生涯的关键转捩点——肄业九峰精舍。

《台州府志》载，九峰精舍坐落在县东三里，咸丰时毁于兵燹。同治八年由县令孙憙重建，"专以经学词章课士，藏书数万卷"，是黄岩"县士特秀者所荟萃"之地。王舟瑶入九峰精舍后，"得资博览于是，所学较进"，"以文字就正于张濬先生"。王舟瑶专治词章之学，"所做诗文为院长王咏霓所激赏，一时如族叔祖维翰、族叔彦威见其所做诗词骈俪文，俱称誉不绝口"②。对于这段经历，王舟瑶的诂经同窗章梫是这样描述的："君居九峰久，有王子庄先生棻、王子裳太守咏霓、张子

---

① 王舟瑶：《默盦居士自定年谱》，转引自北京图书馆编《北京图书馆藏珍本年谱丛刊》（第185册），北京图书馆出版社1999年版，第406页。

② 王舟瑶：《默盦居士自定年谱》，转引自北京图书馆编《北京图书馆藏珍本年谱丛刊》（第185册），北京图书馆出版社1999年版，第412页。

远大令潏、喻志韶编修长霖,暨毅成诸君为之师友,其学大进,以宋五子为体,通鉴九通为用。"①

时黄岩俊彦王棻、蔡篪、袁建荦、王维翰、王咏霓、王彦威、张潏等皆出自九峰精舍。王棻、王维翰、蔡篪、张潏后来又曾肄业诂经精舍,被认为是"将诂经精舍的讲习之风带入台州"② 的第一批黄岩治经之士。他们与王舟瑶沾亲带故,又有深厚的"诂经学缘",王舟瑶得到他们的引导赏识,顺利地领悟经学奥旨,并与喻长霖、黄方庆、江青、孙洞等九峰同学中的经学爱好者,在台州家乡搭建起了自己的小小学术圈。

关于王舟瑶从县级书院九峰精舍迁转入省级书院诂经精舍的前因后果,各方说法一致。

王舟瑶《默盦居士自定年谱》自叙中:"光绪十二年正月,由学使瞿鸿禨檄调至省,肄业西湖诂经精舍,掌教为德清俞曲园太史樾,……所做说经文字盛为俞先生所称赞。"③

对于此次瞿鸿禨"檄调"生徒入诂经精舍肄业,俞樾也有一段描述:

"乃今岁(光绪十二年)瞿子玫学使甫下车,即访余于湖楼,拳拳以精舍人才为问,又博访周咨得高材生二十人,送精舍肄业。"④

时年二十九岁的王舟瑶就是这次瞿鸿禨"拳拳相问"后,被"博访周咨"选入精舍肄业的二十人的其中之一。同舍还有金华叶钧、诸暨蔡启盛、定海黄家岱、萧山谢瑶、归安崔适、钱塘王仁溥、宁海章梫及同县黄方庆、孙洞、管世骏、王一谔、郏颂平等十余人。虽然已无更多史料显示瞿学使这次"博访周咨"生徒的具体标准是什么,但是参看王舟瑶"檄调"前的经历以及同期被调入生徒的情况,大概可知端倪。

---

① 章梫:《诰授资政大夫广东候补道王君墓志铭》,转引自沈云龙主编《近代中国史料丛刊》(第991—1000册),台北:文海出版社1973年版,第2956—2957页。

② 徐雁平:《清代东南书院与学术及文学》,安徽教育出版社2007年版,第423页。

③ 王舟瑶:《默盦居士自定年谱》,转引自北京图书馆编《北京图书馆藏珍本年谱丛刊》(第185册),北京图书馆出版社1999年版,第421页。

④ 俞樾:《诂经精舍六集序》,《春在堂全书》(第4册),凤凰出版社2010年版,第630页。

年谱显示，王舟瑶被"檄调"诂经精舍前，还做了三件事：肄业九峰精舍、馆课弟子、参加科考。前文已述，王舟瑶肄业九峰精舍期间，经学成就已获得王棻、王诗霓、王维翰、张濬等人的赏识。下面来谈谈王舟瑶的举业活动。王舟瑶肄业诂经精舍前，参加了一系列考试，其中包括两次乡试，均报罢；一次县试，取录第三名；一次府试，取录第二名；一次院试，取录县学第四名；一次岁试，取录一等。也就是说，王舟瑶在入读诂经精舍前，已取得生员身份，科举成绩在县域内数一数二，同时学术趋向与诂经精舍相契，且获得本地与诂经精舍有联系的几位宿儒肯定，在黄岩当地的学术圈"小有名气"，具有极大的举业潜力和学术潜力。查检其他几位同期入院的诂经生徒可发现他们的情况与王舟瑶大同小异，如黄方庆，由瞿鸿禨"闻其名调入杭之诂经精舍肄业"①，此处所谓"闻其名"，大概就是闻黄方庆治经之名。《台州府志》载黄方庆"弱冠后致力史汉，为古文辞，寻又治训诂家言"②。此正合诂经精舍学术取向，加之黄方庆于光绪三年（1877年）已获县学生员身份，符合调入诂经精舍的科名条件。

这里有一点不容忽视的是瞿鸿禨本人的学术取向。瞿鸿禨少时肄业于湖南城南书院，师承何绍基、郭嵩焘。何绍基师承阮元，为学深受朴学影响，郭嵩焘的学术趋向相对复杂，被认为是晚清湖湘理学的代表人物，但是其认同兼宗汉宋，认为"读书必自经始，读经书必自训诂始，学问本原，必由于此"③。何、郭二师的学术取向对瞿鸿禨影响至深，多年后他执掌文柄，选士校士时仍不忘以善治经学为偏好。"学士（瞿鸿禨）好以经术取士，命肄业诸生进所作说经文字。君（黄方庆）独不肯呈录，故同舍者，或得科名以去，而君独落寞。"④ 黄方庆不肯就范应该不仅是由于不善治经，或许还与其性格有关。王舟瑶的顺利迁转和黄方庆的科名暗淡，正是从正反两方面说明生徒迁转、肄业、离院出

---

① 王舟瑶：《黄方庆陈宽居传》，闵尔昌：《碑传集补》卷38，转引自沈云龙主编《近代中国史料丛刊》（第997册），台北：文海出版社1973年版，第2102页。

② 《台州府志》卷105《人物传六》，民国二十五年铅印本。

③ 郭嵩焘：《郭嵩焘日记》，湖南人民出版社1983年版，第204页。

④ 王舟瑶：《黄方庆陈宽居传》，闵尔昌：《碑传集补》卷38，转引自沈云龙《近代中国史料丛刊》（第997册），台北：文海出版社1973年版，第2102页。

路各环节中，治学是否符合学官、山长的要求非常重要，会影响到自己在书院的发展乃至科场境遇。

初见王舟瑶的情形，俞樾印象深刻："往岁，瞿子玖学士视学吾浙，招致两浙高材生二十人，肄业诂经精舍。而王生舟瑶，字星垣者与焉。时余忝主诂经讲席，星垣乃以士相见之礼来见于余。余始知有星垣矣。"①王舟瑶面对久仰的江南文宗俞樾，欣喜异常："吾自少即喜读春在堂书，然其时止治词章，所读者诗文而已，近则稍知治经，乃尽发两平议、两杂纂及弟一楼丛书，而读之，又幸得肄业精舍，获在门下士之列。先生亦鉴吾十余年向往之心不我拒乎。"之后的诂经学习生涯中，师生甚是相契，"（俞樾）及阅每月课卷，星垣辄居高等"②。

在著名的《诂经精舍课作集》中，王舟瑶仅有一篇课作收录在册，从数量上看，比之被收录十数篇之生徒并不显眼，这或许与王舟瑶肄业精舍时间较短有关。年谱显示，王舟瑶在进入诂经精舍的当年七月，回台州应岁试，经学政取全阖属第二名，正场取县学第四名，补廪膳生。光绪十四年（1888年）秋，以优行第一名成为贡生，光绪十五年（1889年）朝考未录用，复返至杭州应乡试，中式第一百名举人，至此王舟瑶获得了他举业生涯最高级别的科名——举人。虽然仅有年余的师生之谊，但通过两件小事，可知俞樾对王舟瑶是十分满意的。一是王舟瑶受诂经同学章梫请托，撰写《拟许郑二君祠从祀诸儒考略》。据《诂经精舍志初稿》载，光绪间，精舍生章梫"欲援孔庙从祀例，请院长俞曲园议补其（许郑）祀"，因同学王舟瑶"粗涉许郑之学"，相请王"考定其人，附著去取之意"。王舟瑶"因就所知，疏其大略"，考定从祀许、郑二师三十二人，上呈俞樾。③此事至少说明，王舟瑶古文、经学功底深厚且颇得同学、老师看中。二是俞樾为王家多位亲人撰写寿序、墓志铭。俞樾尝自言："余年来衰朽多病，酬应文字，率谢不作，

---

① 俞樾：《王星垣祖母程孺人八十寿序》，《春在堂全书》（第4册），凤凰出版社2010年版，第348页。

② 俞樾：《王星垣祖母程孺人八十寿序》，《春在堂全书》（第4册），凤凰出版社2010年版，第348页。

③ 张崟：《诂经精舍志初稿》，《文澜学报》1936年第2卷第1期。

至寿言则辍笔久矣。"① 然先后帮王舟瑶的曾祖父、祖父撰写墓志铭，帮其祖母撰写八十寿序，师生间情谊可见一斑。

王舟瑶是一位举业与治学两厢不误的生徒。他出身下层士人家庭，家境贫寒，父辈科名不显，却对他的举业之路抱有殷殷希望，这种希望使他不可能弃举业而择治学，只有"以文行知名于时，庶不负君所望矣"。但他又是幸运的，有幸入读九峰精舍，结识晚清台州经学名宿，借由学缘迁转入诂经精舍，并或多或少因诂经精舍生徒身份，在举业道路上获得一定便利，取得一般人难以企及的优贡资格。同时又由于出自俞樾之门，学术上"治经宗高密"，"翕然奉为大师"，著有《郑注禹贡引地理志释》《周官孟子异义疏证》《谷梁逸礼考证》等训诂校勘著作。王舟瑶的向上迁转经历，是一位生徒由县级书院升入省级书院的正常深造，背后表达的是传统知识人科名、学缘、地缘等综合实力在个体社会流动时显现的合力。

本编小结

清代是中国古代书院发展的鼎盛时期。当时书院数量、规模、类型、分布范围均呈现超越前代之势。清末书院的教学主要包括科举教学、学术指导两个维度的内容，分别指向生徒的举业成绩、治学能力的锻造提升，受此影响，当时书院类型按照仕、学两个维度的培养目标，大致出现了讲求理学的书院、习经史词章训诂（或通经致用）的书院、科举考课式书院三种类型，并小范围出现了带有西学成分的新型书院。清末也是近代中国大变局发生的前夜，教育领域的"变"，意指延续千年的传统教育生态的终结，其中最引人注目者，当属传统书院的落幕。以上这些情况，都是影响清末书院生徒群体形成的前因和基础。

本编通过对生徒入院前科名、学缘、地理来源再到取录迁转的考察，发现清末书院生徒群体在以下方面表现出鲜明的特征。

---

① 俞樾：《王星垣祖母程孺人八十寿序》，《春在堂杂文》（第4册），凤凰出版社2010年版，第349页。

其一，生源结构同质化情况依然显著。前置科名方面，书院对生徒前置科名强调一直较为稳定，同一书院中，生徒科名有高有低，很难统一；前置学缘方面，生徒首次入院、院际流动皆受学缘影响，学缘越近，进入书院肄业越容易；地理来源方面，生徒首次入院时，多选择本籍州县书院，院际流动时，多去往本籍省级书院，鲜少负笈外省。

其二，生徒流动仍遵循传统型流动模式。生徒取录是一个建立较高同质性的社交网络组织的过程，其中科举业绩、学术资源和人际交往环境互为因果；生徒迁转更是科名、学缘、地缘等综合因素合力的结果。

概而言之，具有初级的科名，相近的学缘以及本省地缘是进入某一所书院的"敲门砖"，也是生徒迁转时的"护身符"。清末民初本是一个新旧转型时期，新学冲击之下，尚新与守旧亦只是一念之间。但深入分析发现，传统书院开放门户之下，依旧保持相对封闭的"内在"——对诸如科名、学缘、地缘等方面的隐性要求或潜在门槛，不显现却真实存在的对传统知识人群体的构成、流动产生影响。

具体到清末书院，彼时科举制度已然式微，却并不意味着科举功名的社会价值完全丧失；新学进入传统书院，也不意味着对传统学缘关系强调的退场。作为中国传统教育体制改革的先声，清末书院改废先于科举制度停罢出现，确实起到了摧毁传统教育"第一道防线"的作用，但由于传统书院制度并非衰竭而亡，而是在繁盛态势下被强令终结的，骤然而至的书院改制，虽然在制度上与传统决裂，向近代奔跑，但无论从客观的书院生徒群体特征还是从主观的生徒意识行为来看，出现停顿与迟滞在所难免。可以说，书院改废初期，观念意识层面的效果是有限的。同时，生徒相似的举业和治学历程，既给予了他们一种共同的身份，也塑造了他们彼此更多交集的认同，成为日后离院出路选择时必要的基础。因此，尽管教育领域中近代化的变革、改革以疾风骤雨之势而来，但从科名、学缘、地缘观念在当时书院场域下所呈现出依旧浓重的影响以及传统知识人对这些观念的认可和服从来看，又显示了这一时期国家与社会在近代化即"去传统"过程中需要迈出的艰难步伐。

中编　缘何而聚

第三章

清末书院生徒群体与举业

上编在梳理清末书院与书院教育的基础上，围绕书院生徒"从何而来"，从入院前科名、入院前学缘、地理来源以及取录迁转等方面，分析书院生徒群体的结构以及流动情况。本编将围绕"缘何而聚"，重点考察在仕和学两种价值的引导下，生徒因举业、治学两种目的聚于书院，展开学习活动、社会活动、治生活动。学习活动方面，以生徒课作为研究对象，通过叶昌炽、唐文治典型个案的讨论，考察仕与学两种价值取向对生徒书院举业、治学活动的影响程度。社会活动方面，以莲池书院生徒群体、南京诸书院生徒群体为考察对象，讨论生徒在构建"学术圈"与"社交圈"时的选择。治生活动方面，讨论生徒在书院奖励、资助经费的引诱下，存在的失范行为以及背后所揭示的关于仕与学的价值选择问题。

须强调的是，仕、学价值指向之下，生徒的学习活动、社会活动、治生活动并不是"非仕即学"或"非学即仕"般简单的非此即彼，而是存在某种程度的叠合。本章将从生徒学习与社会交往两个层面，按照生徒群体和个案两个维度，讨论"仕"的价值指向之下的清末生徒的举业活动。

第一节 以举业为尚的生徒群体

清代乡试、会试是传统知识人举业征程中最重要的两个阶段，通过乡试取得举人科名、通过会试取得贡士科名、通过殿试取得进士科名的知识人，通常被视为科举考试"成功者"。清代乡试依各省文风高低、应试人数多寡、丁赋轻重等分省定额取士，会试虽不定中额，但亦按省酌定取中人数。分省定额取士，既是保证科举制度区域公平的措施，也造成了教育的地区差异。清末科举书院主要教授生徒科举之学，并向乡、会试考场输送大量的应试生徒，置身其间的生徒因举业而群聚。本节以群体分析与个案分析相结合的方式，讨论科举书院是如何吸引生徒群体群聚的。

一 科名与科举书院的地理分布

科举盛行的时代，每一位读书人都是参与者，读书人获取举人、进士等科名，既代表了个体举业活动的成功，又反映了其所在省份的科举实力。一地科名的多寡，可以直接反映出一省科举实力的强弱，而书院数量则是考量一地科举实力的重要面相。因为书院相对于官学而言，分布广、数量多，可以容纳更多士子肄业其中，向科举考场输送更多的应考人员，在当地的教育格局中占有重要位置，故而历朝历代都强调书院对于当地科举兴盛的重要作用。清代分省定额取士制度，使得各省的科举实力有了量化比较的可能，为了更直观反映清末各省科举实力与书院数量的关系，现将举业"成功者"人数、书院数分省统计如表3-1所示。

表3-1 清末书院、举人、进士和鼎甲数量分省统计（同治、光绪朝） （单位：名/所）

省份	书院数		举人数	进士数	鼎甲数
	白新良统计	邓洪波统计			
直隶	50	55	5131	435	2
东北	18	20		57	0
山东	51	46	1684	455	3
山西	42	28	1002	189	1
河南	17	35	1512	326	0
陕西	28	27	1120	247	1
甘肃	34	28	1053	137	0
安徽	21	21	1290	291	0

续表

省份	书院数		举人数	进士数	鼎甲数
	白新良统计	邓洪波统计			
江苏	68	79	1905	443	10
浙江	102	124	2255	410	5
江西	156	193	2271	394	3
湖南	54	68	1361	245	8
湖北	34	31	1376	256	2
福建	78	63	2122	350	3
广东	123	167	1813	281	5
广西	26	60	944	236	2
四川	103	141	1488	252	1
贵州	11	29	1045	187	3
云南	46	59	1371	199	0

资料说明：书院数参考白新良《明清书院研究》、邓洪波《中国书院史》（增订版）统计。举人数参考黄艳《清代江南举人研究》、程小丽《清代浙江举人研究》、姜传松《清代江西乡试研究》、许静《清代湖南乡试研究》、楚江《清代举人额数的统计》，并根据同治三、六年、九年、十二年，光绪元、二、五、八、十一、十四、十五、十七、十九、二十、二十三、二十八、二十九年各省乡试题名录及地方志予以补充，凡无法确认者，举人数参考乡试定额估算。进士数参考张喜桃《晚清进士籍贯分布与分流研究》，并根据朱保炯、谢沛霖《明清进士题名碑录索引》，海金、曹端祥《清代进士辞典》修正补充。进士数指文科进士数，不包括经济特科、翻译科进士。鼎甲数参考张喜桃《晚清进士籍贯分布与分流研究》，并根据《明清进士题名碑录索引》修正补充。

根据表3-1中数据综合分析可知，江苏、浙江、江西、直隶、湖南等这些在举人、进士、鼎甲数量上有不错表现的省份，其书院数量亦相对较多，而云南、贵州、河南这样科举实力相对较弱的省份，其书院数量亦相对较少。当然，表3-1中统计的"书院数"包括同治、光绪朝各类书院的总和，并且"书院数"与"书院科举教育质量"两个概念并不等同，故难以准确说明书院对一地科举实力的影响。但表3-1至少反映一种趋势：清末各省书院数量与科举实力之间基本呈现正相关。

清末各省科举实力与书院数量差异明显，一省之内各府、一府之内各县亦存在不平衡。由于每次乡试产生的举人数过多，每次殿试产生的三甲数过少，是故进士数可以更便捷地表现一省的科举实力。表3-2统计的是清末江西部分府、县进士数与科举书院数。①

表3-2　　　　清末江西部分府科举书院和进士数量
　　　　　　　分地区统计（同治、光绪朝）　　　　（单位：名/所）

府	县（州）	科举书院数	进士数	府	县（州）	科举书院数	进士数
南昌府	省级书院	2		南安府	府级书院	1	
	府级书院	1			大庾	1	0
	南昌	6	26		南康	2	0
	新建	25	32		上犹	1	0
	丰城	13	12		崇义	1	0
	进贤	1	6	宁都州	州级书院	0	
	奉新	10	20		瑞金	1	0
	靖安	0	2		石城	4	3
	武宁	2	6		不详		3
	义宁	11	4	赣州府	府级书院	1	
建昌府	府级书院	2			赣县	1	7
	南城	3	21		雩都	2	0
	新城	4	3		信丰	4	0
	南丰	9	21		兴国	6	7
	广昌	0	1		会昌	3	0
	泸西	2	0		安远	4	0

---

① 关于表3-2、表3-3中"科举书院"的说明：现存光绪《江西通志》、各县地方志中对省级、府级书院办学情况的描述较多，而县级书院、民办书院的办学取向很难获知。两表在统计"科举书院"时的方法是：第一，剔除一些如经训书院之类显而易见的学术书院和明确记载为私人讲学、读书之书院；第二，一般来说，清末县级书院少有不是科举书院者；第三，官员倡建、复建的书院，多为科举书院。

续表

府	县（州）	科举书院数	进士数	府	县（州）	科举书院数	进士数
瑞州府	府级书院	1		赣州府	长宁	1	1
	高安	6	16		龙南	1	1
	上高	7	1		定南	1	0
	铜鼓	0	0		虔南	0	0
	新昌	9	15	袁州府	府级书院	3	
					宜春	1	3
					分宜	1	1
					萍乡	5	15
					万载	3	0

表3-2选取了清末科举实力相对较强的南昌、建昌、瑞州三府，科举实力较弱的南安、宁都、赣州三府（州）以及科举实力一般的袁州府作为样本进行讨论。除去其他如经济、人口、历史等影响因素，单以科举书院数为考察对象，可发现一个基本的规律：以一省范围横向比较，科举书院较多的府、县，其进士数亦较多；科举书院较少的府、县，其进士数亦较少，如建昌府与宁都州；以一府范围纵向比较，亦可发现同样规律，如南昌府奉新县与靖安县。

通过光绪《江西通志》及各府县地方志可知，清末江西进士高产府是南昌、建昌、抚州、九江四府，全省进士高产县是新建、南昌、高安三县。而南安府、宁都州则进士寥寥，其中南安府甚至在同光朝47年间无一进士产出，这与南安府辖下的科举书院数量少的情况一致。为了更微观地考察科举书院与进士产出的关系，表3-3列出了清末江西部分进士高产府、县辖下的科举书院具体情况。

表3-3 清末江西部分进士高产县科举书院情况（同治、光绪朝）

（单位：名）

省、府、县	书院	时间	新建（兴复）情况	进士数
江西省级	豫章书院	同治八年	巡抚刘坤一增斋舍	
	友教书院	同治四年	布政使孙长绂 重修	
南昌府级	洪都书院	道光十三年	知府改建	
新建县 22所	龙冈书院		邑人建	32
	虎溪书院		邑人建	
	秀溪（香溪）书院		皆为邑人建	
	东山书院（2）		皆为邑人建	
	万坊书院		邑人建	
	柳塘书院		邑人建	
	三洲书院		邑人建	
	五溪书院		邑人建	
	洪崖书院		邑人建	
	清溪（鹿溪）书院		皆为邑人建	
	枥山书院		邑人建	
	浯溪书院		邑人建	
	云中书院		邑人建	
	罗溪书院		邑人建	
	檀溪书院		邑人建	
	香城书院		邑人建	
	石井书院		邑人建	
	章江书院	顺治间	巡抚建	
	西昌书院	道光二年	知府、知县相继兴复	
	韩公书院	康熙十年	督粮道建	
	宸篆书院	康熙十四年	分巡南瑞道建	
	江渚书院		知县重建	

续表

省、府、县	书院	时间	新建（兴复）情况	进士数
南昌县 6所	东湖书院	同治元年	邑绅捐资重修	26
	龙冈书院（2）		皆为邑人建	
	刘公书院	康熙九年	布政使建	
	元钧书院	康熙十五年	督粮道建	
	槐荫书院	康熙十七年	布政使建	
瑞州府级	凤仪书院	同治九年	知府重修	
高安县 6所	桂岩书院		邑人建	16
	西涧书院	元至元二十二年	总管建	
	文溪书院	明正德初	训导建	
	槐东书院		邑人建	
	傍莲书院		邑人建	
	绿槐书院		邑人建	

表3-2、表3-3资料说明：江西行政区划参考赵尔巽《清史稿》卷66《地理十三·江西》。进士数参考张喜桃《晚清进士籍贯分布与分流研究》，并根据朱保炯、谢沛霖《明清进士题名碑录索引》，海金、曹端祥《清代进士辞典》补充修正。书院数参考赵之谦：光绪《江西通志》卷81、卷82《建置略·书院附社学》，并根据李才栋《江西古代书院研究》补充修正。

值得一提的是，府治所在县、省治所在府坐拥府级书院、省级书院资源，如南昌府同时存在豫章、友教两所省级书院和洪都一所府级书院；高安县坐拥瑞州府级凤仪书院，这些府级、省级书院会分散本县县级书院一定数量的生源："邑（南昌县）之书院岁独有东湖，而士之成业者固多在豫章、经训间也。"① 这也会出现府治所在县、省治所在府看似科举书院数量不多，进士数却领先于其他县、府的情况。

虽然清末各地科举实力受到本地社会经济、历史人文、交通位置等诸因素共同影响，科举书院的多寡，只是影响科举实力的诸因素之一。但上述分析至少说明，一地科举实力与书院数量，尤其是科举书院数量

---

① 光绪《南昌县志》卷13《学校志下》，1960年铅印本。

存在正相关，科举实力强的地区，其辖内科举书院培养的举业"成功者"亦较多，那么自然更容易吸引有举业志向的生徒群聚并肄业其中。

二　科名炽盛：应元书院生徒群体

同治六年（1867年），来自人文渊薮之地江苏宝应的王凯泰就任广东布政使。

王凯泰（1823—1875年），字幼轩，号补帆，是一位举业、仕途颇为顺利的清末士人。王凯泰15岁为县学生，24岁获得优贡身份，同年参加顺天府乡试中式举人，28岁中式进士。就任广东前，曾担任翰林院编修、浙江按察使等职。

王凯泰顺利的举业经历，让他十分重视科举教育。他结合自身经历，概括了广东举人举业之"三难"：一是"粤东距京师七千里，举人赴会试劳且费，幸而一试登第，再三试或不复赴"。二是"其在籍者无书院，不如生员有肄业之地、膏火之资"。三是"其登第官京师者，措资不易，迩者粤东荐绅谋捐资岁饷之而议未成"。① 王凯泰认为此三难，皆因广东没有专课举人的书院。基于此，同治八年王凯泰择粤秀山东麓应元宫旧址，建书院，袭名"应元"，是为应元书院。

王凯泰给书院取名"应元"，除了因其"应元宫"旧名，更有一重寓意：由于会试第一名称会元，殿试第一名称状元，"中丞（王凯泰）即因应元二字为书院名，实为会试、殿试之佳兆也"②。适逢来年为同治辛未科，王凯泰为表达对应元书院生徒的期许，于书院东偏植梅十三株，以其五世祖康熙癸未科状元王式丹《十三本梅花书屋图》之故事寄意院中诸生，应来岁大魁天下之兆。果如王凯泰所愿，同治辛未科会试"应元书院中得隽者九人，而状元梁君耀枢即九人之一"③。应元科名，自此名扬天下。应元书院自同治八年创建，至光绪二十九年（1903年）停办，科名炽盛。凡粤地举人，皆知成为应元生徒，意味着离虎榜

---

① 王凯泰：《新建应元书院记》，转引自赵所生、薛正兴主编《中国历代书院志》（第3册），江苏教育出版社1995年版，第258页。

② 方濬师：《应元佳谶》，盛冬铃点校：《蕉轩随录续录》，中华书局1995年版，第180页。

③ 俞樾：《春在堂随笔》，江苏人民出版社1984年版，第44页。

荣登、蟾宫稳步的人生理想又进了一步。

应元书院招生限制严格，报考应元书院者，首先应有举人科名："此院专为举人而设，凡恩、拔、副、岁、优贡生向在三书院（学海堂、菊坡精舍、粤秀书院）肄业无庸与考，至举人中有实缺官员，及现任教职，并曾经出仕回籍者，均无庸与考。"① 生徒符合条件者，在甄别前三日报名投卷，每卷收金二钱。甄别试安排在每年二月十五日之前，逢会试之年则安排在六月中旬。至甄别日，由监院官禀请督、抚两院亲临，众考生"衣冠济楚，赴院应名，静坐构思"②。招生名额为内课30名，外课20名，附课50名，一共100名。内课生徒每月膏火3两，外课2两，另有会试公车费内课50两，外课40两，附课30两提供。

鲜明的培养方向、高额的膏火赏金，即使甄别条件苛刻，也使得粤地有志于举业的举人鱼贯而入应元。南海人吕绍端，是同治六年举人，其父吕廷焯，早年屡困场屋，以举人身份在广州设帐教读，"受业者岁常数百人，……巍科登显仕者以去者类多"。吕绍端幼时就随侍其父讲席读书，"性谦和，工制艺"，"年十一能文章，每会作辄惊耆宿"③。后吕绍端甫入应元书院即得"山长冯展云（冯誉骥）称之"④，与吕绍端同期肄业应元的，还有后来的同治甲戌科榜眼、南海人谭宗浚。谭入应元肄业前，有着丰富的举业经历，于咸丰十一年（1861年）获举人科名，同治四年（1865年）会试下第。早年谭宗浚不擅书，自入应元书院后，"山长冯展云师亦屡勖余习书，授以笔法，督课甚勤，而书亦不少进"。后谭宗浚参加同治十三年会试，适廷试阅卷官蒲圻贺、朝考阅卷官黄钰"皆以能书名于都中，独赏誉余书"⑤，是以谭宗浚以榜眼及第。对于吕绍端、谭宗浚这类举业能力本就不俗的生徒而言，肄业应元

---

① 《应元书院章程》，转引自邓洪波主编《中国书院学规集成》，中西书局2011年版，第1306页。

② 《应元书院章程》，转引自邓洪波主编《中国书院学规集成》，中西书局2011年版，第1306页。

③ 宣统《南海县志》卷15《列传》，清宣统三年刻本。

④ 谭宗浚：《伤逝铭（并序）》，转引自清代诗文集编纂委员会编《清代诗文集汇编》（第763册），上海古籍出版社2010年版，第297页。

⑤ 谭宗浚：《学书轩记》，转引自清代诗文集编纂委员会编《清代诗文集汇编》（第763册），上海古籍出版社2010年版，第182页。

书院无疑使他们向蟾宫折桂的理想更近一步。根据应元书院会试题名录记载，同治辛未、甲戌，光绪丙子、丁丑四科，每科应元生徒殿试及第人数均在 10 人左右，而同科广东全省及第人数不过 16 人左右。可以说，群聚了广东全省科举翘楚的应元书院，成为同光年间广东进士的"摇篮"。

表 3-4　　　　　　应元书院会试题名录（同治、光绪朝）

	姓名	籍贯	殿试名次	官职
同治辛未科 1870 年	梁耀枢	广州府顺德县	一甲一名	翰林院修撰
	邓蓉镜	广州府东莞县	二甲九十五名	翰林院编修
	吕绍端	广州府南海县	二甲十三名	翰林院编修
	陈序球	广州府南海县	二甲七十九名	翰林院编修
	区谔良	广州府南海县	二甲一百零八名	翰林院庶吉士改主事
	潘仕钊	广州府南海县	三甲八十五名	翰林院编修
	区云汉	广州府新会县	二甲七十四名	礼部主事
	黄嘉端	广州府南海县	三甲三十五名	刑部主事
	谢廷推	广州府从化县	三甲六十六名	即用知县，发四川
同治甲戌科 1874 年	谭宗浚	广州府南海县	一甲二名	翰林院编修
	陈华褧	广州府新会县	二甲十名	翰林院编修
	刘廷镜	广州府南海县	二甲一百四十名	翰林院庶吉士改知县
	黄玉堂	广州府顺德县	二甲四十四名	翰林院编修
	何其敬	广州府顺德县	二甲七十五名	刑部主事
	张其翼	广州府新会县	二甲一百一十八名	吏部主事
	梁肇晋	广州府番禺县	二甲五十七名	礼部主事
	杨凝钟	广州府顺德县	二甲九十五名	吏部主事
	冯健	广州驻防汉军旗	三甲一百四十一	即用知县，发浙江
	周良玉	肇庆府高要县	三甲一百三十一	即用知县，发安徽
	林焕曦	肇庆府高要县	三甲一百二十四	即用知县，发湖南
	金学献	广州府番禺县	三甲一百十名	即用知县，发四川

续表

	姓名	籍贯	殿试名次	官职
光绪丙子恩科 1876 年	戴鸿慈	广州府南海县	二甲第四名	翰林院编修
	廖廷相	广州府南海县	二甲二十九名	翰林院编修
	潘宝鐄	广州府番禺县	二甲三十二名	翰林院编修
	黎荣翰	广州府顺德县	二甲八十一名	翰林院编修
	林其翔	广州府南海县	二甲九十七名	兵部主事改教谕
	周兆璋	广州府顺德县	三甲四十名	即用知县，发甘肃
	区士彬	广州府番禺县	三甲十五名	即用知县，发甘肃
	陈鸣谦	广州府三水县	三甲	即用知县，发广西
	谢家政	肇庆府高要县	二甲三十六名	候选知县
光绪丁丑科 1877 年	吴日升	广州府南海县	三甲五名	翰林院庶吉士
	武吉祥	广州驻防汉军旗	二甲九十名	翰林院庶吉士
	陈维岳	广州府番禺县	二甲四十五名	工部主事
	凌端	广州府番禺县	二甲三十八名	工部主事
	邬宝义	广州府番禺县	二甲	兵部主事
	余家相	广州府新宁县	二甲五十八名	户部主事
	陈国士	广州府南海县	三甲	即用知县
	何文全	广州府番禺县	三甲一百三四名	即用知县，发四川
	区湛森	广州府南海县	三甲七十六名	内阁中书
	陈象仁	广州府顺德县		

资料说明：《应元书院志》，转引自赵所生、薛正兴主编《中国历代书院志》（第 3 册），江苏教育出版社 1995 年版，第 258 页。

当然并不是所有进入应元书院的生徒，都能拥有一个平顺的举业之途。比如，与谭宗浚同时期肄业应元书院的番禺张嘉澍、顺德冯培英，就没有那么幸运了。当时张、冯二人皆为山长冯誉骥所赏拔，与前述谭宗浚、吕绍端并称应元"张谭冯吕"。尤其是张嘉澍，山长冯誉骥认为其"文甚至然"，谭宗浚亦觉"余实不逮君（张嘉澍）远甚也"，张嘉澍因此被视为应元书院最有登第实力的生徒之一，"同人咸以大魁期之"①。但事与愿违。应元四杰中，吕、谭先后登词馆，冯、张二人却久困公车不第。后张嘉澍虽得进士，朝考不得上选，郁郁不得志，归掌教禺山书院，没有几年便过世了。冯培英更是科运不佳，以举人"屡踬礼闱，仅挑荟录，……中年志稍沮丧，退而教授邑城"②。刊印于同治十年（1871年）的《应元书院课艺》中的11位作者，仅有谭宗浚、吕绍端、梁耀枢、区云汉四人获进士科名，以应元书院每次招收100人的员额规模来看，每科所得不过其中九、十之数。也就是说，即使生徒以举业之名入应元书院肄业，其科举前途并不一定皆如他们所愿。即便如此，我们可以看到，到了科举制度已现颓势的光绪十七年（1891年），报考应元书院的举人仍有438人之众。③ 这一方面说明科举制度的牢固性以及变化的缓慢性，另一方面也说明清末应元书院对有志举业的广东生徒来说，一直具有"非一般"的吸引力。

第二节　课作中的举业

"考，问也。《易复卦》有'敦复无悔，中以自考也'。"④ "考"，有考较、查核之意；"课，试也，第也。《史记·匈奴传》有'课校人畜计'，《前汉·京房传》有'房奏考功，课吏法'"⑤。"课"，有课试、考核之意。"考""课"二字连用，意指考验成绩、等次。中国古代"考课"一词，多见于职官管理范畴，乃指"对官吏才能、职守的一种考核。根据考核的结果分别优劣等次，或奖或罚"⑥。书院考课，与职

---

① 谭宗浚：《伤逝铭（并序）》，转引自清代诗文集编纂委员会编《清代诗文集汇编》（第763册），上海古籍出版社2010年版，第297页。
② 《顺德县志》卷20《列传》，民国十八年刻本。
③ 1891年6月7日《申报》"天南春讯"载："应元书院甄别，……收卷共计日折卷四百三十八，即委候补府徐太守玮文、试用府陈太守望曾等赴辕校阅，秉公柬取，以励真才。"
④ 张玉书等编撰，王引之等校订：《康熙字典》，上海古籍出版社1996年版，第988页。
⑤ 张玉书等编撰，王引之等校订：《康熙字典》，上海古籍出版社1996年版，第1214页。
⑥ 张晋藩：《考课与监察：综论中国古代职官管理》，《中国法律评论》2015年第3期。

官考课类似，是一种学业成绩考核的制度，属于书院考试的范畴。

书院考课成为一种制度而见于书院规章，始于宋代。江苏南京明道书院规定："士有志于学者，不拘远近，诣山长入状帘，引疑义一篇，文理通明者，请入书院，以杜其泛。"又规定："每月三课，上旬经疑，中旬史疑，下旬举业。文理优者，传斋书德业簿。"① 此中既规定了书院招生甄别试的内容、标准，又规定了平时考课的频次、内容和记录办法，可以视为对书院考试、考课的较早、较全面的制度化规定。

元、明两代，随着科举考试与书院的关系日益紧密，考课作为科举考试的一种训练形式，在书院中逐渐受到重视。至清代，书院考课之风大盛："书院舍讲学而尚考课，论者谓其风起于明，而独盛于清"②，形成了上至省级书院，下至乡邑书院皆有考课、地方官府和书院山长轮流主考、内容涵盖时文、经史词章甚而新学西学，且命题、考查、评卷、奖惩各环节严密配合的一整套制度。书院通过考课，检查生徒肄业期间学习成效，并根据考课结果分别优劣等次，给予奖惩，即"评量文艺，应论其优劣，随课升降"③。

在清代书院中，教师通过评阅考课的课作完成科举教学和学术指导，生徒通过参加考课接受举业、治学训练，考课成为书院日常教学、生徒肄业书院的一项重要活动。清代书院考课规制严密、组织规范，在命题、考查、评卷、奖惩各环节皆有制度化规定。有书院对课作内容的规定："课试文体以清真雅正为宗，绝去肤庸之习。诗体以唐人试帖为准，制题工稳，尤贵各尽所长、独出心裁"④；也有对考课纪律的规定："作课宜自出心裁，不许抄录成文，至蹈雷同，违者除名"⑤；还有对试程的规定："课期以月之初二、十六日为期，知县亲至院中，与山长命

---

① 《明道书院规程》，转引自邓洪波主编《中国书院学规集成》，中西书局 2011 年版，第 163 页。
② 张正藩：《中国书院制度考略》，江苏教育出版社 1985 年版，第 36 页。
③ 《象山书院章程》，转引自邓洪波主编《中国书院学规集成》，中西书局 2011 年版，第 695 页。
④ 陈谷嘉、邓洪波主编：《中国书院史资料》，浙江出版社 1998 年版，第 1708 页。
⑤ 陈谷嘉、邓洪波主编：《中国书院史资料》，浙江出版社 1998 年版，第 1691 页。

题扃试,并延请学师监之"①。

清末考课制度成熟,按主考者、考试内容、考试时间不同,存在多种称谓。

按照主考者身份不同,有官课、师课之分。官课之中,依主考官员职级不同,又有县课、州课、府课、学院课等之别。书院级别越高,主考考课的官员越多。一般而言,省级书院由总督、巡抚、学政、三使(布政使、按察使、转运使)等封疆大吏轮流主持,如广东学海堂,考课由省垣"督(总督)、抚(巡抚)、学(学政)三大宪亲加考课"②。菊坡精舍主考官员则更多:"每岁分十二课,自督、抚两院及藩、臬、运、粮道挨次轮课,周而复始。"③府、州、县级书院则由道台、知府、知州、知县、教官(教谕或训导)等轮流主考。师课有院课、馆课、斋课之称,多由书院山长主持。原则上,考课主持人要负责本课的命题、阅卷工作,但官员公事缠身,除少数热心文教的学者型官员外,大部分官员将命题、阅卷工作委托山长完成。由于官课主考为本地大员或是中央下派的学政,书院为示尊崇,一般官课所设膏奖优于师课,加之官员亲临,生徒多有机会与之"亲密接触"而得"青睐",故生徒多"重官课而轻师课",不应师课或应课敷衍塞责。如江西万载龙河书院,"每逢八月先请县课,次请学师,再次请山长。近来学师、山长之课,竟有终年不作者,或以无关得失,非录旧即草率"④。这种情况,在清末尤其多见。

按照考课时间不同,有日课、月课、季课、春课、秋课等之别。值得一提的是,清末一些书院中流行日课,不少书院设有日课簿、日程簿等用于记录、考察生徒每天课业掌握情况,相对于规程正式的月课、季

---

① 王恒:《当湖书院规条》,转引自邓洪波主编《中国书院学规集成》,中西书局2011年版,第374页。
② 《学海堂事宜》,转引自邓洪波主编《中国书院学规集成》,中西书局2011年版,第1292页。
③ 《广州菊坡精舍章程》,转引自邓洪波主编《中国书院学规集成》,中西书局2011年版,第1302页。
④ 《龙河书院章程》,转引自邓洪波主编《中国书院学规集成》,中西书局2011年版,第726页。

课，日课有"为者不畏其难，教者得考其实"的优点，尤受到学风开放的书院青睐。创建于同治四年（1865年）的上海龙门书院，以专课论策、培士风、正学术为任。同治九年（1870年），山长刘熙载定《龙门书院课程六则》，要求"诸生宜各置《行事日记册》《读书日记册》。于《行事日记册》内分晨起、午前、午后、灯下四节，按时定课。……读书有心得，有疑义，按日记于《读书册》。……逢日之五、十，呈于师前，以请业请益"①。时龙门生徒"人置行事日记、读书日记各一册，每日填写"②。现存生徒沈恩孚《龙门书院读书日记》反映了光绪二十四年（1898年）二月至六月间在龙门书院的读书情况。以二月十二至十五日为例，沈恩孚先后读《论语》《礼》《春秋》《公羊传》等书，每书读后均有感悟，由此读书日记可知沈恩孚在龙门书院学术精进的过程。③再如光绪年间，黄彭年出任莲池书院山长，同样采用"新式日课"的方式，"课士有度，度人给以札，使为日记"，并留意将生徒优秀日记汇集成册刊印，"院中经明行修之士，接踵而起，人文彪蔚，一时称盛"④。龙门、莲池两书院日课主要看重的是生徒习得过程而非结果，并出现了区别于传统书院考课限定篇幅、刻期交卷模式的近代教育元素。

清末书院考课内容复杂多元，有制艺试帖课、经古课、诗课、策论课、算学课等之别。总的来说大体存在三类：一是八股文和试帖诗，二是经史词章，三是西文新学。在不少书院中，考课内容并不因书院类型不同而"泾渭分明"，八股试帖和经史词章这两项内容形成了更紧密的合流态势⑤，即学术书院的考课，并不放弃考查生徒的八股文和试帖诗

---

① 刘熙载：《龙门书院课程六则》，转引自邓洪波主编《中国书院学规集成》，中西书局2011年版，第119页。
② 同治《上海县志》卷9《学校》，清同治十年刻本。
③ 沈恩孚著，薛冰整理：《沈信卿先生文集》，凤凰出版社2015年版，第573—582页。
④ 张之洞：《胪陈黄彭年黄国瑾事实请宣付史馆立传折》，转引自张之洞著，苑书义等主编《张之洞全集》（第2册），河北人民出版社1998年版，第853页。
⑤ 鲁小俊认为，以嘉庆六年（1801年）阮元于杭州创建诂经精舍为标志性事件，自此以后，课经史词章书院不断涌现，考课时文书院兼课经史词章亦渐成常态。参见鲁小俊《书院考课与经史词章（1801—1904）》，《湖北大学学报》（哲学社会科学版）2017年第3期。

水平，而科举书院的考课，亦会注意考查生徒的经史词章能力。① 如钟山书院自乾隆朝以来，历经卢文弨、钱大昕、姚鼐等诸位山长的锻造，书院内经史之学已蔚然成风，及至光绪年间梁鼎芬掌教，书院不废经古，高扬致用，是学界典型的学术书院的代表。即便如此，光绪二十一年《钟山书院乙未课艺》中仍出现诸如"事前定则不困""君子固穷""子曰志士仁人"等这样一些《论语》《孟子》等中的经典命题；再如向以时文课士的关中书院，光绪年间延柏景伟主讲其间，"俾士人讲求实学"，小课课题中亦有《地为行星论》《七日来复解》《〈家语〉真伪辨》《史阁部论》《关中形势考》这样的经解、时事、史地之议；又有常州龙城书院原以举业为务，光绪年间"改设经古精舍，导原经史词章，别设致用精舍，博习乎舆地算学"②，其课艺集《龙城书院课艺》中收录有近代数学家华世芳鉴定的86篇算学课作，涉及天文测算、平面几何、微积分等数学知识。除此之外，新学、西学也逐渐在书院考课中占有一席之地，"尊西法而抑中学，侈经济而陋词章，崇策论而卑八股"③似乎成为一时之尚，甚至有书院将"西法、中学、经济、词章、策论、八股"皆列为考课内容。可以说，书院考课正是展示清末纷繁复杂的科举情势、学术走向的一个微观面相。

　　生徒考课的答卷称为课作（也称课艺、课卷）。清末书院考课盛行，上至省级书院，下至县级书院，无论科举书院抑或学术书院，几乎都实行考课。由此估算，生徒课作数量应该相当可观。课作是生徒举业与治学生涯的起点，反映了生徒肄业书院时的举业能力和治学能力。所以，考课之后形成的课作，既是书院检查生徒肄业期间学习成效的有形依据，也成为负载生徒定位自身对"仕""学"价值判断的"记忆之场"。

　　一方面，清末书院考课仍较注重对八股文和试帖诗能力的考查，科

---

　　① 鲁小俊：《书院考课与经史词章（1801—1904）》，《湖北大学学报》（哲学社会科学版）2017年第3期。
　　② 有泰：《龙城书院课艺序》，转引自徐雁平《清代东南书院与学术及文学》，安徽教育出版社2007年版，第519页。
　　③ 何国澧：《凤山书院课艺序》，转引自鲁小俊《清代书院课艺总集叙录》，武汉大学出版社2015年版，第509页。

举书院甚至将课试视为乡、会试的"模拟考",生徒在一次次的官、师课考试中,锤炼出较高水平的时文写作能力。鲁小俊考察刊刻于道光至同治年间,收录八股文、试帖诗的十六种书院课艺集发现,平时成绩优秀者(收录课作较多),取录为进士、举人科名的比例高些;普通者(收录课作为一篇)取录科名比例低。① 有些科举书院刊印的课艺集成为"应考宝典",在坊间被购买传阅,热销至盗版猖獗,这在某种程度上说明社会对于生徒课作中展现的举业水平的肯定和信任。

另一方面,课作也是生徒学术生涯中观点的初次呈现,其学术价值不容忽视。徐雁平认为,书院生徒课作的学术价值大致有三:其一,是研究其时书院师生讲习的重要材料,由此可见学术思想的传播动向;其二,对于某一生徒而言(特别是日后学有所成的生徒),这些课作是研究其学术历程的原始文献;其三,有一定数量的课作本身就有很强的学术性,它们是清代学术史整体研究不能忽略的材料。② 生徒课作可能笔法稚嫩,却具有可贵的学术研究精神和一定的学术价值,其中也不乏独到的见解,很多生徒就是以课作为起点,开始日后的学术研究。以校刊于同治六年至九年(1867—1870年)的《诂经精舍三集》为例,该集收录了95位生徒课作共827篇,其中学术文章(解、考、论)共231篇,也就是说平均每生有2—3篇学术文章入选。其中不乏有题为《易论》《〈春秋〉三传旁通三礼说》《〈说文〉〈尔雅〉相为表里论》等就四书、五经经典命题进行概论性研究的文章。以生徒黄以周为例,有19篇课作被选录,有《辉光日新解》篇,是对《周易》大畜卦《象传》中"大畜,刚健驾实,辉光日新,其德刚上而尚贤"的考证,还有《董仲舒以论语说春秋考》篇,是对公羊学的学术源流的考证,另有《周秦诸子书引〈周易〉考》,是考察先秦诸子引用《周易》的情况。这些课作充分展示了黄以周上承乾嘉学风,已经掌握了初步解决经史疑义问题的能力,为他之后撰写《周易注疏剩本》《经训比义》《礼说》等学术著作奠定了基础。

---

① 鲁小俊:《科举功名的偶然与必然:文学叙述与实证分析》,《文艺研究》2014年第4期。

② 徐雁平:《清代东南书院与学术及文学》,安徽教育出版社2007年版,第478页。

总而言之，生徒课作虽然是不成熟、不完美的制艺文、学术论文，但却是生徒借以迈向未来举业与学术生涯高峰的基石。下面，我们将在本节和第四章的第二节中，以生徒叶昌炽、唐文治课作为微观视角，讨论清末书院生徒举业、治学能力的成长过程及其对"仕""学"的价值选择。

一　生徒叶昌炽的举业历程

叶昌炽（1849—1917 年），① 字颂鲁，号鞠裳，又号缘裻（缘督），出生于江苏苏州府长洲县的一户业商家庭，祖父、父亲两代"年尚幼，遂辍读"，以经营绸布庄为生。叶昌炽与弟昌言早年都参与过家族生意，后昌炽祖父叶秀荃因商人身份受到乡绅欺辱，便立志要求后代举业博功名，曾指昌炽兄弟语其子曰："若曹长其善教之，庶几得一第，以慰吾地下。"② 作为长孙的叶昌炽正是在这种家庭期盼下，弃贾从学，走上举业之路的。

《清代硃卷集成》叶昌炽条中，列出其八位受业师，分别是朱淦、蒋德馨、赵钧、刘传祁、刘传福、周圭、赵昌、王鼎元。咸丰六年（1856 年），8 岁的叶昌炽拜赵钧为师。赵钧曾肄业正谊书院，于词章之学多有所得，叶昌炽自述"词章之学，亦得之提命"。五年后，叶昌炽举家迁如皋避乱，改从比邻而居的刘传祁学，刘长叶昌炽 6 岁，叶氏兄弟"同往受业"，"流离琐尾之中，不废弦诵，皆吾师之教也"③。传祁与昌炽亦师亦友，于光绪二年同举于乡。根据《缘督庐日记》的记载，叶昌炽早年从赵、刘二师所学的，应该是词章、性理等一些儒家基础知识，为从举做准备。值得注意的是，叶昌炽生活在清末经济繁荣、人文彬盛的苏州，除了按部就班地学习科举基础知识，他还有机会接触

---

① 学界对叶昌炽生年存在异议，有认为叶昌炽生于道光二十九年（1849 年），如郑伟章《叶昌炽年谱简编》、李万健《叶昌炽与〈藏书纪事诗〉》等，还有认为叶昌炽生于道光二十七年（1847 年），如王锷《〈藏书纪事诗〉跋》等。本书参考王立民《叶昌炽生卒年辨证》观点，认为叶昌炽生于道光二十九年（1849 年），参见王立民《叶昌炽生卒年辨证》，《古籍整理研究学刊》2005 年 9 月。

② 叶昌炽：《先祖竹斋公事略》，《奇觚文集》卷下，民国十年刻本。

③ 叶昌炽：《寿刘永诗师七十和述怀原韵》，《奇觚廎文集》卷中，民国十年刻本。

到一些学术风气。少年时的叶昌炽"喜为流略，因家贫不能得宋、元椠，视藏书信目，辄有望洋之叹"①。这份对经眼古籍、校刊旧书的兴趣，也使得叶昌炽在举业之余有更多选择的可能。

同治三年（1864年），16岁的叶昌炽迈出了举业之路的第一步——应童子试，对于这次童试经历，叶昌炽以寥寥数语带过："鄙人童子试仅十六岁，附名榜末，未谒龙门。"②同治四年（1865年）正逢新任江苏学政杨宜振案临，循例开考，叶昌炽得以再应童生试，获生员身份，有了入读省级书院、继续参加科举考试的资格。

清代江苏书院以江宁、扬州、苏州三府最盛。苏州府是省治所在，在清末有紫阳、正谊两所规模最大、名声最盛的省级书院。

《苏州府志》载紫阳书院在府学内尊经阁后，康熙五十二年巡抚都御史张伯行建，后经历代皇帝颁赐匾额帑币、历任江苏主官修缮改扩，成为聚江苏全省英才而教之的著名书院。清末主紫阳讲席的有俞樾、夏同善、潘遵祁等。正谊书院在府学东沧浪亭后，嘉庆十年两江总督铁保、江苏巡抚汪志伊建，曾于咸丰年间毁于兵燹，经巡抚李鸿章易址改建，清末主正谊讲席的有冯桂芬、蒋德馨等。

紫阳、正谊两书院"初俱以经艺课士"，正谊书院向来月课八股、试帖之外，有小课以经古命题。后正谊书院毁于咸同兵燹，重建后"以制艺并入紫阳"，"乃专课经解古学"③。清末两书院"衔华佩实，相辅而行"，紫阳书院专课制艺，正谊书院课经史及诗古文词，两院院址相邻、膏火丰厚，且办学取向各有不同，吸引了众多生徒兼课其间，遂成惯例，因此有"紫阳之人，尤正谊之人"之说。如叶昌炽好友王颂蔚，以及同治甲戌科状元陆润庠，都是兼课正谊、紫阳两书院，而于举业一事意兴寥寥的柳商贤，专课正谊，就未见其有兼课紫阳的记录。

同治五年（1866年），叶昌炽开始肄业正谊书院："自丙寅迄己巳，

---

① 叶昌炽：《藏书纪事诗自叙》，《奇觚廎文集》卷上，民国十年刻本。
② 叶昌炽：《缘督庐日记》（第9册），江苏古籍出版社2002年版，第5738页。
③ 同治《苏州府志》卷25《学校一·书院社学义学》，清光绪九年刻本。

肄业正谊书院。"① 此时主正谊讲席者为冯桂芬，冯氏其人"殚力经世之学"，掌教期间刻段玉裁《说文解字注》，以经世致用之学倡正谊学风。冯桂芬掌教正谊，尤重书院考课，历课经古各艺，"每命题校阅，晨夕矻矻，无一字一句不亲自过目"②。关于叶昌炽缘何入选正谊生徒之列，没有留下过多的史料，其自称所作《口数粥赋》而受知于山长冯桂芬。与叶昌炽相似，生徒王颂蔚也是因"试紫阳正谊诸书院，受知于校邠"而成为正谊生徒。③ 还有生徒管礼耕因"少颖慧，作文一字不苟下，冯宫允奇赏之，肄业正谊书院"④。可以看出，叶昌炽、王颂蔚、管礼耕等当时正谊书院冯氏及门弟子，都是因获冯桂芬赏识而有了入院机会，这批正谊生徒，多数成为同治八年冯桂芬总纂《苏州府志》的得力助手。⑤

同治九年，叶昌炽之名已经出现在《紫阳书院课艺》之中。根据《紫阳书院课艺》中叶昌炽课作情况，我们可以认为，从同治五年至光绪十二年（1886年）这近二十年的时间里，叶昌炽除间或赴南京、北京参加乡、会试外，基本上一直待在苏州，一边兼课正谊、紫阳书院，一边与修《苏州府志》，同时还积极准备应科举考试。由于叶昌炽参与的《苏州府志》的采访、撰写工作繁重，所以他不大有可能像住院生徒一样，每日待在书院学习，更多的是以自学为主，间或与冯桂芬、王颂蔚等师友切磋讨论。

叶昌炽入读正谊、紫阳书院时，已有生员身份，他的举业之路的下一步，就是参加乡试，成为一名举人。光绪元年，乙亥恩科江南乡试开考，在这之前，为了应对即将到来的乡试，叶昌炽根据考试内容调整了每日的读书计划，"明日为始，拟改课例，单日理经史百家，双日攻帖

---

① 叶昌炽：《缘督庐日记》（第1册），江苏古籍出版社2002年版，第1页。
② 冯芳缉：《正谊课选节略》，转引自鲁小俊《清代书院课艺总集叙录》，武汉大学出版2015年版，第285页。
③ 徐世昌纂、周骏富编：《清儒学案小传》卷18《冯桂芬校邠学案》，台北：明文书局1985年版，第320页。
④ 《吴县志》卷68《列传七》，民国二十二年铅印本。
⑤ 据《缘督庐日记抄》记载："局中同事十人，柳质卿高贤、府襄廷晋蕃、施拥百肇书、张润卿瑛、沈纫斋清范、黄梅先礼让、袁渭渔宝璜、管申季礼耕、潘小白世浧，其一则周徇卿夫子也。"此十人中，柳商贤、府晋蕃、袁宝璜、管礼耕为正谊生徒。

括。晨临篆楷，夜作抄胥。以四课记勤惰，曰晨课，曰午课，曰晚课，曰夜课。逢十作时文，逢五作散文"①。从这份读书计划也能看出，叶昌炽并不是一个完全以举业为好的生徒，即使乡试场近，也只是隔日"攻贴括"，十日"作时文"。只是在临场三个月时，以"秋试期迫，告假三月为揣摩之计"②，向修志局请假，专心复习。

光绪元年，叶昌炽第一次乡试以失败告终，"策题第一问经学，第二史事，第三小学，第四算学，第五水利，所对惟末两道微实，其余皆空言而已"③。同行赴考的正谊生徒袁宝璜、王颂蔚二人也报罢。时隔一年，丙子科江南乡试开考，叶昌炽与正谊同学王颂蔚、管礼耕又一次同赴金陵赶考。此次乡试叶昌炽发挥颇佳，房师对他的考卷荐批："词意匀称，次不蹈空，三圆适诗切。二场五义斟酌饱满，雅切如题。三场条对明晰。"④叶昌炽得中第七十六名举人，意味着他可以来年入都参加会试。紫阳书院山长潘遵祁闻讯后，赠诗"准拟明年香雪里，万梅花下一尊同"⑤，寄喻叶昌炽会试一举成功。

光绪三年（1877年），叶昌炽与同学王颂蔚、启蒙师刘传祁一起踏上会试征程，他们由苏州登舟，两日后抵上海，由沪乘丰顺轮船赴天津。海上行船颠簸，让叶昌炽呕吐不止，首次感受到了行路赴考之难，"自数平生，从未尝此苦境，今始知行路之难矣"⑥。此次会试，叶昌炽试卷为房师王祖光阅荐，却遭副主考钱宝廉所弃，与同行的王颂蔚一起，报罢而归。此后，叶昌炽又参加了光绪六年（1880年）、光绪十五年（1889年）年两次会试，终于在光绪十五年以贡士第八名，殿试二甲第二十名的成绩南宫告捷。此次会试，叶昌炽的答题得到主考们的一致认可，房师的推荐评语是"以进鲁说相题，有识。用典不肤，斯为出

---

① 叶昌炽撰、王季烈编：《缘督庐日记钞》（第1册），北京图书馆出版社2007年版，第12页。
② 叶昌炽撰、王季烈编：《缘督庐日记钞》（第1册），北京图书馆出版社2007年版，第69页。
③ 叶昌炽：《缘督庐日记》（第1册），江苏古籍出版社2002年版，第247页。
④ 顾廷龙主编：《清代硃卷集成》（第165册），台北：成文出版社1992年版，第34页。
⑤ 叶昌炽：《次韵和西圃园师七十自寿诗》，《奇觚廎诗集》前集，民国十五年刻本。
⑥ 叶昌炽：《缘督庐日记》（第1册），江苏古籍出版社2002年版，第390页。

色。当行文字次,畅茂条达,三亦醰足,诗工雅",主考的评语是"以进鲁立论,藻而不妄,抒题无琐义次,三亦雅节,诗秀"①。

总结叶昌炽的举业生涯,他因肩负家族的希望,走上举业之路,由于天资聪颖、勤奋好学,在童试、乡试过程中较为顺利,到了会试阶段却屡遭坎坷,中间经历了两次落榜、两次未能赴考,终于在四十一岁得进士科名。好在叶昌炽本人也不以为意,即使屡败屡战,在日记、文稿中并没有显露出过多的懊恼和沮丧,只是在光绪六年(1880年)得知多位书院学友得中时,有自我安慰之语:"岂将留余一人为异日榜中生色耶?无聊之极,作此大言,不禁破涕为笑。"② 当然,连年的会试使得叶昌炽身心俱疲,在功成之时不免感慨"精力销亡,已成弩末,且痛我二亲之不及见也。自幸之余,益动终天之恨"③。

二 《紫阳书院课艺》中的叶昌炽课作

同治三年(1864年),江苏巡抚李鸿章易址重建毁于咸同兵燹的苏州紫阳书院,并延请大师俞樾主讲其间,但时间过短,无甚作为。同治十三年(1874年),巡抚张树声于故址重建,奏御书"通经致用"匾额,紫阳书院方有重拾往日声威之势。同光年间主紫阳书院讲席者,为出生于"吴门贵潘"——苏州潘氏的潘遵祁。潘遵祁(1880—1892年)字觉夫,道光二十五年(1845年)进士,官翰林院编修,旋乞休返苏,自同治九年(1870年)至逝世一直担任紫阳书院山长。"主讲紫阳书院二十余年,造就尤广,选刊课艺至十有七编,诸生中得鼎甲者三人,其入玉堂、登贤书者,盖不可胜数也。"④ 潘门座下生徒科举成绩辉煌,得益于潘遵祁重视时文、试帖诗的教学和训练。每月师课,潘遵祁要求生徒"以能融会圣贤立言之旨为宗"。至其所任山长二十年余间,坚持

---

① 顾廷龙主编:《清代硃卷集成》(第61册),台北:成文出版社1992年版,第416页。
② 叶昌炽撰、王季烈编:《缘督庐日记钞》(第1册),北京图书馆出版社2007年版,第231页。
③ 叶昌炽撰、王季烈编:《缘督庐日记钞》(第2册),北京图书馆出版社2007年版,第114页。
④ 俞樾:《西圃潘君家传》,《春在堂全书》(第4册),凤凰出版社2010年版,第530页。

每年选刊上一年生徒官、师课超等课作（除《紫阳书院课艺初集》收录的是上三年课作），希望以此方式让诸生"潜心四子书，务通其理，……以润色鸿业，翊赞承平，相与同游中兴之盛轨"①。因而，《紫阳书院课艺》中所录，皆为每次考课中脱颖而出的优秀时文、试帖诗。可以说，榜列其中的生徒，都有不俗的制艺水平。

同治十一年（1872年）至光绪十八年（1892年），紫阳书院基本保持每年刊刻一集课艺的惯例，按照每集收录生徒时文、试帖诗60篇左右的规模，形成《紫阳书院课艺》系列。② 今国家图书馆藏《紫阳书院课艺》对生徒叶昌炽时文课作收录情况如下：《紫阳书院课艺》（同治十一年刊，九年至十一年课作）收叶昌炽课作5篇、《紫阳书院课艺续编》（同治十三年刊，十二年课作）收1篇、《紫阳书院课艺四编》（光绪三年刊，元年课作）收2篇、《紫阳书院课艺五编》（光绪四年刊，二年课作）收1篇、《紫阳书院课艺六编》（光绪五年刊，三年课作）收1篇、《紫阳书院可以七编》（光绪六年刊，四年课作）收4篇、《紫阳书院课艺八编》（光绪七年刊，五年课作）收2篇、《紫阳书院课艺九编》（光绪八年刊，六年课作）收6篇、《紫阳书院课艺十编》（光绪九年刊，七年课作）收4篇、《紫阳书院课艺十一编》（光绪十年刊，八年课作）收3篇、《紫阳书院课艺十三编》（光绪十二年刊，十年课作）收4篇、《紫阳书院课艺十四编》（光绪十三年刊，十一年课作）收1篇、《紫阳书院课艺十五编》（光绪十四年，十二年课作）收2篇。以上共计36篇，均为时文课作，具体情况如表3-5。

---

① 潘遵祁：《紫阳书院课艺序》，《紫阳书院课艺》卷首，同治壬申紫阳书院藏版，国家图书馆古籍部藏。

② 存世《紫阳书院课艺》系列情况：《紫阳书院课艺》（抄本）15编14册15卷续编1卷，藏于南京图书馆；《紫阳书院课艺》（刻本）4函17编36册，藏于国家图书馆。国图藏本与南图藏本无对应关系，国图馆藏本收录官课、师课超等文章全文，南图藏本分全文收取与段落收录。

表 3-5 《紫阳书院课艺》叶昌炽课作收录情况（国家图书馆藏）

集别	函册	课题	题出	等次	评语
《课艺》	1函1—4册	夫子温良恭俭让以得之	《论语》	师课月课超等	离形得似，脱然畦封，尘昏雾障中得此，心目为之一快。
		夫子不答尚德哉若人			此王罕，皆先生所谓别情也。笔意非凡近可及，删改七十余。
		如有所誉者合下一节			吐属不凡，一洗肤庸之习。
		岂好辩哉予不得已也	《孟子》		前半幅清机徐引，后二抑扬顿挫，曲肖题情，为虚实兼到。
		仕非为贫一节			移赠斯文，删改九十余字。
《续编》	1函5、6册	十有五而志于学 二句	《论语》		笔意清超，神味俊爽，删改八十余字。
《四编》	1函9册，2函1册	宗庙会同	《论语》		用功之作，故词无影响，投时利器也。
		所重民食丧祭			以意属辞，以辞达意，前后四比，帖吟密咏，可歌可泣，二易以三小比，通篇俱称矣，删改一百五十六字。
《五编》	2函2、3册	有心哉果哉			情文斐然，韵致缠绵。
《六编》	2函4、5册	小弁之怨是不可矶也	《孟子》		吐属温雅，腹有诗书之气。

续表

集别	函册	课题	题出	等次	评语
《七编》	2函6、7册	攻乎异端斯害也已	《论语》	勒藩宪月课超等	树义必坚,摘词无懦,后二别有感慨,苍凉抑郁,令人击碎唾壶。
		子曰大哉尧之二章		师课月课超等,为同题首卷	细意熨帖,调剂停匀而辞藻缤纷,工夫纯熟。正所谓裁缝尽针线迹者,平日揣摩简练可想矣。
		南容三复白圭一章		师课月课超等	工夫细腻,辞旨圆和,雅度从容,风流蕴藉,文心既静,文品白优,足与首卷并驾齐驱。
		孟子曰道在尔二句		吴抚宪月课超等	层层搜剔,说理圆融,尤妙在一气呵成,得心应手义则钟峦叠嶂,局则锦簇花团,文场制胜之技。
《八编》	2函8、9册	故天将降大任心志	《孟子》	许臬宪月课超等	文意正大,措词光昌,虚实兼到之作。
		放饭流歠			意义层出,小题之正格也,佳在择言尤雅。
《九编》	3函1、2册	楚书曰 两节	《大学》	师课月课超等	绮交脉注,玉润碧鲜,能以意遣辞,自不以辞害意,其细意熨帖处,句句有针线,字字有分寸,非徒事铺张门面者可同日语。
		子路使子羔为费宰 合下十节	《论语》		擒学者,字以贯制,全题由求赤之经济,全是学者抱负;点之襟怀,全是学者气象,知此则全题在握矣,文特洁静精微。
		贤者在位,政刑		吴抚宪月课超等	援古证今,笔歌墨舞,一种后伟之气,尤不可及。
		斋戒沐浴	《孟子》		笔意条洁,吐属不凡。
		何谓善何为信 八句		师课月课超等	舍本求之,此非独为不害,言正以策,乐正子耳,简洁明净,曲畅旁通,舒卷从心,针锤在手。
		所求乎子 四句	《中庸》		文生于情,吐属迥殊,庸近非养到者未易猝办,删节百余字。
《十编》	3函3、4册	子食于有丧全章	《论语》		气清辞腴,手和心细,非躁心人所能辩。
		居是邦也士之仁者		郜署宪月课超等,为同题首卷	细腻熨帖,精切不浮。

续表

集别	函册	课题	题出	等次	评语
		敬其所尊 四句	《中庸》	师课月课超等	文洁体清,虑周藻密,兼而有之,四句自当,逐句诠发,不得详于上二句而略于下二句,从上数节滚结到此,固更重于上二句也。
		天也小德役大德章	《孟子》		阐发清透,持论名通。讲起改作双钩较紧,六比议论精辟,足破千古不平之症结,是亚圣时语亦上下千古语,非读史深者不能有此。
《十一编》	3函5、6册	见而民莫不敬莫不尊亲	《中庸》	师课月课超等	斑驳陆离,通体相称,非从兔圆册子掇拾者。
		亦各言其志也志也已矣	《论语》	卫抚宪月课超等	大气盘旋,不烦绳削而自合,中二直播鼓心,中边俱彻入后,补点处尤为圆融。
		可以与 七句		师课月课超等	前后绮交,脉注中间,安置贴妥,良工心苦,磨琢功深。
《十三编》	3函9册,4函1册	草木之名	《论语》	师课月课超等,为同题首卷	惟熟于《尔雅》《说文》者乃能自抒心得不至以陈陈惹厌也。
		子曰予欲无言二章		师课月课超等	有笔有书,无一牵强附会之语,文平亦神恬气静,躁释矜平。
		以力服人者一节	《孟子》		扼定力与心,两义竭意透发,一讲先得间而入,通篇包罗往籍,皆从此两义快摘而出,左宜右有,顾盼生姿,有缓带轻裘之度,读书人吐属自尔不群。
		夫物则亦有然者也	《论语》		清辩滔滔,自得题界。
《十四编》	4函2、3册	夫我			笔意后洁,不染时气。
《十五编》	4函5、6册	是故财聚则民散 五节	《大学》	师课月课超等,为同题首卷	一部《十七史》烂熟于胸中,遇此种题能从容倾泻而出,银钩针画,矩矱天成,岂空疏涂附者所能望其项背?
		舜好问用其中于民	《中庸》	师课月课超等	爽朗而有刻挚,见地清而笔力健也。

由表3–5所列信息，我们可以了解到以下情况。

其一，叶昌炽肄业紫阳书院时间。前述叶昌炽肄业正谊书院的时间非常确定，为同治五年，然叶昌炽肄业紫阳书院的时间比较模糊，其日记、文集中，没有过多出现对紫阳书院的描述。但根据《紫阳书院课艺》可以发现，除收录同治十三年课作的《紫阳书院课艺三编》、收录光绪九年课作的《紫阳书院课艺十二编》以及收录光绪十三年以后课作的《紫阳书院课艺十六编》、《紫阳书院课十七编》未见叶昌炽课作外，其于课艺集都有叶昌炽1篇至6篇不等的课作。据此可以推测，至少在光绪十二年（1886年）以前，叶昌炽一直在参加紫阳书院考课。

其二，叶昌炽的时文写作水平。《紫阳书院课艺》选录的都是生徒超等课作，水平无疑是傲视同侪，但纵向比较下，同一生徒在不同阶段的水平还是有变化的。叶昌炽应紫阳书院考课凡十六载，他的时文写作水平大致可以分为前、后两个阶段，以《紫阳书院课艺六编》（收录光绪三年课作）为界，前阶段叶昌炽时文写作处于个人的一般水平，后阶段已经达到个人的优秀水平。首先从数量上看，《六编》以前，叶昌炽平均每年1.3篇课作入选，《六编》以后，平均每年2.9篇课作入选，超等课作数量明显增加。

再来从质量上看，一方面，《六编》以后，叶昌炽"官课超等"课作渐多。清代书院考课有官、师课之分，官课由书院所在地主官轮流主持，一般一月一次，频次不及师课，但由于是地方大吏主持的考试，测试内容为生徒的时文、试帖诗的写作能力，并严格按照科场衡文标准评判，故多少有乡、会试模拟考意味。生徒课作如被定为"官课超等"，意味着其时文、试帖诗写作水平受到了曾经的举业"成功者"的肯定。紫阳书院所在地苏州府是清代江苏巡抚、江苏布政使、江苏按察使驻节之地，抚宪、藩宪、臬宪轮流莅临紫阳书院主持考课乃是传统。根据表3—5所列，《六编》以前选录的叶昌炽课作全部为"师课超等"，无缘"官课超等"，而《六编》以后，在入选的26篇课作中，已经有6篇"官课超等"，并皆受按临主考官员的褒扬。如《七编》中课作《孟子曰道在尔》，题出《孟子·离娄上》"道在尔而求诸远，事在易而求诸难。人人亲其亲，长其长，而天下平"。朱熹在《孟子集注》中将"亲长"与"天下平"建立联系："亲长在人为甚迩，亲之长之在人为甚易,而道初不外是也。舍此而他求,则远且难而反失之。但人人各亲其亲、各长其长,则天下自平矣。"叶昌炽在答题时遵循朱子要旨,以"道与事不待外求,大贤切指其所在也"破题,以"亲亲长长而天下平,远尔难易之间,其审所求也可"承题,获得该次考课主考官、时任江苏巡抚吴元炳大加赞赏,称其文有"义则重峦叠嶂,局则锦簇花团,文场制胜之技"①。

另一方面,《六编》以前,叶昌炽课作虽被评为超等,但常见阅卷者对其文章的删改,如《所重民食丧祭》被删改一百五十六字,《仕非为贫》被删改九十余字,并且从无课作问鼎"首卷"②。而《六编》以后,叶昌炽有四篇课作《子曰大哉尧之》《居是邦也士之仁者》《草木之名》《是故财聚则民散》被评为同题首卷,另有一篇《南容三复白圭》被评为"足与首卷并驾齐驱"。其中,《居是邦也士之仁者》既为官课超等,又是同题首卷,下面我们就以此篇课作为例子,讨论叶昌炽肄业书院期间的举业水平。

《居是邦也士之仁者》题出《论语·卫灵公》"居是邦也,事其大夫之贤者,友其士之仁者"。其旨意向来不易把握,唐代以前的注疏认为"事此国大夫之贤者,又友此国士之仁者"为"为仁之术"③。朱熹则进一步指出,"以大夫之贤者,士之仁者"为"利己之器"。叶昌炽破题承接朱熹旨意,点明"即所居以课为仁,事贤友仁其要也"的论点,承题以"夫大夫之贤者,士之仁者,皆足助成其仁也。事之友之,非为仁之要务乎"提出本人的思考。全文在肯定"事贤友仁"的基础上,着力解决何为贤、何为仁,如何事、如何友的问题,最后以"自安寡陋者广以求之,赐欲为仁,亦因地而择人可也"作结。④ 清代科举衡文以"清正雅集"为标准,以"理法辞气"为落脚点,众生徒在写作

---

① 叶昌炽:《孟子曰道在尔》,载潘遵祁《紫阳书院课艺七编》,光绪庚辰紫阳书院藏版,国家图书馆古籍部藏。
② 《紫阳书院课艺》中每道题目的首篇文章,为同答此题最优者。
③ 皇侃撰,高尚榘校点:《论语义疏》,中华书局2013年版,第399页。
④ 叶昌炽:《居是邦也士之仁者》,载潘遵祁《紫阳书院课艺十编》,光绪庚辰紫阳书院藏版,国家图书馆古籍部藏。

时秉持"不敢立异以鸣高,不敢徇伪以要誉"①的原则,难免使得时文写作落于流俗和窠臼。叶昌炽创作此篇课作时已经参加了两次乡试、两次会试,可以说有丰富的时文写作经验,相对于《孟子曰道在尔》时的中规中矩,《居是邦也士之仁者》中已见洒脱之气,并可见一二精彩之处。如直指事贤友仁如果"以文章为结纳名誉溢于当途,以道学树门墙党徒盛于当世,相应气,相求附和者",则有如滥交,毫无裨益,此中颇见叶昌炽风骨,可谓"奇情壮采都从题外飞来,而洽是题中皆字本分语"②。再如提出"因地择人"是选贤选友的解决之道,颇有经世的意味。如果说《六编》以前的叶昌炽,科场文笔尚显稚嫩,那么《六编》以后,叶昌炽的文风在符合科场衡文标准的基础上,益显个人风格,体现个人思考,因而更多受到评卷人的关注喜爱。可见,书院后期的叶昌炽科场屡败屡战,却带来了举业心态的趋于平静,时文写作反而能更显从容。

三 叶昌炽冷宦生涯中的学术坚守

在叶昌炽漫长的举业之路及之后的仕宦历程中,始终没有中断过学术研究。叶昌炽早年受业冯桂芬、潘遵祁座下,举业刻苦、治学勤力,渐渐成长为一位精通版本、目录、校勘的学者。通籍后一直在翰林院任职,前后共计十二余年,从事《清史》《会典全书》等史书、志书的撰修工作,有机会接触到更多的碑帖金石,也是在游宦北京期间,叶昌炽完成了其代表作——《藏书纪事诗》的写作、出版工作。

早在光绪十年(1884年),叶昌炽就着手撰写《藏书纪事诗》。此时的叶昌炽已经有了两次会试失败的经历,以设帐家中、代人校刻书稿为生。举业的暂时失败,没有影响到叶昌炽一直以来"节衣缩食,鸠集善本"的热情,也是这份热情使他关注到了历代藏书家之艰难,很多藏书家之名甚至"不挂于通人之口,缥缃既散,蒿莱寂然",故而以"肆

---

① 薛时雨:《尊经书院课艺三刻序》,转引自鲁小俊《清代书院课艺总集叙录》,武汉大学出版社2015年版,第371页。

② 梁章钜:《制义丛话》,转引自陈水云、陈晓红校注《梁章钜制举文献二种校注》,武汉大学出版社2009年版,第267页。

业所及","竭八、九年之力","自正史以逮稗乘、方志、官私簿录、古今文集,见有藏家故实,即裒而录之"①,最终写就在体裁和内容上都具有开创性的著作——《藏书纪事诗》。②而撰写《藏书纪事诗》的这段时间,正值叶昌炽母病、丁母忧并与光绪九年、十二年两次会试失之交臂,这使得他有更多的时间沉潜学问。光绪十二年(1886年)正月,已在京城为官的书院学友王颂蔚来信,促叶昌炽赴本年会试,叶昌炽于《缘督庐日记钞》(下称《日记》)中写道:"嗟夫,犬马齿三十八,己丑则逾四旬矣,又何能为?苟非甚不得已,何为株守家衖哉?"③寥寥几语,似道出叶昌炽对举业之事不舍而又无法短时间获得成功的无奈。在这种不舍与无奈之中,为《藏书纪事诗》搜辑资料就成了他一项日常主要活动。《日记》记载在王颂蔚来信三个月后,叶昌炽从陈氏处借得钱谦益《有学集》一部,从中录出《述古堂记》《千顷堂记》《西爽轩记》《陆勑先诗序》《李贯之传》。叶昌炽在光绪十五年(1889年)会试之年,仍不遗余力地为《藏书纪事诗》遍寻资料,在应考闲暇,于京城黄再同处见刘宽夫所藏宋刻《婚礼备用月老新书》,"尤为奇秘",后此书成为《藏书纪事诗》卷六"刘位坦宽夫,子铨福子重"的重要资料。

光绪二十八年(1902年),叶昌炽在翰林院十二年后,获得一次外派出京的机会,却是担任甘肃学政。甘肃路远闭塞,学风衰颓,此次担任学政,是为名副其实的"冷宦"。对于年过五旬,"浮湛十载,二毛斑矣"的叶昌炽来说,此行"迢迢五千里,山岭险阻",加之"甘省边陲僻远,风气未开",他深感"精力已衰,唯恐陨越"④。而光绪二十八年的清廷,已有摇摇欲坠之势,此前一年,清廷已颁下谕令,各省乡、

---

① 叶昌炽:《藏书纪事诗自序》,《奇觚文集》卷上,民国十年刻本。
② 《藏书纪事诗》初稿写成于光绪十六年,叶昌炽于此年日记中写道"此书自甲申属稿,迄今七载,粗可写定"。后叶昌炽屡有修改增补工作,故其友王颂蔚所谓"竭八、九年之力"亦不属夸大。《藏书纪事诗》在体裁上开创性的使用"纪事诗体藏书家传"的体式,内容上概括了从五代末至清代七百多位藏书家史实,被后人称为"书林之掌故,藏书之史实"。
③ 叶昌炽撰、王季烈编:《缘督庐日记钞》(第1册),北京图书馆出版社2007年版,第427页。
④ 叶昌炽撰、王季烈编:《缘督庐日记钞》(第3册),北京图书馆出版社2007年版,第74页。

会试废八股，改试策论，而各省书院已渐停或改为学堂。叶昌炽担任的学政，是旧政、旧学的代表，面对新政、新学的冲击，以及甘肃文风士习的凋敝，难免心生无奈与惆怅。叶昌炽或许也未曾想到，几经辛苦举业入仕所面对的是这种不堪的局面。然而，也正是由于留馆翰林、视学甘肃这样的冷宦经历，叶昌炽有更多的时间，投入他所热爱的版本目录学、金石学的研究之中。在甘肃学政任内四年，除了循例案临各府州主持考试，履行视学职责外，他将更多的心思放在学术研究中，借由省内各地巡考的便利，广搜拓本碑刻，完成了对著作《语石》的补充校订工作，补增了其在陇右采访到的诸碑以及对敦煌石碑的若干研究，这一部分使《语石》具有了相比同类作品更大的影响力。

叶昌炽年少即有治学理想，"弱冠即喜为流略之学"，及至成长更是努力为学，最终在版本目录学、金石学等方面取得了夺目的成就。但他自始至终都没有因治学而放弃举业，更没有因为举业活动而影响到他对学术的追求和探索。在举业之路上，他坚持到最后一刻，博取进士科名进而入仕为官。虽然友人形容其性格是"宁家居尽菽水欢，不愿绝裾以赴功名也"①，但还是宦海漂泊二十载。虽然政绩寥乏，却借由翰林院、甘肃学政这两个平台接触到更多学术资源，终成一代学问家。叶昌炽的举业与治学之路，正是对"今人分举业与理义之学为两段事，谓举业有妨于理义之学"② 之说的最好驳斥。

第三节　社会活动中的举业

生徒虽然寄身书院这个相对封闭的空间学习，但作为社会中的一员，不免参加各种社会活动。一方面，生徒的举业入仕、为学治学理想，不可能仅凭一己之力就能实现，只有参加社会活动，才能从外部环

---

① 王季烈：《缘督庐日记钞序》，叶昌炽撰、王季烈编：《缘督庐日记钞》（第1册），北京图书馆出版社2007年版，第1页。

② 觉罗四明：《勘定海东书院学规》，转引自邓洪波主编《中国书院学规集成》，中西书局2011年版，第1745页。

境中获得有利于自身发展的仕途资源和学术资源。另一方面，出身书院（尤其是著名书院），本身就是一种背景资源，凭借这种背景参与社会活动，构建社交圈与学术圈，对书院生徒而言，无疑将事半功倍。下面，我们将在本节和第四章的第三节中，以莲池书院生徒群体和江南诸书院生徒群体为微观视角，讨论清末书院生徒在社会活动中的"仕""学"价值选择。

一　清末莲池书院

莲池书院肇始于雍正十一年（1733年）"各督抚、巡抚于其驻节地设省会书院"的谕令。直隶总督李卫奉旨于保定府古莲花池西北"林泉幽邃，云物苍然"之地重建莲池书院。莲池书院地处畿辅首郡，毗邻京师，受到皇权与地方官员的双重关注。自雍正十一年建立至宣统二年莲池文学馆停办止，硕士鸿儒从教其间，文行兼优之士不断负笈来学，蔚然为北方第一学府。

同治七年（1868年）至九年（1870年），曾国藩以晚岁光景总督直隶，对畿辅"固陋相安，风气日下"的颓废士风感到不满，又因莲池书院向负盛名，为"通省士人聚会之所"而对其尤为关注。

此前曾国藩督抚两江时，即倡以文教为重，自认"督抚之道，即与师道无异"，故以督抚之尊，化文风士习，而文教之中，又首重书院，通过考选山长、出题并莅临考课、送诸生上学、与师生交流等方式，对安徽敬敷书院，江苏钟山、尊经、惜阴书院倾注了关怀与支持。曾国藩真正总督直隶不到两年，却以老病之躯，为莲池书院带来了久违的桐城学风和经世致用之气。

曾国藩并非桐城嫡系，其与桐城学派的渊源，可以追溯到道光年间。道光二十年（1840年）曾国藩入京，开始在京城为官十二年，此间他有了更多的机会接触到京城学术圈，并对以姚鼐为代表的桐城学派甚为欣赏，自述"闻此间有工为古文诗者，就而审之，乃桐城姚郎中鼐之绪论，其言诚有可取"[①]。在京期间，曾国藩与姚门高第梅曾

---

① 曾国藩：《致刘蓉》，《曾国藩全集（修订版）》（第22册），岳麓书社2011年版，第7页。

亮、朱琦等交好，通过这群桐城学人，对姚鼐与桐城派有了深刻的了解。

自姚鼐去世之后，桐城后学之中，梅曾亮倡变，方东树主旧，却无一人能继续引领桐城学派走向辉煌。曾国藩适时出现，被认为是继姚鼐而振起桐城学派的"中兴"之人。① 曾国藩为学虽踵武姚鼐，却受时代潮流的激荡，展现出具有鲜明个人特色的以经世致用为祈向，最为主要的表现是其在接受桐城姚鼐"学问三端"（义理、考证、文章）之论的基础上，于姚鼐之说稍加推衍，另加"经济"一项，提出"为学四术"的观点。曾国藩首次向世人展示其"为学四术"之论，正是在同治八年（1869年）其以莲池生徒为受众，所作的《劝学篇示直隶学子》中：

> 为学之术有四：曰义理，曰考据，曰词章，曰经济。义理者，在孔门为德行之科，今世目为宋学者也。考据者，在孔门为文学之科，今世目为汉学者也。辞章者，在孔门为言语之科，从古艺文及今世制义诗赋皆是也。经济者，在孔门为政事之科，前代典礼、政书及当世掌故皆是也。②

《劝学篇示直隶学子》可以被认为是曾国藩为莲池书院引入他所服膺的桐城之学和经世致用之气的宣言。曾国藩认为，"直隶之士，其为学当较易于他省，乌可以不致力乎哉"③，所以，曾国藩从直隶先贤优

---

① 朱自清在《经典常谈》中认为，"曾国藩出来，中兴了桐城派……桐城文的病在弱在窄，他却能以深博的学问，弘通的见识，雄直的气势，使它使死回生"。参见朱自清《经典常谈》，复旦大学出版社2004年版，第154页。曾国藩与桐城派的关系颇为复杂，"中兴桐城"之说并不被学界一致认可，徐世昌的评价颇为确当，"曾公私淑桐城之义法，而恢之以汉赋之气体，闳肆雄放，光焰熊熊，遂非桐城宗派所能限"。参见徐世昌《贺先生文集叙》，转引自沈云龙主编《近代中国史料丛刊续编》（第93册），台北：文海出版社1974年版，第1页。

② 曾国藩：《劝学篇示直隶士子》，《曾国藩全集（修订版）》（第14册），岳麓书社2011年版，第486页。

③ 曾国藩：《劝学篇示直隶士子》，《曾国藩全集（修订版）》（第14册），岳麓书社2011年版，第486页。

良的豪侠之风传统出发，勉励以莲池生徒为代表的直隶士人"思力追先哲""思康济斯民"，成为"体用兼备"之才。所谓"体"，即曾国藩一直以来服膺的程朱义理之学，所谓"用"即经世致用。体用合一，义理、经济并行，这便是深受理学、桐城之学浸染的曾国藩为莲池书院带来的"莲池新风"①。

曾国藩门下高足张裕钊、吴汝纶于光绪九年（1883年）至二十六年（1900年）接踵莲池讲席十七年，将此前曾国藩开启的"莲池新风"进一步发扬光大。

光绪九年至十四年（1883—1888年），曾国藩门下"四大弟子"之一的张裕钊受时任直隶总督李鸿章邀请，开始担任莲池书院山长。张裕钊（1823—1894年），字廉卿，湖北武昌人，道光（1864年）丙午科湖北举人，会试落第后，参加国子监学正大挑，由是受知于曾国藩，游于曾氏幕。《桐城文学渊源撰述考》称其"师事曾国藩，受古文法，最为笃爱"。张裕钊执掌莲池讲席前，在武昌勺庭书院、金陵凤池书院等多所书院有过从教经历。他来到莲池后，接引曾国藩"莲池新风"，承续"以经济文章酬乎世"的前任山长黄彭年，"以桐城文教诸生"，给莲池生徒带来自身所秉持的桐城古文家法，成为莲池书院历史上极为重要的山长之一。张裕钊倡导为文"意、气、辞、法"四要素皆备，"意"为主，"辞""气""法"从之，"四要素"和谐统一，是为文最高境界。受此影响，在张裕钊所辑莲池生徒课作集《学古堂文集·首卷》中，显见生徒摒除一直以来的北地空疏学风而更切文之本质的特征。如生徒刘若曾，所做之文被评价为"此间乃濂亭心得，其于圣贤遗文，殆将观其会通矣。作者乃亦洞见本元，言之凿凿，可谓智与师齐"②。由是，桐城之学在"朴陋"的北地开始生衍。除此之外，张裕钊对曾国藩经世致用的观点甚是认同并加以发扬，不仅重视实学教育，

---

① 王达敏认为，"莲池新风"是曾国藩有感于"近年稍显朴陋"的直隶文风，糅合北地"豪侠之气"、经世致用的时代精神所重铸的一种士风士习。参见王达敏《曾国藩总督直隶与莲池新风的开启》，《安徽大学学报（哲学社会科学版）》2014年第6期。本书认为，莲池新风还应包括曾国藩独树一帜的具有实用性和兼容性的理学思想。

② 吴汝纶、张裕钊编撰：《学古堂文集》首卷，清光绪二十四年上海图书集成局刊本，第3页，北京大学考古文博学院图书馆藏。

更倡导对西方科学技术"利而用之",让莲池生徒有放眼世界的见识。他在《策莲池书院诸生》中认为,儒者虽一介之士,"皆与有天下之责焉",而"欲通知古今,讲求经世之大法"① 是他对莲池生徒的期许。从《学古堂文集·首卷》的课作可以看出,莲池生徒对实学、西学不乏有深刻的认识,如生徒白钟元的课作中,对泰西测绘之法有较为详细的介绍,并提出了中国建立测绘学堂的建议,被盛赞:"明于测绘理法,故言皆扼要。结处尤有通识。"②

光绪十五年至二十六年(1889—1900 年),与张裕钊同出曾门的吴汝纶接任莲池讲席。吴汝纶(1840—1903 年),字挚甫,安徽桐城人,同治四年(1865 年)进士,授内阁中书。从同治五年起入曾国藩幕,随佐山东、江苏、直隶等地。吴汝纶既是曾氏幕友,也是曾门高足。由于属籍桐城,又受曾国藩影响,为文宗法桐城,却又不落桐城窠臼,其深谙桐城诸老"气清体洁,海内所宗,独雄奇瑰玮之境尚少"③ 的弊病,主张"有所变而后大"。吴汝纶历任深州知州、冀州知州,滞留直隶官场十数载,"不进一阶,不加一秩",却对直隶士习文风有了非常深刻的了解,这使得他继张裕钊之后,能一以贯之曾国藩之"莲池新风",时人称"两先生风教既同,如未易师,是以相得益彰"④。尤其值得注意的是,吴氏执掌莲池书院之时,正是万国梯航开中西交冲之局的时代,吴汝纶对西学教育的重视尤在张裕钊之上,他购置西书、开设西文课、延聘外籍教师、鼓励学生留学,其将西文学堂、东文学堂引入莲池之举,被认为是"受曾国藩当年之启诱","为桐城之学增添新的因子"⑤。正如其子吴闿生所言,"先公之立教,虽主旧学,而尤重开化,

---

① 张裕钊:《策莲池书院诸生》,张裕钊著,王达敏校点《张裕钊诗文集》,上海古籍出版社 2012 年版,第 238 页。

② 吴汝纶、张裕钊编撰:《学古堂文集》首卷,光绪二十四年上海图书集成局刊本,第 7 页,北京大学考古文博学院图书馆藏。

③ 吴汝纶:《与姚仲实》,吴汝纶撰,施培毅、徐寿凯点校《吴汝纶全集》(第 3 册),黄山书社 2002 年版,第 51 页。

④ 邢赞亭:《莲池书院回忆录》,载河北省政协文史资料研究委员会编《河北文史资料》(第 1 辑),河北人民出版社 1980 年版,第 225 页。

⑤ 王达敏:《曾国藩总督直隶与莲池新风的开启》,《安徽大学学报(哲学社会科学版)》2014 年第 6 期。

盱衡中外大势，日以时务、西学砥砺后进。门下材杰，踊跃慕效，趋外国习科学者不可胜数，畿辅风气以是而开"①。

　　桐城学派是一个擅长借助书院平台张扬己说的学派，在其由一地之学发展为有全国影响的学派的过程中，书院教育功不可没。曾国藩甫任直隶总督，下车伊始，即拜访时任莲池书院山长李铁梅，讨论莲池书院办学事宜，并积极参加莲池书院山长拣择、生徒考课命题、嘉奖优秀生徒等活动。张裕钊、吴汝纶更是亲力亲为，深耕莲池书院数十载，以桐城之说和经世致用引领莲池学风而不辍。故世人多将张、吴二人相连，指为继曾国藩后，有功于莲池书院发展的二位大师。《桐城文学渊源撰述考》认为："自曾国藩故后，汝纶与裕钊以文章负重名，世称'张吴'。"② 徐世昌则说："曾公之后，武昌张廉卿、桐城吴挚甫两先生最为天下老师。"③ 吴汝纶之子吴闿生更是认为："自廉卿先生来莲池，士始知有学问。先公继之，日以高文典册摩厉多士，一时才俊之士奋起云兴，标英声而腾茂实者，先后相望不绝也。"④ 凡此种种，既是曾国藩等人继承桐城传统，优重书院教育的习惯继承，亦是晚清大吏将文风国运寄希望于书院教育的表现。清末曾、张、吴三人以桐城之学和经世致用影响莲池书院，脉脉相传，未曾有长时间的中断，他们带给北地士人取法传统，面向世界的眼界，让莲池生徒有了可以一直秉承的"莲池新风"，无形中引领生徒群体构建了具有一致价值指向的社会网络。清末以曾国藩、张裕钊、吴汝纶为精神领袖，以莲池生徒为中间力量的社会交往的网络就此形成，有

---

　　① 吴闿生编：《先府君行述》，《北江先生文集》文卷第二，文学社民国十三年版，国家图书馆古籍部藏。

　　② 刘声木撰，徐天祥点校：《桐城文学渊源撰述考》，黄山书社1989年版，第285—286页。

　　③ 徐世昌：《贺先生文集叙》，转引自沈云龙主编《近代中国史料丛刊续编》（第93册），台北：文海出版社1974年版，第1页。

　　④ 吴闿生编：《吴门弟子集》卷首，民国十九年莲池书社刊本。

学者径呼为"莲池派"。①

但是，与曾国藩身体状况一样，他所效命的清王朝也到了前路微茫、时日不多之时。桐城之学仿佛就如曾国藩于大厦将倾之际抓住的支柱，他将力挽狂澜的希望寄托于受桐城之学、经世之风浸染的莲池生徒，从而实现"用一方之贤士，化一方之莠民"②，为清王朝延续国祚。这种心态从客观上造就了莲池生徒的正统学风和关注时事传统，也是日后莲池生徒进入清末民初政坛的前因和基础。

二　莲池生徒清末民初任职情况

莲池书院地处畿辅重地，接近政治核心，又受到曾国藩、李鸿章等大吏的关注垂爱，故生徒与政治皆有不解之缘，不少莲池生徒都积极投身清末民初政界，形成了区别于江浙川粤书院生徒的特殊风尚。"己丑以后，风会大开，士既相竞以文词，而尤重中外大势，东西国政法有用之学，畿辅人才之盛，甲于天下，取巍科、登显仕，大率莲池高第，江、浙、川、粤各省望风敛避，莫敢抗衡，其声势可谓盛哉。"③ 此言虽有自夸之嫌，却也是当时莲池生徒纵横晚清科场、官场盛况的反映。及至民初，掌权柄者如袁世凯、徐世昌、冯国璋等与莲池书院有着千丝万缕的联系，生徒们更是"居议院为代议士，或绸缪政学，驰骋用力于上下，而后进之士，熏陶渐染，闻风继起这，多至不可胜数"④，莲池旧侣俨然成为新政权中炙手可热之人物，将曾国藩所定"经世致用"精神在新时代付诸实践。

---

① "自张裕钊、吴汝纶相继主讲莲池书院后，北方地区逐渐形成的专治古文的文学群体，主要是以莲池书院为中心展开学术活动，因此，我们不妨径以莲池派名之。"参见王达敏《张裕钊诗文集前言》，张裕钊著，王达敏校点《张裕钊诗文集》，上海古籍出版社2012年版，第21—22页。"莲池派"从曾国藩督直算起，到俞大西逝世为止，相承六代，绵延近百年，成员多来自畿辅，活跃于保定、北京、天津等地，任职于教育界、政界，有姓名可考者约四百人。参见王达敏《曾国藩总督直隶与莲池新风的开启》，《安徽大学学报（哲学社会科学版）》2014年第6期。与"莲池派"意味相近的还有王树枏所称的"河北文派"。

② 曾国藩：《直隶清讼事宜十条》，《曾国藩全集（修订版）》（第14册），岳麓书社2011年版，第428页。

③ 吴闿生编：《吴门弟子集序》，《吴门弟子集》卷首，民国十九年莲池书社刊本。

④ 吴闿生编：《吴门弟子集序》，《吴门弟子集》卷首，民国十九年莲池书社刊本。

同治中叶至光绪三年（1877年），大兴李嘉端、新城王振纲连主莲池讲席。李、王二人乃直隶本籍人士，"皆非文学大家，略无建树可传"。光绪四年以后，贵州黄彭年、武昌张裕钊、桐城吴汝纶三位外省籍山长先后领莲池讲席，引朴学、桐城、经世致用之风救正莲池空疏学风，莲池风气为之一变，座下生徒材俊之辈，奋起朋兴。

兹根据《莲池书院肄业日记》①《莲池书院课艺》②《学古堂文集》③三份光绪年间课作集的生徒名单，并据《桐城文学渊源撰述考》予以补充，光绪年间肄业莲池书院生徒离院后政坛任职情况如表3-6所示：

表3-6　　　　　　光绪年间莲池书院生徒政坛任职情况④

姓名	授业师	科名	任职（清朝）	任职（民国）	资料来源
王树枏⑤	黄彭年	光绪二年举人	新疆布政使	参政院参议、清史馆总纂	尚秉和《王树枏先生墓志铭》
胡景桂	黄彭年	光绪九年进士	山东按察使、布政使，陕西按察使	民国前卒	《大清畿辅先哲传》

---

①《莲池书院肄业日记》，光绪五年（1879年）黄彭年辑刻，辑录光绪四年（1878年）三月至十二月生徒日记，凡十卷，卷七、卷十一有缺。参见赵所生、薛正兴主编《中国历代书院志》（第11册），江苏教育出版社1995年版。

②《莲池书院课艺》，无版权页，无目录，无序跋，不分卷，收录117篇课作。根据其中生徒名单，可推知本课作集大概辑于同治末年至光绪初年，亦即黄彭年主讲期间。参见鲁小俊：《清代书院课艺总集叙录》，武汉大学出版社2015年版，第518—520。

③《学古堂文集》分《首卷》《二卷》。张裕钊主讲莲池书院时，选9人14篇文章辑为《首卷》，交李鸿章审阅，未及出版，张即辞莲池讲席。吴汝纶继任后，续选18人69篇文章辑为《二卷》，连同《首卷》于光绪二十四年交上海图书集成局刊印。参见吴汝纶、张裕钊编撰《学古堂文集》首卷，光绪二十四年上海图书集成局刊本，第19页，北京大学考古文博学院资料室藏。

④ 此表只统计在清末民初有过仕宦经历的生徒。不仕或从事教育、商业等其他事业的生徒未列入考察。表中科名显示生徒所取得过的最高科名，官职显示所担任过的最高官职。

⑤ 王树枏与莲池书院的关系颇为复杂，《桐城文派渊源撰述考》中称王树枏师事张裕钊、吴汝纶。按王氏自订年谱《陶庐老人随年录》记载，光绪九年，黄彭年辞莲池讲席而去，"莲池山长一席，文忠公命曾藩台崧骏函商于余，继主此席"，故王树枏以"必不能孚众望"拒绝。王树枏以莲池讲席候选人的身份再入莲池张裕钊座下似不可能。本书认为，王树枏在莲池书院的授业师应只有黄彭年一位。

第三章 清末书院生徒群体与举业　　121

续表

姓名	授业师	科名	任职（清朝）	任职（民国）	资料来源
冯国璋	黄彭年	光绪十一年投军	正黄旗蒙古副都统、陆军贵胄学堂总办	代理大总统	《冯国璋年谱》
刘若曾	张裕钊	光绪二十四年进士	长沙知府、大理寺正卿	直隶财政、内务司司长，直隶民政长，直隶省长，参政院参政	王树枏《清大理院正卿刘公及配刘夫人合葬墓志铭》
王瑚	张裕钊	光绪十四年进士	创办保定农务学堂、吉林依兰兵备道	京兆尹、湖南民政长、江苏省省长	谷钟秀《铁珊轶事》
吴鼎昌	张裕钊、吴汝纶	光绪二十三年举人	直隶省视学、北洋女子师范学堂提调	宪政实进会直隶分会发起人、入共和党，陕西、河南教育厅厅长	《中华民国事件人物录》
王振尧		光绪二十三年举人	易州查学、直隶咨议局副议长	宪政实进会直隶分会发起人、宪友会直隶分会候补干事、入共和党、国会议员、临时参议院议员	《定州续志》
贾恩绂	吴汝纶	光绪十九年举人	山东学务议员	《直隶通志》《河北通志稿》总纂	贾恩绂《思易草庐年谱》
李景濂	吴汝纶	光绪二十年进士	直隶高等学堂汉文教务长、北洋大学帮办	北洋政府众议院议员	李发勇《清光绪甲辰科进士李景濂考》
阎凤阁	吴汝纶	光绪二十四年进士	直隶咨议局议长		民国《高阳县志》
尚秉和	吴汝纶	光绪二十九年进士	巡警部主事、员外郎、京师大学堂教习	内务部第三科参事	尚秉和《滋溪老人传》

续表

姓名	授业师	科名	任职（清朝）	任职（民国）	资料来源
梁建章	吴汝纶	光绪二十七年举人	直隶省警务局参事	直隶省实业司司长、北京政府陆军部秘书、陆军部顾问及国务院顾问	李印刚《梁建章传略》
李刚己	吴汝纶	光绪二十四年进士	大同等县知县	保定高等师范学校教师	贾恩绂《李君刚己墓表》
刘春霖	吴汝纶	光绪三十年状元	福建提学使、资政院议员	大总统府内史秘书、宪政实进会直隶分会发起人、宪友会直隶分会候补干事、直隶教育厅厅长	《刘春霖年谱》
傅增湘	吴汝纶	光绪二十四年进士	直隶提学使	北洋政府教育总长	傅增湘《藏园居士六十自述》
高步瀛	吴汝纶	光绪二十年举人	直隶省视学	教育部社会司司长	尚秉和《高阆仙先生传》
籍忠寅	吴汝纶	光绪二十九年举人	顺直咨议局议员、资政院议员	宪友会直隶分会副干事长、共和党发起人之一、云南省财政厅长、参议院议员、众议院议员，国会筹备事务局局长	常堉璋《籍公行状》
谷钟秀	吴汝纶	光绪某年优贡	直隶高等师范教员	国会众议院议员、北洋政府农商总长兼全国水利局总裁，统一共和党、民宪党发起人之一	《中华民国事件人物录》
孙大鹏	吴汝纶	宣统元年优贡	江苏候补知县	北洋大学、河北大学教授	《保定日报·莲池著名生徒孙大鹏》

续表

姓名	授业师	科名	任职（清朝）	任职（民国）	资料来源
刘宗尧	吴汝纶	宣统元年优贡	深县知事	北洋政府咨议	民国《迁江县志》
吴闿生	吴汝纶	诸生	度支部财政处总办	北洋政府教育部次长、国务院参议	吴闿生《北江先生文集》
邢赞亭	吴汝纶		曲阳、东阿县知事	天津市政府秘书长、北平最高法院顾问	邢肇蓉《我们的爷爷——无党派爱国人士邢赞亭》
张继	吴汝纶			中华民国参议院议长、同盟会北京支部部长	《中华民国事件人物录》
邓毓怡	吴汝纶			共和党直隶支部干事、入进步党、总统府咨议、国务院咨议	籍忠寅《大城邓君家传》

关于莲池书院的招生规模，据莲池生徒邢赞亭回忆，"诸生住院人数，并无定额，或四五十人，或二三十人，每岁多寡不等"①。以莲池书院每年招收四十人为计，光绪朝三十四年间，莲池书院造士约有千余名，个中驰骋政坛者应不在少数。表3-6所列，仅是其中佼佼者，可以说，莲池书院张、吴座下生徒，在清末民国科场、官场多颇有作为。究其原因，一方面，莲池书院作为比邻京师的省会书院，一直是"正统教育"的象征，历年来朝廷的重视、地方大员的关怀，使得莲池书院即使处在近代教育冲击的光绪晚期，依然很难跳开科举考试的影响力，表现之一就是绝大多数莲池生徒都是通过科举考试迈入政坛。另一方面，受曾国藩、张裕钊、吴汝纶的影响，莲池生徒对新学、西学早有认知。

---

① 邢赞亭:《莲池书院回忆录》，载河北省政协文史资料研究委员会编《河北文史资料》（第1辑），河北人民出版社1980年版，第228页。

部分生徒在院时即被选入东、西学堂学习外文、欧美历史、政治宪法、格致之学等内容。贺涛主讲莲池书院时，"命书院诸君分三班，为诵一切书报。……自去岁十月以来，已读《公法总论》《中外交涉类核表》《万国公法》《中国古世公法》《陆地战例新选》五种矣"①。可以说，莲池生徒一面接受着制艺帖括的传统教育，一面获取经世致用和新学西学的思想，使得他们能够在新旧之间游刃有余，切换自如，于国体更张之际，因时而变，迅速转变身份。正如吴闿生所形容："莲池群彦，亦各乘时有所建。或仕宦有声迹，或客游各省佐行新政，或用新学开导乡里，或游学外国归而提倡风气，或以鸿儒硕彦为生所依归"②，俨然是清末民初北方政坛的中坚力量。

三　莲池社交圈：以"仕"为基础的构建

法国学者布尔迪厄在《国家精英——名牌大学与群体精神》一书中指出，"同窗好友之间的一见如故，比简单的共同利害具有更深层的意义"③。在书院这一相对封闭的环境中，生徒脱离了自然血亲关系的包围，非自然的同门之谊被有意识的建立起来。志趣相投、师出同源的情谊，使得生徒们即使离开书院仍然铭记，彼此书信往来、走动，清末同门社交圈——"莲池派"就此形成。

学术圈与官场互相交织渗透古已有之。莲池书院生徒同出自直隶，彼此有同乡之谊，入院后又师承一脉、学宗一派，具有先天地缘、后天学缘的亲切，通过科举考试步入仕途后，又都活跃于京、津、冀一带任职，共同的学术基础和深厚的感情基础使得这张关系网比之其他群体更为坚固。主流学术圈的浸染、莲池书院与晚清大吏曾国藩、李鸿章千丝万缕的联系，以及毗邻京师的便利，使得莲池生徒能够顺利的将早期的文化资本拓展成为后期的社会资本，于清末民初政坛声气相合，互相引为奥援。

---

① 贺葆真著，徐雁平整理：《贺葆真日记》，凤凰出版社2014年版，第20—21页。
② 吴闿生编：《吴门弟子集序》，《吴门弟子集》卷首，民国十九年莲池书社刊本。
③ ［法］P. 布尔迪厄：《国家精英——名牌大学与群体精神》，杨亚平译，商务印书馆2004年版，第130页。

莲池生徒是直隶士人中的佼佼者，颇有自矜自持之气。时人称，莲池生徒"彪炳于仕途、议院、学校者，不可屈指数"。其中步入仕途是莲池生徒构建莲池社交圈的第一步。清末知识人依旧需要依靠科举考试，获取基础科名而跻身仕途。绝大多数人通过参加乡、会试获得正途出身而进入仕途，亦有少数取得"五贡"身份后参加铨选而任职低品京官、外地知县等，也算进入仕途的方式之一。光绪年间，虽然主讲莲池的山长张裕钊、吴汝纶二人对"猎高第、跻显仕"的做法颇不以为然，如张裕钊尝言："惟天下之治在人才，而人才必出于学，然今之学者，则学为科举之文而已。"① 吴汝纶对科举取士制度的反对更为彻底明确："窃谓废去时文，直应废去科举，不复以文章取士，举世大兴西学，专用西人为师，即由学校考取高材，举而用之。"② 但其二人莲池书院座下生徒，基本都有参加科举考试的经历，生徒刘春霖还是光绪三十年状元。从莲池书院课程设置表中③，我们可以清楚地看到，科举内容诸如八股文、试帖诗、策、论、表等的学习、练习仍然是莲池日常教学内容的一部分。可以说，每位莲池生徒心中都有对"猎高第、跻显仕"的期待，那么"彪炳于仕途不可屈指数"也就是自然而然的了。

同光朝入读莲池书院的生徒，大部分在光绪末年进入仕途，其中有不少人前后跨越清末、民初两种不同的政体，既出仕清廷，又在民国政府任职，这种情况在其他书院生徒身上似不多见。值得注意的是，由于时值清末民初，政权更迭频繁，中央选官制度常有变化，仕途中的莲池生徒呈现了一些区别以往的特点，结合表3-6所反映的情况总结如下。

其一，清代前期严格执行的"本省人不任本省职"的回避制度被打破。一些直隶籍莲池生徒得以在直隶原籍任职。如清苑人吴鼎昌曾任保定府查学、直隶省视学，霸州人高步瀛曾任直隶省视学、顺天府学务总汇处董理等。

---

① 张裕钊：《重修南宫县学记》，张裕钊著，王达敏校点《张裕钊诗文集》，上海出版社2012年版，第279页。

② 吴汝纶：《与李季皋（五月十五日）》，吴汝纶撰，施培毅、徐寿凯点校《吴汝纶全集》（第3册），黄山书社2002年版，第194页。

③ 河北省保定莲池书院管理处编制："莲池书院展"的展览图片，由吴洪成抄录编制。参见吴洪成《清代保定莲池书院与科举制度》，《学术看台》2010年第3期。

其二，生徒所任职务不再限于翰林词臣，而是呈现更多情况的官职出路。清前、中后期，举凡进士举人，仕途初期无外乎是被委派翰林词臣、知县（州）之类清淡文官，这种情况自光绪后期有所变化。光绪三十一年（1905年）清廷设中央警察机关巡警部，此前已在进士馆学习一年法政的癸卯科进士、莲池生徒尚秉和被巡警部尚书、与莲池书院颇有渊源的徐世昌"闻名调入"①，由是，尚秉和一直在巡警部（后称民政部）任职直至宣统元年（1909年）。再如光绪三十三年（1907年），从日本法政大学毕业的庚子辛丑并科举人、莲池生徒梁建章回国，先后在直隶警务总局、浙江抚衙警务局任参事。② 尚、梁二人虽科名有异，却因有警政、法务学习经验，皆被委派至专业对口的警政界，所任官职高低也差别不大。此种情况亦说明，到光绪后期，科举考试对朝廷用官的影响力越来越小，科名高低已不再是进入仕途的唯一考量。

其三，国体更张对仕途影响不大，大部分生徒一直未脱宦场。同光年间入莲池书院的生徒，大都经历了辛亥革命，然而与明清易代之际多见的士人生死节义不同，莲池生徒于国体更张之际，竟无一人有抱残守缺，有甘做逊清遗老之念，平稳过渡到新政权担任职务。究其原因，一方面，莲池生徒在书院肄业期间即接受新学、西学教育，深受莲池开放的风气浸染，对新政权接受程度高。另一方面，基于莲池生徒在学坛、政坛的名望地位，"当道者以桑梓涂炭，强出而扑救之"③ 的情况时而有之。故莲池生徒中如傅增湘、刘若曾、王瑚等，在民初身居北洋政府教育总长、江苏省省长、直隶民政司司长等中央地方高职显位，活跃于政坛多年。

其四，生徒多于直隶教育系统中担任文事、学务相关职务。光绪二十九年（1903年），直隶省设学校司管理全省学务，"首设督办一员，

---

① 尚秉和：《滋溪老人传》，尚秉和遗稿，张善文校理《尚氏易学存稿校理》（第1卷），中国大百科全书出版社2005年版，第2页。
② 李印刚：《梁建章传略》，载中国人民政治协商会议大城县委员会编《大城文史资料》（第4辑），出版社出版时间不详，第97页。
③ 王树枏：《清大理院正卿刘公及配刘夫人合葬墓志铭》，转引自卞孝萱、唐文权编《辛亥人物碑传集》，凤凰出版社2011年版，第667页。

由总督遴任，以董其成"①，首任督办即为莲池生徒胡景桂。三十一年直隶学校司改称直隶学务处，以学务处总理取代督办，下设会办等职，莲池生徒傅增湘任会办。三十二年各省裁撤学务处，设提学使司，以提学使统辖全省学务，官秩正三品，傅增湘是第二任直隶提学使。直隶提学使下设六品省视学6人，巡视各府厅州县学务，莲池生徒吴鼎昌、高步瀛都曾担任过省视学。

除了跻身仕途外，议院也是莲池生徒的社交的舞台，他们广泛参与到清末民初的议会活动中。光绪三十四年（1908年），清廷"预备立宪"开启，政府陆续颁下《各省咨议局章程》《咨议局议员选举章程》，要求各省一年内办齐省级代议机构咨议局，此为中国近代议会制度先声，莲池生徒因此有了彪炳议院的机会。直隶于宣统元年（1909年）10月成立直隶咨议局（1910年后称顺直咨议局）并召开第一次常年会，莲池生徒阎凤阁当选直隶咨议局议长，王振尧当选副议长，崔谨、籍忠寅、刘春霖当选议员，吴鼎昌、贾恩绂当选递补议员。此外，籍忠寅、刘春霖二人还被选为"具有临时国会性质"的中央资政院议员。莲池生徒自此活跃于清末直隶议院。后来，他们有的直接成为清末直隶立宪派及以后民初各政党的重要人物，②甚至不少人在辛亥革命爆发前后，转向支持革命。③ 在宣统二年第二次"国会请愿"运动中，莲池生徒贾恩绂、韩德铭、刘培极三位"直隶立宪派"议员被选为直隶请愿代表，赴京请求"速开国会，速设责任内阁"。其后的第四次"国会请愿"活动中，贾恩绂仍被选为代表。民国时期，顺直省议会取代直隶咨议局成为新政权的立法机关，刘春霖继续被选为顺直省议会议员，在之后成立的中华民国国会众议院、参议院中，亦有莲池生徒刘若曾、王振

---

① 《直隶新设学校司试办章程》，转引自舒新成主编《近代中国教育史料》，中国人民大学出版社2012年版，第259页。

② 1911年下半年成立的宪政实进会直隶分会和宪友会顺直支部即是以直隶立宪派成员为基础形成的政治团体。"二者尊重君主立宪政体为政纲，以咨议局议员为主体，议员跨会者很多，形成了政党的雏形"，参见刘建军《代议制框架下地方政治：直隶地方议会研究》，博士学位论文，中国人民大学，2008年，第40页。

③ 如阎凤阁曾与同盟会会员王法勤一起，秘密进行反对清政府活动，并与革命党人联系，进行武装起义。

尧、李景濂、籍忠寅、谷钟秀等活跃其间。同时，顺直咨议局常年会和几次"国会请愿"活动催生了直隶立宪派的组党活动，多位活跃于政坛的莲池生徒积极响应，并邀请昔日同窗同门参与到组党活动中，这些人既是因同院读书而相识，经过数次政治活动而有了相同的政治声音，互相扶持流转于政党，似有政坛"莲池党"之势。莲池生徒参与清末民初政党情况大致如表 3-7 所示。

表 3-7 莲池生徒参与清末民初政党情况

时期	政党	人物	身份
清末	宪政实进会	吴鼎昌	直隶分会发起人
		阎凤阁	直隶分会总干事
		崔谨	直隶分会发起人
		梁建章	会员
		王振尧	直隶分会发起人
		刘培极	会员
		刘春霖	直隶分会发起人
	宪友会	籍忠寅	宪友会七十发起人之一、直隶支部发起人、直隶支部副干事
		刘春霖	直隶支部发起人、直隶支部候补干事
		吴鼎昌	直隶支部文书员
		邓毓怡	直隶支部编辑员
民初	共和党	吴鼎昌	党员
		籍忠寅	共和党干事
		邓毓怡	直隶支部干事
	统一共和党	谷钟秀	发起人、领袖
	民主党	贾恩绂	直隶支部常务委员
	民宪党	谷钟秀	发起人

莲池生徒求学、进入政坛之时，适逢中国近代社会剧变时期，无论是末代清廷还是新生民国政府，政策朝令夕改实属常事，由此带来的行政架构混乱，使得很多官场中的莲池生徒在短短一两年内会有数个不同

官职称谓。如光绪三十一年（1905年）设立的巡警部，仅存续在一年，即"复钦奉懿旨特改民政部"①，尚秉和也由巡警部员外郎变成了民政部员外郎。再如傅增湘，光绪三十一年还是直隶省学务处会办，三十二年时就变成了直隶提学使。然而即便是置身政局旋涡之中，作为从莲池书院走来的传统知识人，似有与生俱来对家国命运的关心，从旧式知识分子到近代官员、议员，他们始终不变的是在"仕"价值的指引下，继续完成知识人千百年治国平天下的不变追求，间接成为近代中国推行议会民主制的重要力量。适逢乱世，莲池生徒始终以"莲池精神"自许，无一人有求荣卖国之行径，以自身之力引领近代中国民主进步之潮流，正如任启圣所言："处污秽之围而不染泥污，遇残暴之徒而不为所惧。"② 此言既可以形容其师、曾为莲池生徒梁建章之风骨，亦是所有清末莲池生徒的精神品格之象征。

四 《吴门弟子集》的学术水平

莲池生徒以桐城文人出身，治学著述应是他们追求的目标，只是因所处时代多变，一些人于文稍放，厕身政坛，但清末民初政坛波谲云诡，难免令有识之士心灰意冷之下退而治学。1929年，吴汝纶门下诸君有感于少时从学所作之文"委掷散弃，深为可惜，及时搜采，犹可掇拾以示后来，亦一代之文献也"，于是谋刊成册，由吴汝纶之子吴闿生"分途征集，历时二载，凡得诗文若干篇"，编辑整齐并作序，刊刻成《吴门弟子集》。《吴门弟子集》收集吴氏座下78位生徒文章共百余篇，涵盖文、序、表、策问、墓志铭、记、赋、律诗、绝句等各种文体，大部分文章后附吴汝纶评语。这些文章虽系吴门弟子少日之作，却系"夸奇斗丽，惊才绝艳之作，实足振荡一时"③，除一些应酬文章（墓志铭、寿序等）外，都具有较高的学术水平。1930年，《吴门弟子集》刊行。《吴门弟子集》现存世两个版本，一是1930年莲池书社刻本，1函6册

---

① 《民政部奏部厅官制章程折并章程二》，《大清光绪新法令》第二类官制一，清宣统上海商务印书馆刊本。

② 任启圣：《梁院长事略》，载全国政协文史资料委员会编《文史资料存稿选编》（第24辑）中国文史出版社2002年版，第243页。

③ 吴闿生编：《吴门弟子集序》，《吴门弟子集》卷首，民国十九年莲池书社刊本。

14卷;二是1983年中华书店根据1930年刻本的影印版本,2函12册14卷。《吴门弟子集》中收录的78位生徒,除卷一贺涛、弓汝恒、马其昶、姚永朴、姚永概等人为吴汝纶知深州、冀州所赏拔生徒外,其余绝大多数为吴氏莲池掌教十载的高棣。因此《吴门弟子集》在某种程度上可以被认为是吴汝纶执教莲池书院期间的生徒课艺集,以下试举一例,讨论《吴门弟子集》中所反映的生徒学术水平。

吴汝纶是一代今文大师,治经受考据学影响,主张义理、文章、训诂并用。其代表作《尚书故》采用今文体制,是以《史记》为论据、以训诂见长的治《书》专著。《吴门弟子集》卷二生徒刘登瀛课作《百篇书序辨说》便是一篇深得吴汝纶治《书》精髓的文章。

刘登瀛在《百篇书序辨说》的开篇即亮明论点:"梅赜《古文尚书》之伪,历宋迄国朝数百年而其论以定,惟《书序》之为孔子作,朱子以后疑信者半焉。……以余观之,《书序》非孔子作,百篇之名亦未必孔子之旧。今所传以六十三序次百篇者,乃后人削取《史记》之文而伪为之。"接着刘登瀛驳斥世儒的两种说法:第一,驳斥"伏生之书已有百篇之序",得出"伏生书之无序明矣"的结论。第二,驳斥"《史记·夏殷本纪》载述《尚书》篇目皆孔子《书序》",得出"《书序》非孔子作也"的结论。紧接着,刘登瀛指出,《史记》中三代世表及孔子世家中所提到的所谓《书序》应该是孔安国之徒"悯其学之抑而不施"的托孔之作。第三,刘登瀛认为,刘向、刘歆、班固、马融、郑玄等一众汉代古文经学家在促成"孔子删《尚书》并为之作序"成立中扮演的角色:刘向"未之甄录而不见古文之张霸";刘歆"乃始崇信之,移书让太常而入其文";班固"承而不改";马融、郑玄"迭主之"致使此说"大显于东汉"。

刘登瀛的这篇文章,得到了吴汝纶的很高评价,称其为"所论皆自考索而来,不摭拾前人旧说,不为含糊之谈,是考证文之佳构也"[①]。"孔子删《尚书》并为之作序"说是否成立,是千百年来古文、今文学家争执不休的问题。吴汝纶否认孔子作序说,并证《书序》出于《史

[①] 刘登瀛:《百篇书序辨说》,载吴闿生编《吴门弟子集》卷2,民国十九年莲池书社刊本,第51页。

记》之后,刘登瀛师承吴汝纶,以吴氏"主史记"说的方法展开论证,得到吴汝纶的较高评价并不意外,如果将这篇文章放置在晚清学术的宏观场域来讨论,也是一篇不可多得的考据尚书学的佳作。

晚清尚书今文学派兴起,庄存与、刘逢禄、龚自珍、魏源等人主张微言大义,舍马、郑之说,而勾稽今文,倾向于在《尚书》中探寻解决社会问题的路径以达通经致用的目的,于《尚书》多有发明。刘登瀛文中观点:"史公所谓《序书》者,序其篇第之先焉耳",意思是说,《史记》所载孔子"序"《书传》并非"撰"《书传》(《书序》),而仅是编次《尚书》。刘登瀛的这个观点为典型的今文学派观点,在今天看来,甚有见地。虽然刘登瀛认为《书序》是孔安国之徒为张扬师说,托孔子之名以自重,有晚清今文经学流于主观臆断,过度揣测之弊,但是刘登瀛敢于在文中对尚书学研究大家、"力主今文,攻马、郑"的魏源提出质疑,认为魏源著作《书古微》中所说"《书序》为孔子所作"为大谬,颇能体现莲池生徒敢于挑战权威的学术胆识。

《吴门弟子集》中作品最大的特点便是"古文经世":籍忠寅的《拟李习之释怀赋》是其本人"批览史策,流连党祸"并结合当今"家国抑郁忧愤"的境况,仿拟李翱《释怀赋》而"触怀而发"之作。①王振尧的《读通鉴曹爽之败》以曹爽之故事,揭示"人才之于世也,当与世之用才者相需"的道理,直指当前之形势。② 如《拟李习之释怀赋》《拟潘安仁秋兴赋》之类古体赋,或《说文所说五藏与五经异义不同考》这样的考据文章,都有一种通达时务的情怀,体现了莲池生徒入则为官,出则为学一以贯之的文化精神。《吴门弟子集》是以吴汝纶为中心的后莲池书院时代学术水平的一次集体展现,诸如阎凤阁、王瑚、傅增湘、谷钟秀、高步瀛、刘春霖等他日清末民初身居高官显位的生徒,皆有不俗作品呈现。清末河北学界与政界叠合,以一本《吴门弟子集》而展现得淋漓尽致。我们或许从吴闿生的感慨中,体味到莲池诸生

---

① 籍忠寅:《拟李习之释怀赋元韵并序》,载吴闿生编《吴门弟子集》卷8,民国十九年莲池书社刊本,第23页。
② 王振尧:《读通鉴曹爽之败》,载吴闿生编《吴门弟子集》卷6,民国十九年莲池书社刊本,第10页。

于"仕"与"学"之间的最初心境：

> 诸君少时，皆斐然有述作之思，欲以文采垂曜于后世。及其后遭逢多故，变端既日出不穷，而学问亦新旧乘除，不可以一方体尽。于是有志之士不得不奔走呼号，冀有补于国事。向者文学著述之事，稍稍辍矣。尔后世变益殷，向之张皇颠蹶，以弥缝揩拄其间者，或效或不效。而国势倾颓，乃如江河之下注，莫可挟挽。荏苒久之，大率心隳气尽，回顾平生所为，其有功于国计民生者盖鲜。于是喟然叹息，寤半生致力，不如少日文章著作之为可喜，而所得多。①

---

① 吴闿生编：《吴门弟子集序》，《吴门弟子集》卷首，民国十九年莲池书社刊本。

第四章

清末书院生徒群体与治学

第三章内容梳理了清末书院生徒群体在"仕"价值指向下的群聚、学习和社会活动,从中我们得知,虽然清末科举取士已前途失路,但通过举业求仕进的观念不曾退场,时文课作的呈现和以科名为基础的社交圈的构建,以及举业道路上汲汲营营和艰辛付出,都是生徒内心深处对科举入仕的价值遵从的外在表现。本章将从生徒学习与社会交往两个层面,按照群体和个案两个维度,进一步讨论"学"的价值指向之下的清末生徒的治学活动。

第一节 以治学为尚的生徒群体

学人是学术产生、发展、传播、普及的中坚力量。学人讲学书院,唐已有之。学人讲学书院,生徒追随其肄业书院,是学术传递和传承的最佳途径。无论是两宋学人自由辩论于书院,还是明代学人讲会会讲于书院,可以说,举凡大儒过化之书院,必能吸引众多生徒从游景从。清末学界思想纷繁复杂,宋学、汉学、今文经学、古文经学、诸子学、西学都在学坛占有一席之地。清末学人承接上代学人与书院密切联系的传统,以书院之沃土,继学术之余韵。

清末学术书院主要教授生徒传统学术,并向学坛、文林输送大量的青年学人,置身其间的生徒因治学而群聚,形成了主要以"学"为价值指向的生徒群体。本节以群体分析与个案分析相结合的方式,讨论学术书院是如何吸引生徒群体群聚的。

一 清末学术人物与书院

书院既是学人弘扬己说的平台,更是启迪、培养后学的道场。书院的发展,与学人的推动密不可分。学人一般通过三种方式与书院建立联系,即倡建书院、讲学书院、肄业书院,其中讲学书院、肄业书院的传统古已有之,无论是朱熹、王阳明、陆九渊讲学弘道于书院,还是刘宗周、王夫之、章太炎学术起步于书院,都是学术与书院千年相伴的彰显,这种传统自宋及清,一直延续。道光以降,学坛纷繁而复杂,汉学、宋学依然在占主导地位,继续绵延,今文经学开始崛起并逐渐拥有一席之地,诸子学、西学进入学者视野。清末理学家、汉学家们分别以各自言说自鸣于书院,吸引生徒景从,展现了清末学界独有之气象。

学术大师入主一所书院,意味着其学术取向乃至人格魅力所产生的吸引力,将影响生徒书院治学以及未来学术道路的走向。"道咸以来,吴中士大夫诵习帖括,六经三史遑遑束阁。及冯先生(桂芬)主正谊书院,以故训词章陶染后进,士稍知媚学。"① 冯桂芬(1809—1874年),字林一,江苏吴县人,这位身历道、咸、同三朝的学者,"说经宗汉儒,亦不废宋,精研小学"②,"诗、古文辞、骈体、制艺,无不卓然成一家之言,而尤达于经世之学"③。冯桂芬是咸同兵燹后,受聘主持苏州正谊书院的。在这之前,他迭主惜阴、求志书院,所到之处,东南俊茂"百川来汇,罗列宫墙"。冯桂芬主讲正谊书院近十年,座下生徒才俊频出,"有若潘子锡爵、管子礼耕,皆以解经为世闻人",更有吴大澂"长文学、通训诂,嗜金石",王颂蔚"以义书自任,实事求是为生平最动心力",叶昌炽"好稽考目录,辨别版本"等。④ 徐世昌

---

① 王颂蔚:《文学钱君别传》,转引自沈云龙主编《近代中国史料丛刊》(第346册),台北:文海出版社1969年版,第78页。
② 黄彭年:《清故詹事府右春坊右中允冯君墓志铭》,《陶楼文钞》卷6,民国十二年刻本。
③ 吴大澂:《显志堂稿序》,转引自沈云龙主编《近代中国史料丛刊续集》(第783册),台北:文海出版社1974年版,第24页。
④ 徐世昌纂,周骏富编:《清儒学案小传》卷18,台北:明文书局1985年版,第319—323页。

《清儒学案小传》中校邠学派朱培源、袁宝璜、徐诵芬等，皆是当时冯桂芬门下正谊生徒。再如东南经学大师黄以周，为学宗汉学，兼采宋学。生徒唐文治光绪十一年（1885年）赴江阴南菁书院应试，取超等住院肄业，受业于院长黄以周之门。黄以周得知唐文治入院前长于宋儒之学，语曰："顾亭林先生有言，经学即理学，理学即经学，不可歧而为二，圣门之教，先博后约，子其勉之。"言下似有让唐文治兼采经学之意。自此后，黄以周以"训古义理合一"之旨教之，唐文治"自是于经学、小学亦粗得其门径矣"①，为学亦兼采汉宋。综上，冯桂芬主正谊书院，以自身学养滋润正谊学风，书院由诵习帖括转向词章之学，惠及生徒者众；唐文治受教黄以周之门，于宋儒之学外，粗通经学、小学门径。由此可见，生徒的治学取向受书院大师影响深甚。

学养深厚的大师主讲书院，容易受到生徒的欢迎，吸引更多追随者负笈来学。生徒王维翰曾有诗形容孙衣言主讲杭州紫阳书院，弟子来学的盛况："紫阳启讲席，多士欣有托。惠风散冲襟，宏哉乐育乐。稽古禀师承，说经陋穿凿。浏览书万卷，艺林擅鸿博。陶铸及群才，是为万物橐。"② 李联琇出任兵燹后钟山书院首任山长，"绩学敦行，别择精审，兵燹之余，士气复振"，是故"来学者日盛"③。生徒胡传听闻上海龙门书院即将延请兴化名儒刘熙载主讲，"喜甚，专待明春甄别而投课"④。值得注意的是，生徒追随学术大师兼课不同书院的现象。由于大师的学术名气、声望卓著，他们并不会久主一院讲席，而是应地方官所聘兼课多个书院。这类大师往往具有强大的学术吸引力，而生徒受大师学术魅力的感召，愿意追随大师的脚步，兼课书院。陈澧于同治六年结束学海堂山长职务，接受广州巡抚蒋益澧的邀请，担任新成立的菊坡

---

① 唐文治：《茹经先生自订年谱正续篇》，转引自沈云龙主编《近代中国史料丛刊三编》（第90册），台北：文海出版社1988年版，第11页。
② 王维翰：《紫阳书院谒孙琴西夫子》，《彝经堂诗钞六卷赋钞一卷骈文一卷》卷3，清光绪七年梅梨小隐半茧园刻本。
③ 台湾中华书局编：《清史列传》（第9册）卷69，台北：中华书局股份有限公司2015年版，第73页。
④ 胡传：《钝夫年谱》，转引自欧阳哲生主编《胡适文集》（第1册），北京大学出版社2013年版，第418页。

精舍山长。陈澧主讲菊坡,"如学海堂法,课以经史文笔"①,所造皆一时俊彦。座下生徒梁鼎芬曾盛赞当时景况:"吾师体大雅,所学造明光。菊坡接学海,成就俱难详。"② 查检《菊坡精舍集》,可见学海堂同治五年专课肄业生桂文炽、陈庆修二人赫然在列。同治五年,陈澧仍在学海堂主讲,桂、陈二人或在当时受陈澧学术感召而追随其兼课菊坡,继而成为陈澧"东塾学派"之关键人物。

当然,生徒肄业书院往往不止一家,"转益多师"实乃清末书院生徒从学之普遍现象。如生徒杨模的硃卷履历中,肄业师一栏即有杨泗孙、秦庚彤、黄以周、陈澧四位老师,杨、秦二师下标"前东林书院院长",黄以周下标"南菁书院院长"③。生徒张树蕟硃卷履历中,肄业师一栏记载有叶裕仁(前娄东书院主讲)、俞樾(求志书院主讲)、张文虎(前南菁书院主讲)、黄以周(南菁书院主讲)。④ 若论生徒学术成就一定受益于某位书院主讲学者,未免失之主观。但至少可以这么认为,生徒于学术起步之时肄业书院,经由学术大师的指点,必定裨益良多。无怪乎吴稚晖晚年回忆南菁书院时光道:"余应选入南菁治学,第一日谒定海先生(黄以周),先生铭其座曰:'实事求是,莫作调人',心窃好之。与无锡范暨、许士熊等遂有志理前史、纪礼法,不暇为词人。"⑤ "实事求是,莫作调人",是黄以周主讲江阴南菁书院时的座右铭,也是黄以周教士的核心思想:"黄先生在清末光绪年间主讲南菁书院十五年,他愤于清末政治腐败,社会人士,竞尚虚浮,习于敷衍,因此提出这八个字作为座右铭,训导学子为学做人之道,南菁书院所造就的大都

---

① 陈澧:《菊坡精舍记》,转引自清代诗文集编纂委员会编《清代诗文集汇编》(第637册),上海古籍出版社2010年版,第191页。

② 梁鼎芬:《答杨模见赠之作》,转引自清代诗文集编纂委员会编《清代诗文集汇编》(第787册),上海古籍出版社2010年版,第57页。

③ 顾廷龙主编:《清代硃卷集成》(第387册),台北:成文出版社1992年版,第20—21页。

④ 顾廷龙主编:《清代硃卷集成》(第387册),台北:成文出版社1992年版,第261页。

⑤ 吴敬恒:《寒厓诗集序》,转引自北京图书馆编《北京图书馆藏珍本年谱丛刊》(第197册),北京图书馆出版社1999年版,第64页。

是朴学之士，可以说受这八个字的影响不小"①。黄以周善治经学，以兼宗汉宋名于世，吴稚晖日后学术道路虽未能完全继承乃师衣钵，但受其为学精神习染是一定的，一句"不暇为词人"正是当时刚满20岁的吴稚晖在黄以周"莫作调人"的启发下，给自己未来的学术道路定下的基调。

表4-1　　　　　　　　清末著名学者主讲书院情况

书院	学者	学术取向	主讲时间	造就生徒
江宁惜阴书院	冯桂芬 1809—1874年	经世致用，说经宗汉亦不废宋	道光二十八年至二十九年	金和、汪士铎
苏州正谊书院			同治三年至十二年	王颂蔚、叶昌炽、管礼耕、陆润庠、袁宝璜、秦绶章、潘锡爵、吴大澂
苏州紫阳书院			同治三年至四年	
广州学海堂	陈澧 1810—1882年	兼宗汉宋，训诂考据	道光二十年至同治六年	桂文炽、陈庆修
广州菊坡精舍			同治六年	林国庚、于式枚、谭宗浚、廖廷相
上海龙门书院	刘熙载 1813—1881年	理学	同治五年至光绪七年	袁昶、陈维祺、费崇朱
杭州紫阳书院	孙衣言 1815—1894年	汉学为宗，旁及史学、诸子学	同治四年至七年	王维翰、王棻
杭州崇文书院	薛时雨 1818—1885年	汉宋兼采，偏词赋	同治五年至七年	钟受恬、汪鸣皋、谭献
江宁尊经书院			同治八年至十二年	秦际唐、姚兆颐、刘汝霖、陈作霖
江宁惜阴书院			同治八年至光绪十一年	夏仁瑞、金和、樊光溶、冯煦

---

① 《社评》，《申报》1944年4月12日。

续表

书院	学者	学术取向	主讲时间	造就生徒
江宁钟山书院	李联琇 1820—1878年	切实之学，名物训诂、考证	同治四年至光绪三年	陈宗彝、刘寿曾、汪宗沂、陈作霖
苏州紫阳书院	俞樾 1821—1907年	经学、小学、诸子学多有发明	同治五年至六年	冯松生、戴兆春
杭州诂经精舍			同治七年至光绪二十三年	黄以周、王棻、朱一新、谭献、林颐山、章炳麟、俞省三
上海求志书院			光绪二年	朱昌鼎、姚文枏
保定莲池书院	黄彭年 1824—1890年	汉学，许郑家法		王树枏、崔权、胡景桂、吴寿萱
江阴南菁书院	黄以周 1828—1899年	周宗汉学，兼采宋学	光绪十年至二十四年（分课经学）	唐文治、章际治、姚彭年、陈庆年、赵椿年、张锡恭、曹元忠
武昌经心书院	谭献 1832—1901年	倾向今文学派	光绪十六年至二十三年	甘鹏云、权量、周之桢
成都尊经书院	王闿运 1833—1916年	今文经学	光绪六年至十二年	杨锐、廖平、宋育仁
保定莲池书院	吴汝纶 1840—1903年	桐城派古文家	光绪十五年至二十八年	贺涛、马其昶、周学颐
江宁钟山书院	缪荃孙 1844—1919年	长于考据	光绪二十二年至二十七	
江阴南菁书院			光绪十四年至十六（分课史学词章）	曹元忠、王仁俊、钮永建、金鉽
南昌经训书院	皮锡瑞 1850—1809年	今文家言	光绪十八年至二十四年	文廷楷、贺赞元、徐运锦、夏敬观
广州广雅书院	梁鼎芬 1859—1919年	通经致用	光绪十三年至十五年	林鹤年、江逢辰
江宁钟山书院			光绪二十一年至二十二年	潘宗鼎、夏仁虎、梁崟

资料说明：学者名根据徐世昌《清儒学案小传》；学者书院主讲时间根据徐雁平《清代东南书院与学术及文学》第705—768页并稍作补正；造就生徒根据鲁小俊《清代书院课艺总集叙录》并稍作补正。表格按讲学者生年排序。

值得注意的是，学术大师主讲书院，学人倡建书院，虽不是清末特有的现象，却在此时显现出较为典型的特征，即倡建主体具有官吏、学者的双重身份。

自元代以来，官吏倡建书院渐成潮流，一直延续至清末。一般认为，官吏倡建书院，可视为书院官学化的标志之一："各级政府直接创办书院，是元代书院官学化的一个标志。地方政府除借审批制度而参与书院建设外，各级官府都曾创建书院，出现了一批以心学为己任的地方官员。"① 清末官吏倡建书院，除了有继续推进书院官学化意味，还与彼时时局密切相关。同治初年，太平军战乱初弥，江南一带书院教育几近停滞，为配合朝廷以书院"底定人心"的政策，众多以"中兴名臣"自诩的学者型官吏，在倡建、兴复书院方面表现出极高热情。他们大多官职高、学养深，与书院多有渊源。如曾国藩，早年肄业岳麓书院，宗法程朱"究心儒先语录"②，后以书生点兵，成为地方大员，于学术上兼治理学与经世之学，成为晚清"理学经世"的代表人物。学者熊十力论及曾国藩学养，甚为赞赏："若及涤生（曾国藩），……以义理、考据、经济、词章四科并重。其为学规模，具见于此，其精神所注，亦见于此。……所成就者众，足以康济一时。"③ 在同治初年大吏倡建书院的风潮下，出自书院、学养深厚的曾国藩自是当仁不让，倡建、兴复多所名满一时的书院，并以自己学术思想影响书院。咸丰十一年（1861年）克复安徽安庆，曾国藩于安庆城东鹭鸶桥，新葺被"悉数毁于兵燹"的敬敷书院。书院落成后，曾国藩有感于"前明及国朝诸老工制艺者，皆以说理审题为重，故作文与作人之道不分为二事，自后风会屡变，此调久已不弹"，延请马恩溥、杨摘藻等独笃桐城文法、学尚程朱之宿儒，"崇尚雅正，殷殷化导"，希冀"皖中当有学道之儒喟然兴起"④。其本人也常莅临书院课士，批阅课卷，以其政坛、文坛影响力，以书院为阵地，助推清末理学发展。其他如曾国荃、左宗

---

① 邓洪波：《中国书院史（增订版）》，武汉大学出版社2012年版，第244页。
② 欧阳兆熊：《水窗春呓》卷上，中华书局1984年版，第17页。
③ 熊十力：《与贺昌群书》，《天然》1981年第1卷第7期。
④ 曾国藩：《复陈庆溥》（同治四年四月初三），《曾国藩全集》（第28册），岳麓出版社2011年版，第391页。

棠、李鸿章、丁宝桢、刘坤一、张之洞等清末大吏都有倡建书院的记载（见表4-2）。

表4-2　　　　清末各省新建（兴复）重要学术书院情况（1862—1898年）

新建（兴复）时期	省份	书院名称	倡建者	时任官职	著名山长	书院教学特色
咸丰末	安徽	敬敷书院	曾国藩	两江总督	马恩溥、杨摛藻、黄体芳	理学
同治朝	陕西	味经书院	许振祎	陕西学政	史兆熊	理学、汉学
	江苏	龙门书院	丁日昌	苏松太兵备道	顾广誉、万斛泉、刘熙载	经史性理、辅以文辞
	江苏	诂经精舍（上海）	沈秉承	巡道	俞樾	经史、小学，辅以算术、天文、地理
	福建	致用书院	王凯泰	福建巡抚	林寿图、谢章铤、郑世恭	专习经史
	湖北	经心书院	张之洞	湖北学政	梁鼎芬	注重实学，倡经世致用
	广东	菊坡精舍	蒋益澧	广东巡抚	陈澧	汉宋兼采
	四川	尊经书院	张之洞	四川学政	薛焕、王闿运	通经学古
光绪前期	山西	令德书院	张之洞	山西巡抚	王轩、屠守仁	经史、考据
	陕西	正谊书院	焦云龙	陕西三原知县	牛兆廉、孙乃琨	洛、闽义理之学
	广东	广雅书院	张之洞	两广总督	梁鼎芬、朱一新、廖廷相	经古、理学、经济之学

续表

新建（兴复）时期	省份	书院名称	倡建者	时任官职	著名山长	书院教学特色
光绪前期	江苏	南菁书院	黄体芳	江苏学政	张文虎、缪荃孙、黄以周	汉学、经古
		学古堂	黄彭年	江苏布政使	汪之昌、林颐山、章钰	经学
		求志书院	冯焌道	苏松太巡道	俞樾、张焕纶	经史、舆地、算学等
	云南	经正书院	王文韶	云南总督	许印芳、陈荣昌	经古
	贵州	味经书院	何行保	总兵	杨锦枝	经史古学
	直隶	莲池书院	曾国藩、李鸿章	直隶总督	张裕钊、吴汝纶	经世致用
	河南	致用精舍	陈宝箴	道台	王锡彤	经世致用
	湖南	沅水校经堂	朱其懿	知府	曾濂、沈克刚、汤诚航	经史、治事、词章

资料说明：根据白新良《明清书院研究》第235—245页、李兵《书院与科举关系研究》第258—259页整理。

清末封疆大吏倡建的书院，多是规格高、名气大的省级学术书院，加之倡建的官吏多是受海内敬仰的文坛领袖、士林典范，是以这类书院对有志于治学的生徒吸引力极大。曾国藩重整江苏尊经书院、钟山书院期间，江宁名士周葆濂有诗云"春风讲席起雷何，相国怜才以礼罗"①。在曾国藩厚赏怜取之下，当时的尊经书院聚集了如秦际唐、姚兆颐、刘汝霖等一批日后享誉学林的生徒。正如时任尊经书院山长薛时雨所形容的："当粤逆勘定之初，天子俞置臣请，特举科场，修学校，中兴文

---

① 周葆濂：《乙丑乡感》，《且巢诗存》卷3，清光绪十六年刊本，国家图书馆古籍部藏。

教,……然后书院以次复,都人士稍稍来集,争自濯磨,曾未五年,而金陵文物,称重江南"①,"(尊经)书院规复曾文正,今岁星一周矣。院中高材生跻翰苑、绾墨绶者,比比可数;即蹶于春秋两试者,揣摩简练,暂蹶而气不衰"②。

　　清末学者型官吏扶持书院的行为,客观上是朝廷教育政策之下的官方行为,却不可避免地带有倡建官吏们主观上的自期与自许。清中期朱筠、阮元这类学养深厚,掌衡文柄的文宗视学江南,兴建书院,云集隽士之佳话,在清末似被曾国藩、张之洞等有意无意的因袭相沿,正如洪震轩、汪中、管同等知名生徒景从朱、阮二公于书院论谈经古之学,缔造乾嘉汉学之盛世一般,曾国藩、张之洞等人也希冀借由书院聚集佳士,再写清末学术之辉煌。

二 治学有声:经训生徒群体

　　在清末众多以治学为尚的书院中,经训书院颇具有典范意义。翻开江西书院发展史,清末的萎颓似乎与宋明时期的繁盛形成鲜明对比。实际上,清末江西书院数量颇多,以同光年间为例,全省新建书院81所,但"无论从教学内容和管理方面来看,均趋下坡路,然尚能维持"③。由于缺乏有办学特色的书院、"德行精纯"的书院大师以及"称得上翘楚"的书院生徒,使得清末江西书院不复昔年宋明之声势。但值得注意的是,成立于道光二十年至二十三年(1840—1843年)间的江西省城经训书院,经过多年发展,有呼应粤东学海堂、浙东诂经精舍、湘蜀尊经书院之势,成为清末备受江西乃至全国学界瞩目的,以"训经"为教旨的学术书院,犹如清末江西书院寂寞夜空的一颗明星。

　　经训书院创设于江西两代按察使刘体重、温予巽之手。道光二十年,时任江西按察使刘体重以省会南昌书院皆尚制艺,捐俸为倡,于南昌进贤门内系马桩建经训书院。道光二十三年,继任按察使温予巽捐俸

---

① 薛时雨:《尊经书院课艺序》,转引自鲁小俊《清代书院课艺总集叙录》,武汉大学出版社2015年版,第367页。
② 薛时雨:《尊经书院课艺四刻序》,转引自见鲁小俊《清代书院课艺总集叙录》,武汉大学出版社2015年版,第372页。
③ 李才栋:《江西古代书院》,江西教育出版社1993年版,第449页。

千两，延请时任豫章书院掌教黄爵滋兼主经训，"于经解策论外，兼课诗赋，而制艺试帖，则专归豫章、友教各书院焉"①。自此，经训书院形成了不尚制艺、以经解课士的传统。

江西理学传统根深，可谓"名儒理学代有传人"。受此影响，江西学风"自宋诸大儒讲学，以精义理、尊德性为治经之要"②，与长江一带诸省相比，经学起步滞晚、土壤贫瘠、人才匮乏。乾嘉经学考据之风大起之时，江西书院因"故宗宋学，偏重性理，或流于禅释"③，错过了经学在江西书院发展的最佳时机。江西士人长久被宋学浸染，"解经多采汉宋，空衍义理，论不似论，文不似文，骈散文参以时文，诗多俚俗，颇似谣谚"④。此时的江西书院已有学风涣散之势，"除考课制艺试帖之外，别无他事"。道光以降，经学考据在学坛地位已非昔日可比，而新成立的经训书院则重谈经学训士，聘王棻等经学大师为掌教，由此"江右之士始谈汉学，……近二十年渊懿彬雅之士，皆出其中"⑤。经训书院逐渐以"经解"改"义理"，形成了有别于外部环境和本土学风的学术气候，而光绪年间今文大师皮锡瑞出掌讲席，更是引领经训书院成为清末著名的学术书院之一。

光绪十八年（1892年），湖南善化举人皮锡瑞受江西学政龙湛霖之聘，出掌经训书院。皮锡瑞（1850—1908年），字鹿门，主讲经训之前，有过几次会试失败的经历，并曾掌教一所县级书院——桂阳龙潭书院。在治学方面，皮锡瑞早年肄习词章之学和四书义理，二十五岁"始

---

① 黄爵滋：《经训书院记》，同治《南昌县志》卷6《学校志·各书院》，清同治九年刻本。
② 光绪《南昌县志》卷13《学校志下》，民国二十四年铅印本。
③ 皮名举：《皮鹿门先生传略》，载潘斌选编《皮锡瑞儒学论集》，四川大学出版社2010年版，第327页。另夏敬观尝言"江西人为学，承易堂九子余风，耽性理，尚节概，之于训诂考据，常后于人，故病空疏"，可兹佐证。参见夏敬观《善化皮鹿门先生生年谱序》，转引自皮锡瑞《师伏堂日记》（第1册），国家图书馆出版社2009年版，第7页。
④ 皮锡瑞：《师伏堂日记》（第1册），国家图书馆出版社2009年版，第184页。
⑤ 光绪《南昌县志》卷13《学校志下》，民国二十四年铅印本。

治经学"，三十岁著《〈尚书大传〉笺》，"为著书之始"①，中年兼攻郑学，"治经出入古今文之间，……亦颇考郡国利弊，有经世之志"②，最终成为融贯群经、创发大义、斐然经术、蔚为词章的今文大家。此次出掌经训书院，正是皮锡瑞三赴礼闱下第，治学转向经学之时。实际上皮锡瑞掌经训一席，颇令江西士林意外。经训书院是江西省垣与豫章、友教齐名的三大书院之一，览历代经训主讲，如黄爵滋、万良、龙文彬等辈概皆进士出身，否则便如王棻，虽仅举人科名，但系出俞樾门下，有多所书院掌教经验。当时皮锡瑞外省客籍，仅得举人科名，只有一所县级书院掌教经历，著述寥寥，用他自己的话说："江右大邦，尤不敬惜才异地。于虽故属西江，今已占籍南楚，且名未通籍，年辈不尊，兹承破格之招，实由推毂之力。"③事实证明，皮锡瑞的确给江西带来了久违的经学之风、致用之气。

  光绪十八年（1892年）五月，皮锡瑞抵达南昌经训书院，续王棻之余绪，以西京微言大义，教诏空疏学风，匡正崇经风气，引入经世之学。经过皮锡瑞七载努力，座下经训生徒治学，一扫江右书院之弊锢，俨然成为赣省学风的引领者。

  皮锡瑞是今文经学的大家，但他并不要求座下生徒皆成治经之士，他认为，"经学非数年不能得解，又难遇识者，非寒士进取所宜"④，"年少有才者，多不愿治朴学"。他以自己为例，"仆少亦好议论、词藻，壬秋先生（王闿运）劝专治一经，不肯听。近以才华渐退，自分词章不能成家，又困于名场，议论无所施，乃不得已遁入训诂"⑤。用他自己的话来说，他是"词章不成家"，无奈之下"不得已遁入训诂"的，"故仆并不以此劝人"。事实确实如此，皮锡瑞掌经训书院七年，

---

  ① 吴仰湘：《通经致用一代师：皮锡瑞生平和思想研究》，岳麓书社2002年版，第332—333页。关于皮锡瑞由词章而转向经学研究的时间，其弟子李肖聃及孙子皮名振皆认为是光绪五年（1879年）以后，而其实早在皮锡瑞第一次朝考失利后，即有"自悔雕虫困占毕"等语，可被视为皮锡瑞转治经术之始。
  ② 支伟成：《清代朴学大师列传》，岳麓书社1998年版，第144页。
  ③ 皮锡瑞：《师伏堂日记》（第1册），国家图书馆出版社2009年版，第130页。
  ④ 皮锡瑞：《师伏堂日记》（第1册），国家图书馆出版社2009年版，第479页。
  ⑤ 皮锡瑞：《师伏堂日记》（第1册），国家图书馆出版社2009年版，第480页。

"讲舍中自卢豫章、贺赞元外,无专治经者"而是"有多通达时务"①。由"经史词章"而至"通达时务",可以说是皮锡瑞呼应时局和外部学术环境,引领经训学术风气的又一次转变。

皮锡瑞勉励生徒由穷治经书转向救亡图存的经世之学,确实是走在时代的前列。"天下多故,迥非乾、嘉以前之比,有志于学,不能不驰域外之观,更当开通人之以思,推广人之耳目。"② 时逢乱世,四境多虞,早已非乾嘉气象可比,故而皮锡瑞对"借说时事""言时事甚痛切"的生徒贺赞元、胡其敬、桂念祖、梅台源等人格外欣赏,赞许他们"洞晓洋务""颇通时务";而对抱残守缺的生徒总是无情地斥责。时值维新变法之际,生徒郭之屏于课卷上袒护八股,皮锡瑞认为其"竞敢曾毁上谕",毫不留情的"斥其狂妄,晓以大义"③。生徒夏敬观回忆说:"先生主讲经训书院,诸生执经问难,先生剖析所疑,娓娓不倦,或旁及子史典章国故,反复兴革治乱之源,盖经义、治事,未尝偏废也。"④

经训书院是一所省级书院,招生规制颇为严格。一方面从招生范围来说,经训书院全省招生,"聚七十九厅、州、县之高材生,课之以实学,试之以古训,洵推乐育英才之盛举"⑤。另一方面从招生方式来说,经训书院先后采用过生徒投考甄别、学政岁科拔入以及岁科之外、复行甄别三种方式选拔生徒入院肄业。自光绪八年(1882年)以后,经训书院仿"浙楚等省书院之制",招生采用"由学政岁科时择高才之生,送院肄业"的形式。此举目的是选拔更优秀的生徒入院肄业,无形中也加强了学政对书院招生的控制。但由于岁科试强调对应试者时文写作能力的考察,进入经训的生徒就难免精于举业而失之治学,而生徒干谒学政谋求经训学位之风亦暗地滋生。故光绪十五年(1889年),学政龙湛霖改用岁科之外、复行甄别之法取录经训生徒,目的是保证经训生徒具

---

① 皮名振撰,王云五编:《清皮鹿门先生锡瑞年谱》,台北:商务印书馆1981年版,第69页。
② 皮锡瑞:《师伏堂日记》(第3册),国家图书馆出版社2009年版,第26页。
③ 皮锡瑞:《师伏堂日记》(第3册),国家图书馆出版社2009年版,第420页。
④ 夏敬观:《善化皮鹿门先生年谱序》,转引自皮名振撰,王云五编《清鹿门先生锡瑞谱》,台北:商务印书馆1982年版,第1页。
⑤ 《江右杂闻》,《申报》1890年10月13日。

有一定的举业潜力的同时，兼具治学潜力。与此同时，经训书院亦喜揽名门之后于门下，如"文芸阁学士之介弟廷华，梅筱岩河督之文孙光羲、光远，江海□黄幼农之哲嗣懋桢，华再云侍御之介弟焯，夏芝岑观察之文孙承庆"等。查检《经训书院课艺三集》，亦发现文廷式九弟文廷楷、梅启照之子梅台源在列。此亦说明，家境优渥的高门隽秀相较于寒门士人来说，有更多机会和精力从事学术研究，更容易被经训学风吸引。

经训生徒在"学"的价值指向引导下而群聚于此，受到经训学风和皮锡瑞首重"治经""经世"，兼以史地之学、诗古文辞课士教法影响，多成为清末民初兼及经史、诗词、古文、经世的学者文人。览表20所列生徒，如胡思敬不仅长于诗词，也是辨伪校勘的好手。夏敬观长于治经，诗文方面也颇具才华，"能本其所学，发为高文，树骨坚苍，吐辞典赡，学有余于诗外"[①]。19世纪最后十年的经训书院，不仅云集了如王益霖、桂念祖、贺赞元、徐运锦、夏敬观等一批崇经治事之士，他们中的一部分人甚至成为日后维新变法的拥趸。[②] 生徒王益霖，江西南昌人，咸丰六年（1856年）生，十九岁成为县学生，"时士风沈浸举业，益霖独潜心两汉之学，旁及兵农方技之书"，肄业经训书院时，"每试辄冠"。中法、中日两役后，王益霖"慨然有志经世之务"，举光绪二十三年丁酉乡试，以天算策，获主司激赏。次年会试，以文字切直，触忌讳，报罢，"乃奔走大江南北，勤求郡国利弊得失，思以有为"。光绪二十九年，张之洞任江督，创三讲师范学堂于南京，招王益霖任经学教习。第二年补行会试，王益霖早已无意举业，无奈乡人敦促，勉强应成进士，以知县分河南。不久获委河南高等学堂教习，兼斋

---

① 汪辟疆：《近代诗派与地域》，载巩本栋编著《中国现代学术演进：从章太炎到程千帆》，北京大学出版社2009年版，第30页。

② 经训书院生徒参与维新变法、清末新政程度之深，不仅在江西书院绝无仅有，即使放眼全国书院，也属罕见。1895年参与公车上书的120名江西籍学子中，彭树华、段笏等20人出自经训书院。维新变法期间，沈兆祎、沈兆祉、吴璆等发起废时文会，主张废除科举制艺之文。1908年江西咨议局参议、干事名单中，经训生徒刘景熙、黄大壎、刘凤起、文龢、张佑贤、欧阳述、龙钟泖、魏元戴、文景清赫然在列。参见徐欢《经训书院考述》，硕士学位论文，南昌大学，2015年，第38页；王才友《今文经学、书院士人群体与地方政治》，《地方文化研究》2014年第2期。

务长。河南风气夙蔽,王益霖启迪诱掖,务期闳肆,"故出其门者,……多通识敦品之士"①。纵览王益霖的人生历程,少时肄业书院,受经训学风影响,潜心两汉之学,旁通诸子之说,有经世之志。其日后从教从政,皆以经世致用自期,慨慨然有经训之风。另有生徒桂念祖治学承袭皮氏家法,"宗顾亭林,其解经主今文家言,诗宗杜、苏,凡注疏诗集无不全部录读"②。光绪十一年中式副举,戊戌变法期间从康、梁,力主变政强国,任上海《萃报》主笔,梁启超离开湖南时,推荐念祖代理时务学堂讲席,未及行而戊戌变法失败,归匿于乡,潜心向佛。总的来说,在皮锡瑞学术取向和治学风格的影响下,其座下生徒大部分是崇经治事的全面人才,活跃于清末至民国初年江西教育界、政界。

表4-3　　经训书院皮锡瑞门下部分生徒著述

姓名	字号	籍贯	科名	学术成就	资料来源
夏敬观	剑丞	新建县	光绪二十年举人	著《郑康成诗谱平议》《汉学师承表》《春秋繁露考逸》《音学备考》《忍古楼诗集》,"同光体"赣派诗家	陈诒:《夏敬观年谱》
熊罗宿	浩基	丰城县	光绪二十三年举人	著《明堂图说》	《中国藏书家通典》
王益霖	春如	南昌县	光绪二十九年进士	《静观书屋经解》	王四同:《〈南州三王诗词集〉编后记》
李证刚	翊灼	临川县		《周易虞氏义笺订》《礼经之哲学研究》《易义概论》《春秋繁露注》《六书举例》	《临川李翊灼先生遗书备征录序》

---

① 周邦道:《近代教育先进传略初集》,台北:中国文化大学出版部1981年版,第153—154页。

② 《九江县人物·列传十九》,转引自吴宗慈总纂《江西通志稿》(第74册),民国二十九年至三十四年稿本,第37页。

续表

姓名	字号	籍贯	科名	学术成就	资料来源
宋名璋	莘莪	奉新县	光绪三十年进士	《公羊疏证》《天啸阁文集》《宿海楼杂俎》	魏元旷：《宋莘莪墓志铭》
胡思敬	漱唐	新昌县	光绪二十四年进士	著《问影楼舆地丛书》《问影楼丛刻初编》《豫章丛书》，"同光体"赣派诗家	刘廷琛：《胡公漱唐行状》
杨增荦	昀谷	新建县	光绪二十四年进士	著《杨昀谷遗诗》，"同光体"赣派诗家	《新建县文史资料》第2辑第86页
桂念祖	伯华	九江县	光绪十一年副举	精通佛学，著《净声诗选》，"同光体"赣派诗家	《江西通志稿》第74册第37页
贺赞元	尔翔	永新县	光绪二十年举人	经训书院"奇士"，不娴词赋	《清末民初中国官绅人名录》第362页
吴璆	康伯	新建县	光绪二十九年进士	《优钵罗室骈体文》《复堂诗集》，精通佛学	《江西省人物志》第312页

第二节 课作中的治学

课作是生徒学术生涯中观点的初次呈现，固然存在很多不成熟的地方。举凡著名书院出产的课艺集都是选取生徒的优秀作品刊刻，展现的是该书院在一定时期内所有生徒学术最高水平，其学术价值不容小觑。本节将以生徒唐文治课作为微观视角，讨论书院生徒治学能力成长过程中对"学"的价值选择。

一 生徒唐文治的治学历程

唐文治（1865—1954年），字颖侯，号蔚芝，又号茹经，于同治四年（1865年）出生于江苏太仓州镇洋县的一户世代业商家庭。太仓，是清代江苏省下辖的直隶州，下领镇洋、崇明、嘉定、宝山四县，州治镇洋。元、明及清朝前期，太仓都是漕运的门户，漕粮由此经运河北上，通达各地。太仓漕运、牙行经济十分发达，唐文治祖上即以经营牙行和承担漕运为营生，衣食无忧并有余富。不过从道光年间起，漕粮改由上海起运，多数以漕运、牙行为生的太仓人都转投他业，而唐家也由文治之父受祺这一辈开始，弃商投举，弃贾从文，走上了举业、治学之路。

唐受祺于咸丰九年（1859年）以第四名入太仓州学，补廪膳生。同治四年（1865年）获得恩贡身份，这也是其举业生涯所获得的最高科名。后来唐受祺参加过几次乡试，均以失败告终，于是便设馆授徒，改当塾师。由于收入微薄，唐家已有家徒四壁之态，再无往日漕商风光。唐文治从小就过着贫穷的生活，母亲胡氏甚至要亲自动手缝纫全家衣服，家计艰难，衣料难免不够，唐文治就常因着"补缀破裂，或结数处"的衣服被同伴取笑，但他不以此为意，对他取笑他的人说："余君子固穷，若辈则小人，穷斯滥矣"①，此中已见志节。唐受祺"教人以敦品立行为第一义，通经必以熟读经文为主"②，在当地颇有声望，其治学方法，也深深影响了其子唐文治。

同治九年（1870年），六岁的唐文治开蒙，拜外叔祖、诸生胡汝諴为师，先识字，后读《孝经》《论语》《孟子》。在接下来的十几年里，唐文治先后受业于姨丈姚蓂翘，外祖父胡汝直，进士、理学大师王祖畬等，读《诗经》《尚书》《周易》《礼记》《左传》等儒家经典，并学作制艺、试帖诗。在此期间，唐文治参加了童试及岁科二试，取录为州学生，并在光绪八年（1882年）第一次参加乡试时，中式第二十名，获举人身份。

在唐文治早年的肄业师中，对其日后学术生涯影响最大的是王祖畬。王祖畬，字岁三，太仓镇洋人，光绪九年进士。在唐文治负责纂修的太仓镇洋人物传《乙亥志稿》中，对乃师的学术取向有精当总结：

---

① 唐文治：《茹经先生自订年谱正续篇》，转引自沈云龙主编《近代中国史料丛刊三编》（第90册），台北：文海出版社1988年版，第2页。
② 唐文治、王慧言纂修：《乙亥志稿》卷2《人物一》，民国二十四年铅印本。

> （王祖畬）为诸生时，精研程朱之书，……为学严义利之辨，……说经贯通义理考据，祛末流直离琐碎之习，制艺规模先正大家，耻揣摩风气。……中年后亦矢力古文，以史汉韩欧为宗。……同光之时，艺林专务帖括，以涂泽生律为工，祖畬扫除之。①

由此可见，王祖畬的为学理路，和晚清汉宋学由"鼎峙"走向"合流"的趋势一致。早年专精宋学，中年后兼采汉学，于制艺之上亦有独到发明。唐文治十七岁时，经由姨丈黄公浚介绍，拜入王祖畬门下，"间三四日，前往听讲"，"读汪武曹《孟子大全》、陆清献《三鱼堂集》，并《唐宋文醇》，日夜淬厉于性理文学"②，首次接触到了制艺之外的学问门径。王祖畬虽研习程朱，却不抱守门户之见，闻唐文治将赴南菁书院肄业，鼓励其向黄以周学习，兼采汉宋："昔顾亭林先生有言，经学即理学，明理必在通经。彼强分门户者，皆鄙倍之徒也。吾闻南菁院长黄元同先生经学大师，子守吾理学之教，而更采黄先生之所长，博穷理尽性，他日自成一家斯可矣。"③ 受王祖畬影响，日后唐文治亦成为一名学贯汉宋的学者。

唐文治出生在业商世家，却因家道中落走上了弃商从举的道路，像当时中国千万传统知识人一样，自幼研习四书五经、儒家经典，十二岁"始学作制艺及试帖诗"，先后参加童试、乡试，于十八之幼龄获得举人身份。由于身处清代学术发达的东南地区，唐文治深受经学学风浸染，年十六"始学作古文"，年二十"始从事经学"，较早地接触了《公羊传》《谷梁传》《周礼》《仪礼》《尔雅》等经学经典，又幸得理学大师王祖畬的指点，有了理学、经学知识的基础积累。

根据《茹经先生自订年谱》（下称自订年谱）、《唐文治年谱》等史料记载，唐文治于光绪七年（1881年）秋参加由时任江苏学政黄体芳主持的科试，答题三问：其一，《大学》"其所厚者薄，而其所薄者厚，

---

① 唐文治、王慧言纂修：《乙亥志稿》卷2《人物一》，民国二十四年铅印本。
② 唐文治：《茹经先生自订年谱正续篇》，转引自沈云龙主编《近代中国史料丛刊三编》（第90册），台北：文海出版社1988年版，第6页。
③ 唐文治：《茹经先生自订年谱正续篇》，转引自沈云龙主编《近代中国史料丛刊三编》（第90册），台北：文海出版社1988年版，第11页。

未之有也";其二,策问"太仓形胜";其三,诗题"赋得一帘秋雨梦吴淞"得"吴"字。榜发,唐文治列一等十五名。

清制,学政到省,第一年为岁试,第二年为科试,凡府、州、县诸生皆需应考。"科考为送乡试之考试,不行黜陟,大率仅列三等。自乾隆二十三年以来,科试四书文一篇、策一道、五言八韵试帖诗一首、默经一段、默《圣谕广训》一二百字。"① 科试一般由学政命题,后两题是既定程式,学政于此没有发挥空间,前三题却可以在一定程度上体现学政用心和学术取向。

时任江苏学政黄体芳(1832—1899年),字漱兰,浙江瑞安人,学术取向上兼采汉宋,并主张通经致用,是一位"以督学江苏的学政生涯而著录于史"② 的学者型官员。《浙江通志》对于黄体芳视学江苏的政绩做了较高评价:"崇经术、擢幽隐……士趋实学,风尚一变。"光绪七年黄体芳任江苏学政,甫下车即颁布《黜华崇实以敦品学谕》,要求生员做到"深知大义,实力讲求",切不可"依附影响,弋取声华"。是年秋,循例行科试至太仓,所出三题,既符合清代科试试题命制要求,又结合太仓本地特点,其中亦体现黄体芳本人崇实务、实学的作风。唐文治便是在此次科试中得到黄体芳青睐,取得了一等十五名的成绩。

光绪九年(1883年),黄体芳为补救时艺之偏,效法诂经、学海之制,于江苏学政驻节地江阴创设南菁书院。同年六月,院舍落成,分经学、古学两门,"调取全省高材生94名为首届学生入院肄业,学生来自各县案首"③。南菁书院以经古训士,生徒皆是来自各县岁、科成绩名列前茅者的诸生,赵椿年的回忆也证实了这一点:

> 甲申科试,正场首列,覆试第二。发落之日,漱师招小圃及余

---

① 商衍鎏:《清代科举考试述录及有关著作》,百花文艺出版社2004年版,第29页。
② 尤育号:《学政与晚清教育、学风的变迁:以黄体芳为例》,《浙江学刊》2010年第5期。
③ 江苏南菁中学百年校庆筹备委员会:《江苏南菁中学百年校庆专刊(1882—1982)》,出版地点与时间不详,第75页。

二人至案前，勖勉有加，是年食廪饩，调赴南菁书院肄业。①

清代岁、科二试，大县取录十余名或二十名，唐文治光绪辛巳年的科试名次是一等十五，并不算前列，没有像赵椿年一样，获得学政直接"拔入"的机会，所以他应该是以本人投考参加甄别的方式入院的。

关于唐文治如何考取南菁学位，自订年谱有两条记载，其一，光绪十年（1884年）"学政浙江瑞安黄漱兰师在江阴设立南菁书院，以朴学提倡多士，毕君枕梅（名光祖）为余报名，寄卷应试"，其二，光绪十一年（1885年）春，唐文治偕光祖、张树冥诸友"同赴江阴南菁书院应试，取超等，住院肄业"②。根据《江苏书院志初稿》记载，南菁书院"每年正月由学政分经、古两场甄别录取"③，再结合生徒赵椿年的回忆可知，南菁书院取录生徒采用的是学政拔入和入学甄别试相结合的形式，即各县岁科试成绩前列者，如赵椿年，可直接调赴南菁，岁科试成绩一般者；如唐文治，则是先寄卷"初试"，后亲赴"复试"。与唐文治入院经历相似的还有陈横山，"以所著笔记求正元同先生（黄以周）"并"上书称弟子"，获黄以周大加赞赏，"遂至江阴应经古试，下笔如有神助，学使王益吾（王先谦）先生激赏之，檄住南菁书院"④。虽然唐文治是经过南菁书院甄别试而取录肄业的，但不可否认的是，光绪七年科试让其在学政黄体芳处留下了印象，在一定程度上助益其入选南菁。

从光绪十一年之后的四年里，唐文治除却会试赴考，其余时间基本都是在南菁书院度过的。唐文治成为南菁住院生后，面临的第一个问题是择师。南菁书院既是仿诂经、学海之制，掌其教者必应是海内大儒。

---

① 赵椿年：《覃覃斋师友小记》，转引自沈云龙主编《近代中国史料丛刊》（第600册），台北：文海出版社1973年版，第282页。

② 唐文治：《茹经先生自订年谱正续篇》，转引自沈云龙主编《近代中国史料丛刊三编》（第90册），台北：文海出版社1988年版，第10页。

③ 柳诒徵：《江苏书院志初稿》，转引自赵所生、薛正兴主编《中国历代书院志》（第1册），江苏教育出版社1995年版，第65页。

④ 柳诒徵：《江苏书院志初稿》，转引自赵所生、薛正兴主编《中国历代书院志》（第1册），江苏教育出版社1995年版，第69页。

首任掌教张文虎,到院不足半年,以足疾报归,继任掌教以学宗汉学,兼采宋学,守顾炎武"经学即理学"故训,尤精于《三礼》而闻名的浙江定海人黄以周。黄以周(1828—1899年),字元同,同治九年(1870年)举人,受聘南菁讲席前,一直担任训导、府学教授等基层教职。黄以周大概于光绪十年(1884年)春,应江苏学政黄体芳之邀,接棒张文虎出任南菁书院院长并主讲经学。在此后的十五年间,黄以周一直住院南菁,不兼课他院,直至逝世。《清儒学案》称其授业南菁,"以博文约礼,实事求是,道高而不立门户,……著录弟子千余人"①。另一位差不多同时期主讲南菁的大儒是江阴本地名士缪荃孙。光绪十四年(1888年),继任江苏学政王先谦考虑到黄以周"经术甚深,特不解词章"②,遂力邀丁忧在家的缪荃孙"主讲南菁书院,分经学词章,与定海黄元同先生分任之"③。缪氏治学擅长史学词章,与黄以周所讲汉宋之学略有分畛。自订年谱记载,唐文治取录南菁后,循例谒见掌教之一的黄以周,黄"谆谆然训以有用之学"。唐文治少时曾从学王祖畬,学向兼采汉宋,与黄以周一致,而黄以周听闻唐文善治宋儒之学,亦大喜,以"顾亭林先生有言,经学即理学,理学即经学,不可歧而为二,圣门之教,先博后约"等语勉励之。唐文治弃缪荃孙而从黄以周,"受业于院长黄元同先生之门"④,并在之后四年南菁岁月及以后的学术生涯中,时时以黄以周教诲叮嘱自勉。

在这以后,黄以周便以"训古义理合一之旨"教授之,将南宋理学家、朱门高弟陈淳所著《北溪字义》,以及黄以周本人所著《经义通故》等理学、经学书籍借给唐文治研读,引领唐文治"兼采汉宋"。由于唐文治受业南菁前,未曾深入学习小学,而小学是通向经学的基础,故而黄以周对唐文治小学功夫着紧训练。据唐文治《南菁书院日记》

---

① 徐世昌纂、周骏富编:《清儒学案小传》卷6《儆居学案上》,台北:明文书局1985年版,第146页。
② 缪荃孙著,顾廷龙校阅:《艺风堂友朋书札》,上海古籍出版社1980年版,第27页。
③ 夏孙桐:《缪艺风先生行状》,闵尔昌:《碑传集补》卷9,转引自沈云龙《近代中国史料丛刊》(第992册),台北:文海出版社1974年版,第589页。
④ 唐文治:《茹经先生自订年谱正续篇》,转引自沈云龙主编《近代中国史料丛刊三编》(第90册),台北:文海出版社1988年版,第10页。

载，黄以周亲授字母，并喉音、唇音、牙音、齿音、舌腹音、舌头音之分，而唐文治自己也是非常刻苦，时常灯下阅《音韵阐微》《说文双声叠韵》等书，从开始阅段玉裁《音韵表》"昏昏欲睡""不得要领"，到后来"私心窃喜悟得诸韵""于经学、小学亦粗得其门径矣"[1]，学术日益精进。

光绪十二年（1886年），唐文治二赴会试下第，奉黄以周函招，仍赴南菁肄业直至光绪十四年。此期间，唐文治在黄以周指导下，读《易》《庄子》，并作《易丰陪主夷主义》《易屯二爻辞义》《易讼大象传义》以及《读焦礼堂孟子正义》《礼酳爵奠而不授辨》《汉书艺文志尔雅属孝经说》等篇，这些文章涵盖他对《易》、三《礼》的理解。《易丰陪主夷主义》等三篇是唐文治对《周易》卦义阐释的文章。唐文治由宋学入手，兼采汉学，以补清儒治易"未能有贯通汉、宋自成一家"之失。《读焦礼堂孟子正义》是唐文治读焦循《孟子正义》一书的后感，文中唐文治对焦氏不采宋儒之说颇为反感，此文显示唐氏一向尊崇程朱的学术取向。《礼酳爵奠而不授辨》是研究三《礼》内容的文章，此中表现唐氏治礼注重经旨大义的阐发和"礼"的实用性，而轻于细碎考据训诂。《汉书艺文志尔雅属孝经说》中，唐文治借《尔雅》属《孝经》之说，隐晦表达对乾嘉训诂考据的不满，以及自己对经世致用的崇尚。

唐文治肄业南菁书院四年，除去入京应试及年节，基本常住院中，结交了不少同学，引为知己好友，如自订年谱中所提光绪十一所交曹元弼、章际治、赵椿年、刘翰，十二年所交陈庆年、孙同康、丁国钧、曹元忠、卢求古、姚彭年，十三年所交邵曾鉴、庄蕴宽、赵世修、殷松年、刘宗向等。唐文治在南菁的岁月与这些"一时俊彦"互相砥砺，共同进步，他们中的很多人成为唐文治学术生涯上的良师益友。

---

[1] 唐文治：《南菁书院日记十六则》，载王桐荪、胡邦彦等选注《唐文治文选》，上海交通大学出版社2005年版，第3—5页。

二 《南菁讲舍文集》中的唐文治课作

光绪十五年（1889 年），主讲南菁书院六年的黄以周，与同舍主讲缪荃孙"相约选刻文集"，并商定选刻标准："凡文之不关经传子史者，不关释道人心者，好以新奇之说、苛刻之见自炫，而有乖经史本文事实者"①，皆不入选。黄以周拣选"深训诂、精考据、明义理"之作若干篇，缪荃孙拣选诗赋杂作若干篇，汇刻成课作总计 134 篇、六卷本的《南菁讲舍文集》②。《南菁讲舍文集》收录生徒唐文治课作 8 篇，分别为《读汤誓》《乐无大夫士制说》《月令习五戎解》《读焦氏孟子正义》《读陈同甫与朱子论汉唐书上》《读陈同甫与朱子论汉唐书下》《读陆象山先立乎其大说》和《汲黯论》，皆为经史考据文章。③

《读汤誓》题出《尚书·汤誓》，是商汤征讨夏桀之前发出的动员令。《南菁讲舍文集》中同作此题的还有章际治。唐文治针对先儒认为商汤征夏起因"百姓怨汤，不恤稼事，故惮征恶役"的言说，开篇言明，"先儒解之者均失其意也"，接着以考据功夫论证，指出汤征讨桀是因为"闻众言然后决之夏氏之有罪，……故不敢不正之"，是商汤尊重民意的表现，此篇是唐文治为数不多对《尚书》的论说，尽显唐氏考据之功。

《乐无大夫士制说》题出《春秋说题辞》中对《礼记·曲礼下第二》"君无故，玉不去身；大夫无故不彻县，士无故不彻琴瑟"的注疏"乐无大夫士制说"。唐文治开篇从"大夫士"概念入手，提出《春秋说题辞》中大夫士乃指"诸侯之大夫士"，与《周礼·小胥》《贾子新

---

① 黄以周：《南菁书院文集序》，转引自赵所生、薛正兴主编《中国历代书院志》（第 11 册），江苏教育出版社 1995 年版，第 293 页。

② 关于《南菁讲舍文集》卷次版本的问题，赵所生、薛正兴主编《中国历代书院志》中收录《南菁讲舍文集》含文、集两部分，各为六卷，前者刻于光绪十五年，后者刻于光绪二十年。鲁小俊《清代书院课艺总集叙录》、徐雁平《清代东南书院课艺提要》皆将光绪十五年、二十年的课作集分别记作《南菁讲舍文集》《南菁文钞二集》，其中《文集》共六卷 134 篇，卷一至卷五经解、考证、论说、杂文，卷六诗赋、算学。《二集》共六卷 138 篇，卷一至卷五经史考论，卷六赋、铭、箴、赞。

③ 八篇课作引自赵所生、薛正兴主编《中国历代书院志》（第 11 册），江苏教育出版社 1995 年版，第 300—310、312—313、330—331、365—367、371—372 页。

书》中"天子之大夫士"有区别，进而通过详细考证，得出"岂非以大夫士本无可用之乐乎"的结论。《月令习五戎解》题出《礼记·月令》"季秋之月，天子乃教于田猎，议习五戎"，郑玄注"五戎"为"五兵、弓矢、殳、矛、戈、戟"。唐文治认为"五戎"应按郑玄在《周礼·春官·车仆》注作"五兵车"之解，而后世经学家常用郑玄注法是因为"不知月令注语当是郑君未定之说，故特于周官注正之"。由以上两篇课作可以看出，唐文治治《礼》深得乃师黄以周三礼之学精髓。黄以周"七岁读《礼记》，旋受《士礼》《周官》诸经，……体郑君、朱子之训，博文约礼，实事求是"①，虽重郑注，却不为其所囿，只讲实事求是，郑注有误也照样批驳。唐文治这两篇课作，无疑是乃师"实事就是"治学精神的延续。

《读焦氏孟子正义》前文已述。《读陈同甫与朱子论汉唐书上》《读陈同甫与朱子论汉唐书下》两篇，是唐文治针对思想史上著名的朱熹与陈亮"三代汉唐"之辩，提出自己的观点和看法。在这两篇课作中，唐文治旗帜鲜明地指出"陈同甫不得其意，于是晓晓与朱子辩论"，即陈亮曲解朱熹与之辩论本意"非谓汉唐之果一无可采也"，而是希望陈亮检查其"义利双行"之说的漏洞，更正"王道"与"霸道"的关系。同时，唐文治也表达了自己对"王道"与"霸道"之治的看法，既承认朱熹所认为的实行王道的政治主张，也认为王道与霸道并不完全对立，而是相辅相成的。《读陆象山先立乎其大说》是针对陆九渊学说中"先立乎其大"与孟子所说"先立乎其大者，则其小者不能夺也"的异同，包括陆九渊在内的先儒认为，陆氏"先立乎其大"源自孟子之说，唐文治对此提出不同见解，认为二者最大的不同在于对"思"的理解，孟子之"思"是无欲之思，陆子之"思"实际上是"绝其思"，"于孟子'思'则得之之旨实背"。当然，此篇课作中，唐文治囿于程朱家法，未免过于计较孟、陆之间的细微差别，中年以后的唐文治，理学研究日益精进，对陆学重新审视，最终承认陆子之说源自孟子，此是后话。

---

① 唐文治：《黄元同先生学案·儆季杂著》，《茹经堂文集》卷2，上海书店民国丛书影印本。

《汲黯论》是一篇史论课作。唐文治针对世人认为的汉代名臣汲黯"生平行诣俱得力于黄老"的看法提出不同意见，唐氏开篇即反驳王夫之所论汲黯以黄老学者身份，"毁先王之懿典"的说法，认为汲黯"于黄老之学虽有得焉，而未精者也"，唐文治从汲黯的行事作风入手，指出"黯乃不一见用，即偏心怨望"，是"不深于黄老"者的表现，接着唐文治分析西汉自张良、曹参以后，真正倡"黄老之术"者鲜而有之，汲黯只不过在"治官理民"时奉行"黄老"，并不是真正的黄老之士。唐文治本不善治史学，其南菁同窗赵椿年评价其"通宋学，讲经济，治古文，坐言起行，不负所学"，唯独未提唐氏史学造诣，观《汲黯论》通篇，带有明显的经学思维方式，史论之作本应用史实来辩证观点，显然唐文治还未能把握史论的奥义，不过其对王夫之因恶黄老而诋汲黯的做法，进行了斧正，值得肯定。

综览唐文治现存的八篇南菁课作，我们可以发现个中鲜明的治学风格。唐文治虽然受过考据训诂的学术训练，但治经方法上强调对要旨义理的阐发，对乾嘉考据似乎并不热衷，而是受兼采汉宋的影响，更倾向于经世致用。研究内容上对《易》和三《礼》多有发明，于古学诗赋上则稍显逊色。离开南菁书院以后，唐文治坚持治学，其治学理路仍沿袭南菁时的传统，终生以理学为宗，兼容并包，中晚年的唐文治，受西学思潮影响，治学更注重经世致用，不以门户为见，成为著作等身的国学家。

三 唐文治的科场仕途之路

光绪十八年（1892年）中壬辰科，唐文治取得进士科名，自此结束他的举业生涯。总结唐文治的科场之路，可以用"前期平顺，后期坎坷"来形容。虽然唐文治取得科举考试最高科名——进士时年仅28岁，他却有五上春宫的经历。

唐文治在入读南菁书院之前，就已经通过乡试，获得举人身份。其科场之路可以追溯到光绪四年（1878年），当时唐文治年仅14岁，在跟随外叔祖父、父亲等人习得了一些初步的制艺知识后，于是年秋天，"始应童子试"，考试结果是"不售"。唐文治此次参加的"童子试"应指清代童试三级次第考试中的第一级镇洋县县试。接着，唐文治又参加了光绪五年（1879年）的太仓直隶州州试。"首场列七十四名，初复十九名，再复十三名，三复十一名。"自订年谱记载，光绪六年（1880年）春，"学院夏公子松岁试，取入州学第六名"，此处"岁试"当指与本年岁试（光绪六年）相连的童试中的院试，因都由学政主持且时间相近，被笼统称为"岁试"。此次院试后，唐文治顺利通过了童试三级考试，获得生员身份，成为州学生。光绪八年（1882年）壬午科江南乡试开考，是年七月，唐文治随父同赴省城金陵应考。金陵夏季酷热，唐文治开考前"中热患暑"，入场时"人极拥挤，汗出而愈"。此番乡试，唐文治在众多江南才子中脱颖而出，中式第二十名举人，年仅18岁。他的乡试试卷，还得到了时任两江总督左宗棠的赞赏，称"此人三场字迹，一笔不苟，必有后福"。可以说，唐文治的举业之路，在童试、乡试阶段，走的是比较平稳顺利的。

在入读南菁书院前，唐文治曾有一次失败的会试经历。光绪九年（1883年）十九岁的唐文治第一次入都应试，下第而归。此次失败，并没有给唐文治带来太大的影响。在这之后，他顺利进入南菁书院肄业。在南菁期间，他参加了光绪十二年（1886年）丙戌科会试，结果仍是"下第归"，后仍赴南菁肄业。三年后，己丑科开考，这已经是唐文治三上春宫。行前唐父曾嘱咐："汝此次会试，倘再不售，明年尚有恩科会试，可暂留京处馆，以免跋涉。"榜发，唐文治挑取誊录，房师张预称其"淹贯诸子百家，皆腾跃出其腕下，可称雄博"，此评价甚高，可由于补荐太迟，额满见遗，报罢不售。这之后的一年，唐文治滞留京津两地，处馆为生，等候来年恩科。这段时间里，下第的懊恼加上思乡的情愫，让唐文治情绪颇为低落，自订年谱中有"炎天奔走，途遇大雨，极为辛苦"，"梦吾母肝风病甚剧"等懊丧之语。① 光绪十六年（1890年），庚寅恩科，唐文治又一次荐而不售，之后仍回太仓处馆。光绪十八年（1892年），有过四次会试失败经历的唐文治终于迎来举业生涯的巅峰——中式第三十一名贡士，殿试二甲第一百五十名，朝考一等第六十五名。由此踏入仕途。

---

① 唐文治：《茹经先生自订年谱正续篇》，转引自沈云龙主编《近代中国史料丛刊三编》（第90册），台北：文海出版社1988年版，第15页。

唐文治宦场之路的第一步是担任户部江西司主事。按惯例，二甲一等者均可入翰林，唐文治对签分户部的安排颇感意外，颇觉惆怅，幸得恩师王祖畬安慰部曹有结款津贴，比之翰林更可补唐文治家境清寒。后唐文治先后任户部云南司主稿、总理衙门章京、外务部庶务主稿、商部左丞、农工商部署理尚书，可谓仕途平稳。这里尤其值得一提的是唐文治在商部左丞任上的政绩。光绪二十九年（1903年），清政府成立商部，是年八月中旬，唐文治被简为左丞。商部为新设立部门，诸务草创，忙碌殊甚，唐文治上任后竭心尽力，曾上《请设立商会折》，倡议于北京、上海、汉口等处次第设立总商会，以"通商情、保商利、有联络而无倾轧，有信义而无诈虞"①，获得清廷首肯推行。之后，唐文治亲自参与、筹划在北京设立了中国第一个商会，并在成立大会发表演讲。在这之后，各地商会纷纷创立。唐文治为推动中国商会的发展作出了一定的贡献。光绪三十二年（1907年），唐文治丁母忧回籍，结束宦场生涯，投身教育事业，担任上海高等实业学堂（上海交通大学）监督（校长），创办无锡国学专修学校，奉献教育前后40载，作育人才甚众，成为中国近代著名的教育家。

唐文治出身一个弃商投举之家，借由功名获得主流价值认可是唐氏子弟举业生涯的终极追求，也是唐文治中晚年时期能够宦场留名、教坛有声的基础。即便唐文治肄业南菁书院，饱受经古氛围习染，于理学、经学方面多有造诣，但没有因此阻断对科举功名的追求，同时也因受学南菁，拓宽了学术视野。少年时举业之路顺利异常，不到二十岁即获青衿的唐文治，怎么也想不到之后的会试之路坎坷异常，直至最终的金榜题名，已过尽十年有余。虽然从唐文治现存文稿中，并没有发现过多的对这十余年举业生涯的总结、感慨，但是可以想见，经历四次会试失败仍然坚韧不拔的背后，是当时传统知识人对科举制度共同的信念和信仰，这种信仰并不因生徒本人治学有声而有过多的动摇。

---

① 苏州大学校史编写办公室：《唐文治年谱》，出版社不详1984年版，第41页。

第三节　社会活动中的治学

　　通过探究书院生徒在社会活动中交往方式、交往对象、交往行为等要素，可以得到他们对仕、学两种价值观念更深入的看法。第三章第三节我们以莲池书院生徒群体为考察对象，通过对莲池生徒社会活动图景的描绘，旨在揭示"仕"的价值指向对生徒社会活动的影响。本节我们以江宁诸书院生徒为考察对象，讨论以"学"为基础的社会活动，通过燕集、唱和形式，将当时江宁诸书院、刻书局、学术人物、名胜景点等串起，呈现出气象万千的金陵学术圈。

一　清末江宁府诸书院

　　清代江宁府是统辖江苏、安徽、江西三省的两江总督驻跸之地，与江苏巡抚驻节地苏州府同有"省会"之尊。江宁府古称金陵，下辖上元、江宁、溧水、句容、溧阳、江浦、六合、高淳等县，治所在江宁县和上元县。清代江宁府"人物盛丽，魁奇辈出"，被认为是名卿硕儒聚集的渊薮之区。柳诒徵尝言："江宁书院，特盛于他省。"[①] 所谓"特盛"之处，主要有三。

　　其一，江宁府诸书院之首钟山书院自雍正时期开创，大儒过化，弦歌相继，文脉未断。"钟山山长之著闻者，有杨绳武、夏之蓉、钱大昕、卢文弨、姚鼐、朱珔、程恩泽、胡培翚、任泰诸人。"[②] 尤其值得一提的是，乾嘉年间，卢文弨、姚鼐连主钟山讲席，"文弨精校勘，再主讲席，与大昕相先后"，"鼐尤老寿，主讲钟山最久，以古文义法教门弟子，门弟子管同、梅曾亮等传其文笔，天下号为桐城派"[③]。卢、姚二

---

①　柳诒徵：《江苏书院志初稿》，转引自赵所生、薛正兴主编《中国历代书院志》（第1册），江苏教育出版社1996年版，第44页。

②　柳诒徵：《江苏书院志初稿》，转引自赵所生、薛正兴主编《中国历代书院志》（第1册），江苏教育出版社1996年版，第44页。

③　柳诒徵：《江苏书院志初稿》，转引自赵所生、薛正兴主编《中国历代书院志》（第1册），江苏教育出版社1996年版，第46页。

人上承钱大昕，前后接踵，影响钟山书院二三十载，将桐城文脉带至金陵。虽然经历太平天国战争，江宁书院教育几乎废弛，然"大乱之后，流风余韵，犹在人间"①。同治初年太平天国初平，风骚继起，以姚鼐后学自许的曾国藩于"尊经、钟山两开讲堂"，"又复启惜阴精舍，专试经古"②，自此，"都人士稍稍来集"，"金陵文物称重东南"③。

其二，清末以钟山书院为核心，江宁府其他书院参与构建的"江宁书院网络"业已形成。根据书院的等级及办学取向，大致可以将清末江宁府的书院分为三个梯队：第一梯队有钟山、尊经、惜阴三书院，钟山、惜阴乃总督创建，尊经肇始于布政使，三所均为省级书院。第二梯队凤池、奎光书院，为府级书院，"专收童生，蝉嫣及于同光"④。第三梯队有文正、高平、六峰、学山、珠江诸书院，坐落于府辖各县，为县级书院。这些书院当中往来密切的，当为同坐落于江宁府城内的钟山、尊经、惜阴、凤池、奎光，以及与曾国藩颇有渊源的文正等六所书院。六书院师出一脉、经费共享、分工办学，师生关系密切，彼此唱和往来，结成清末学坛耀眼的"江宁书院网络"。对此，光绪年间曾肄业江宁多所书院的夏仁虎从生徒视角有过这样的描述：

> 金陵文化之盛，盖由书院多也。钟山、尊经两院试文艺，惜阴试经古词章，文正兼试文艺、古学，凤池、奎光试童子。又率为官师，敏捷者入辄兼数卷，故士人终月光阴，大半消磨于文战。试高等者优给膏奖，官师隆以礼，青年俊秀，尤各争自濯磨。⑤

具体而言，"江宁书院网络"的建立离不开曾国藩的助推。同治四

---

① 张佩纶：《南冈草堂文存序》，《涧于集》卷《文上》，民国十五年涧于草堂刻本。
② 曾国藩：《复周学濬》（同治五年五月十三日），《曾国藩全集》（第29册），岳麓书社2011年版，第232页。
③ 薛时雨：《尊经书院课艺序》，《尊经书院课艺》卷首，同治九年两江节署刊本，转引自鲁小俊《清代书院课艺总集叙录》，武汉大学出版社2015年版，第367页。
④ 柳诒徵：《江苏书院志初稿》，转引自赵所生、薛正兴主编《中国历代书院志》（第1册），江苏教育出版社1996年版，第42页。
⑤ 夏仁虎：《岁华忆语》，南京出版社2006年版，第75页。

年（1865年），李联琇应曾国藩之邀，"主钟山、惜阴两讲席，宾礼殷挚。维乱后簦笈请业者投卷踔千百，公评陟自昧爽至丙夜"①。李联琇（1820—1878年），字秀莹，号小湖，道光二十五年进士，历任福建学政、江苏学政，"其学精于治经，而诗文亦戛戛独造，无一语落人窠臼"②。李氏为文遵桐城家法，学问备受曾国藩赞许推崇。自同治四年始，任钟山书院山长凡十四年，并兼课惜阴。也是在同治四年，曾国藩举荐了周学濬、倪文蔚分别主讲尊经、凤池书院。③周、倪为曾氏入幕之宾，二人与李联琇因曾国藩缘故颇为熟稔。后曾国藩改督直隶，新任两江总督马新贻聘请与其在浙江巡抚任上熟识的薛时雨来江宁任教。薛时雨此前是杭州崇文书院山长，因马新贻之故来到江宁，与曾国藩"麾下"书院主讲们相处融洽。同治九年（1870年）正月，刚来江宁没多久的薛时雨，即参加了当地飞霞阁雅聚，聚会成员如张文虎、周学濬、孙衣言、吴汝纶等皆是当年曾国藩主持的金陵书局之同事。同年十一月薛时雨与李联琇一起拜访了回任两江的曾国藩。隔年，曾国藩以其子曾纪泽拜薛时雨门下附课。据《曾国藩日记》记载，仅同治十年曾国藩招李联琇、薛时雨、张裕钊三书院山长燕游集会、校阅阅试卷就有四次。此后李、薛二人分主钟山、尊经，并一同校阅惜阴课卷，这种联系一直持续到光绪初年。

由此，同治年间，李联琇、周学濬、倪文蔚、梅启照、张裕钊、薛时雨等或出自曾国藩幕府、门下，或与曾氏交谊匪浅的名士组成了"江宁书院讲师团"。他们以各自比较稳定的掌教书院为轴心，适度拓展范围，互掌教席，互批课卷。光绪年间，随着曾国藩离任两江和逝世，以及李鸿章、张之洞等登上两江政治舞台，由钟山、尊经等书院成长起来的生徒诸如杨长年、卢崟、秦际唐、张謇等继任各书院山长，形成了第二代"江宁书院讲师团"，他们往来虽不似同治年间频繁，然仍以彼此间盘根错节，师师生生的关系，维系着"江宁书院网络"。

其三，值得注意的是，清末"江宁书院网络"与"金陵学术圈"

---

① 汪士铎：《大理寺卿李公墓志铭》，《汪梅村先生集》卷11，清光绪七年刻本。
② 徐世昌：《晚晴簃诗汇》卷147，中华书局1990年版，第6379页。
③ 徐雁平：《清代东南书院与学术及文学》，安徽教育出版社2007年版，第274页。

之间的关系。由于太平天国政权治下 15 年江宁文物损坏殆尽等原因，清末金陵学术界并没有取得如同省扬州学派、常州学派般耀眼夺目的成就。同治初年，战后的江宁百废待兴，地方文化生态"脆弱而敏感"①。曾国藩携"理学经世"到来，欲拯救金陵颓败学术，"曾公既克复金陵，立书院以养寒士，立难民局以招流亡，立忠义局以居德行文学之士，立书局校刊四书十三经五史以聘博雅之士，故江浙被难者无不得所依归"②。此中至少显示两点信息：第一，同治初年，江宁聚集了一批新的人文群体，他们中有金陵本土人士，也有追随曾国藩而来的安徽、浙江士人。第二，曾国藩治下三类学术机构分工明确，书院养寒士、忠义人员举荐文学之士、书局聘博雅之士。曾国藩此举，重建战后江宁文化秩序用意明显，更使江宁乃至江浙一带学术人物有机会聚集一地，传衍文脉。可以说，曾国藩赋予了同治年间金陵学术圈新的生命力。

通过徐雁平《同光年间金陵文人燕游考：以书院、书局为中心》的考察，我们似可以发现当时"金陵学术圈"中的几个核心人物：首先是江宁诸书院山长李联琇、薛时雨、张裕钊，以及光绪时期加入的缪荃孙，并书院高足冯煦、秦际唐、陈作霖、刘寿曾、唐仁寿等；其次应该是金陵书局的僚属如早期的周学濬、汪士铎以及光绪时期仍在局中的张文虎、洪汝奎等。这也符合曾国藩当初的构想，即由江宁诸书院教师与生徒、忠义局人员及金陵书局的僚属共同构成的新的"金陵学术圈"。这三类人员群体中，书院师生与金陵书局僚属由于从事的是学术工作，彼此间人员走动往来更为密切：如金陵书局中的张文虎，与各书院山长时常饮宴唱和；同治四年至七年间，周学濬一方面主讲尊经书院，兼课惜阴；另一方面任金陵书局提调，董理其事③。仪征名士刘毓崧，为曾国藩同治三年所聘，入金陵书局从事校书，由此与钟山山长李联琇过从甚密，同治四年，刘毓崧之子寿曾开始肄业钟山书院，两年

---

① 胡萧白认为，曾国藩"进驻"莫愁湖事件便是晚清南京地区"脆弱而敏感的地方文化生态的集中体现"。参见胡萧白《文化符号与晚清南京的地域认同》，《江苏社会科学》2017 年 4 月。

② 方宗诚：《柏堂师友言行记》卷 3，转引自沈云龙主编《近代中国史料丛刊》（第 216 册），台北：文海出版社 1974 年版，第 71 页。

③ 同治《上江两县志》卷 12《艺文上》，清同治十三年刻本。

后，刘寿曾接替身故的父亲，进入金陵书局工作。

或许从当时金陵书局校勘的书目中，也大致能看出"金陵学术圈"的学术风向。根据同治《上江两县志》、光绪《续纂江宁府志》等史料载，同治年间，金陵书局所校勘付印的书籍中，既有像《四书集注》《史记》《仪礼》《穀梁》这样的经典经籍，也有在清前期曾被列为禁书的《船山遗书》。《船山遗书》作者王夫之是曾国藩同乡先哲，其"刚直之性"及救世价值观，深得曾国藩所推崇。此外，还有《几何原本》《则古昔斋算学》这样的近代科学著作。虽不能说清末"金陵学术圈"风气完全由曾国藩引领，但曾氏对金陵学术的影响深甚是不争的事实。可以说，以曾国藩为纽带，清末"江宁书院网络"与"金陵学术圈"存在某种程度的叠合，此结论亦可由表4-4得出。

表4-4　　　　　　　清末江宁府五书院部分山长任职情况①

书院	山长	任职时间	缘何任职	交游网络	史料来源
钟山书院	李联琇	同治四年至光绪四年	曾国藩邀	与曾国藩交善	《续纂江宁府志》
	林寿图	光绪五年至七年	沈葆桢邀	与曾国藩在北京相识，与孙衣言交善，乃沈葆桢同乡	谢章铤《赏四品顶戴团练大臣前陕西山西布政使林公墓志铭》
	孙锵鸣	光绪十二年至十五年	曾国荃邀	其兄孙衣言与曾国藩交善	胡珠生《孙锵鸣年谱》
	梁鼎芬	光绪二十年至二十一年	张之洞聘	与南京多位名士交好	梁鼎芬《钟山书院乙未课艺》序
	缪荃孙	光绪二十一年至二十七年	张之洞聘	与陈作霖、顾云、陈三立交好	夏孙桐《缪艺风先生行状》

---

① 惜阴书院不专设山长，向由钟山、尊经两书院山长分校其卷。自同治初年以来，除周仪炜、叶绍本外，所有惜阴山长皆来自钟山、尊经，故表中不单独列出惜阴山长。

续表

书院	山长	任职时间	缘何任职	交游网络	史料来源
尊经书院	周学濬	同治四年至七年	曾国藩荐	曾国藩幕友	周学濬《缦云集》
	薛时雨	同治八年至光绪九年	马新贻聘	与马新贻旧识	顾云《桑根先生行状》
	卢崟	光绪九年至十五年	曾国荃聘	李联琇、薛时雨之徒，肄业尊经	卢崟《尊经书院课艺七刻》序
凤池书院	倪文蔚	同治四年至九年	曾国藩荐	曾国藩幕友	《张文虎日记》
	张裕钊	同治十年至光绪六年	曾国藩召	曾国藩门生	《张裕钊年谱长编》
	杨长年	约光绪七年至十年间	左宗棠聘	李联琇之徒，肄业钟山	《敕授文林郎国子监典籍武进县学教谕先考朴庵府君行略》
奎光书院	秦际唐	约光绪十二年至十七年	孙玉廷延主	李联琇、薛时雨之徒，肄业尊经	秦际唐《奎光书院赋钞》序
	陈作霖	光绪十九年至二十二年		李联琇、周学濬、薛时雨之徒，肄业钟山、惜阴、尊经	张仲锐《陈可园先生年谱》
文正书院	黄体芳	约光绪二十一至二十二年	或与张之洞有关	孙衣言之徒	俞天舒《黄体芳集》
	张謇	光绪二十二年至二十七年	张之洞聘	李联琇、薛时雨之徒，肄业钟山、尊经	《张謇年谱》

二 金陵学术圈：以"学"为基础的构建

金陵（南京）在中国古代文学史上具有重要地位。清代金陵学人尤以诗歌、词赋创作耀眼于世。论及以"学"为基础的金陵学术圈的构建,不可回避的场域是江宁府惜阴书院。

光绪后期,惜阴书院山长、余杭人褚成博有这样两段言说:

> 昔陶文毅都两江,创设惜阴书院,遴钟山、尊经之高材生肄业其中,课以经史,兼及词赋。……当道光中叶,承平日久,弦诵之士,第雍容揄扬,润色鸿业,已足掇高科,享盛名。故文毅公创设始意,虽以讲习经史为主,而主斯席者,率偏重词赋。

> 乱后书院既复,课程一仍其旧。词翰之美,趋越一时,东西两斋之刻,掞藻摛华,称极盛矣。……岁戊戌,不佞来主斯席,……窃维人才之出,必原经史,……不得不稍易同光以来之故辙,……庚辛以后,并赋裁之。①

从褚成博之言至少可以得到两点信息:其一,自道光以来至光绪初年,由于历任山长偏重之故,惜阴书院尤重词赋,即使历经战乱,此风亦未曾中断;其二,光绪二十四年(1898年)以来,由于"海寓多故",鉴于"培植人材"的需要,惜阴书院渐渐撤裁同光以来重词赋之故辙,至光绪二十六年,惜阴书院昔日"升平歌咏之声"终于被"慷慨忧时之作"取代。那么这便可以理解,同治朝及光绪前期的惜阴书院与金陵诗词界有着怎样一种密切的关系。历任惜阴山长李联琇、孙锵鸣、薛时雨、江璧、卢崟等,皆重视词赋,认为词赋是经史之学的基础。正如光绪初年担任山长的孙锵鸣所言,"诗赋杂体文字","所以为文之本"②。惜阴历代山长皆希望诸生既能"为沈博绝丽之文",又能"华实兼赅,体用兼备","以鸣国家之盛者"③。现存的《惜阴书院东斋课艺》(光绪四年刊)、《惜阴书院西斋课艺》(光绪四年刊)被认为

---

① 褚成博:《惜阴书院课艺序》,转引自鲁小俊《清代书院课艺总集叙录》,武汉大学出版社2015年版,第364页。
② 孙锵鸣:《惜阴书院课艺序》,孙锵鸣撰,胡珠生编注:《孙锵鸣集》,上海社会科学院出版社2003年版,第32页。
③ 孙锵鸣:《惜阴书院课艺序》,孙锵鸣撰,胡珠生编注:《孙锵鸣集》,上海社会科学院出版社2003年版,第31页。

是惜阴书院诗词教学的成果汇编①，其中收录的篇什较多的生徒如刘寿曾（两集共 152 篇）、秦际唐（共 81 篇）、陈作霖（共 47 篇）、朱绍颐（共 42 篇）、冯煦（共 47 篇）、姚兆颐（共 45 篇），此外，还有唐仁寿、刘儒霖、邓嘉辑、何延庆、蒋师辙、汪宗沂等生徒 5 篇至 30 篇不等。可以说，同治朝及光绪前期的惜阴书院，广泛聚集了金陵一地的诗词翘楚。

根据惜阴书院东、西两斋课艺的刊刻时间，可以推测以上生徒肄业惜阴的时间不会晚于光绪四年，也就是说，同治五年至光绪四年，是这批生徒在惜阴书院的成长时期，他们在考课、雅集等活动中，得到了诗词赋作的学术训练。及至光绪中期，他们中的有些人已经离开书院，成长为金陵诗坛的风流雅士。光绪十六年，翁长森（铁梅）将七位江宁著名诗人（秦际唐、陈作霖、邓嘉辑、蒋师辙、何延庆、朱绍颐、顾云②）的诗作辑为十四卷《石城七子诗钞》，邓嘉辑为之作序："曾文正戡乱石城，开馆冶山，……于时东南坛席称为极盛，而七子尤时辈所推挹云"③，"石城七子"是以得名。区别于嘉道以来金陵诗坛擅长金石考据、吊古伤今诗风的"白门四隽"——金和、蔡琳、寿昌、孙文川的诗歌创作风格，"石城七子"接引宋诗派余韵，以经世致用的思潮注入诗作，更倾向于感时抚事的诗史创作风格，将更多的关注投入金陵民生、山川舆地甚至是新学西学之间，也正是这种社会关怀，使得以"七子"为中心，众多惜阴、钟山生徒构成的清末金陵文士交游图景更为丰富壮阔。

---

① 《惜阴书院东斋课艺》（刻本）八册八卷，收录 55 位生徒赋、骚、乐府、五律、七律、七绝、试律等各种体裁诗赋作品 200 余篇，温州市图书馆藏；《惜阴书院西斋课艺》（刻本）两册八卷，收录各种体裁诗赋 300 余篇，南京图书馆藏。

② 顾云未有课作入选惜阴书院东、西斋课艺，但根据顾云《盋山志例言》载："桑根先生（薛时雨）既加裁正，同门秦伯虞际唐、邓熙止嘉辑、梦华、剑侯、雨生暨楚宝，亦皆与参订"，再有冯煦《盋山志后序》中称："岁在著雍（同治八年），仆来江宁，全椒薛先生馆之惜阴书院。其明年，子鹏（顾云）亦至书院。"可知，顾云也是惜阴书院生徒，与秦际唐、冯煦等人同时肄业，见顾云撰，张增泰点校《盋山志》，南京出版社 2009 年版，第 4、115 页。

③ 邓嘉辑：《石城七子诗钞序》，载翁长森编《石城七子诗钞》，清光绪十四年江宁翁氏刊本。

表4-5 清末江宁诸书院部分生徒兼课、交游情况

肄业时间	肄业书院	生徒姓名	兼课其他书院	交游	史料来源
同治四年至十年	尊经书院	卢崟	惜阴	陈作霖为其作《卢编修传》	《惜阴书院东斋课艺》
同治四年至光绪十五年		秦际唐	惜阴、钟山	与陈作霖、邓嘉辑、顾云、朱绍颐等人并称"石城七子",陈作霖为其作《秦伯虞司马诔》	《秦淮人物志》
同治四年至光绪九年		姚兆颐	惜阴	陈作霖为其作《姚友梅孝廉传》	《惜阴书院东斋课艺》
同治四年至光绪四年		朱绍颐	惜阴	陈作霖为其作《朱子期孝廉传》	《惜阴书院东斋课艺》
同治四年至光绪九年		朱桂模	惜阴	入金陵书局,与汪士铎交好,顾云为其作《朱先生家传》,陈作霖为其作《朱崇峰先生传》	《惜阴书院东斋课艺》
同治九年至光绪九年		陈作霖	钟山、惜阴	"石城七子"之一,与多位生徒有交游	陈作霖《可园文存》
同治九年至光绪九年		甘元焕	惜阴	与刘寿曾、贵曾、朱绍颐、朱绍庭、秦际唐、陈作霖、甘元焕同集莫愁湖	甘元焕《莫愁湖志》
光绪五年至九年		刘寿曾	惜阴、钟山	钟山"扬党"领袖人物,与多人交好	陈作霖《可园文存》
同治十二年至光绪九年		邓嘉辑	惜阴、钟山	与冯煦、顾云、陈作霖交好	《惜阴书院西斋课艺》
光绪五年至九年		冯煦	惜阴、钟山	与薛时雨、邓嘉辑、秦际唐、刘寿曾秦淮舟中雅集,与顾云、甘元焕、陈作霖作玄武湖之游	冯煦《蒿庵随笔》

续表

肄业时间	肄业书院	生徒姓名	兼课其他书院	交游	史料来源
同治四年至八年	钟山书院	唐仁寿	惜阴	与冯煦、刘寿曾、朱绍颐、秦际唐以辞赋角逐，同治四年入金陵书局	张裕钊《唐端甫墓志铭》
光绪十七年至十九年	奎光书院	夏仁虎	钟山	师从陈作霖，与赵椿年讲金石词章	夏仁虎《枝巢编年诗稿》
光绪二十二年至二十六年	文正书院	金还	惜阴	金和之子，从冯煦学词赋	叶景葵《金君仍珠家传》
光绪二十二年至二十六年	文正书院	王瀣	钟山	"金陵诗派先行者"，与陈三立交好	钱望新《冬饮先生行述》

金陵学术圈的构建，不可回避的人物是掌教惜阴近二十载的山长薛时雨。光绪六年（1880 年），安徽全椒人薛时雨来南京任教惜阴书院已十年有余，门下生徒考虑其居无定所，于是合力集资，仿昔年薛师任教杭州崇文书院，崇文生徒为其筑西湖薛庐之故事，择址乌龙潭畔、惜阴书院对面、原明朝瞻园旧址，新建宅院，后薛时雨又扩之而为别墅，名为"薛庐"。薛庐景色优美，"如巨绿环无端中抱，红阑杂花间之，如彩虹半偃其身，而宛在之亭巍立相辉映，状景者辄曰图画"①，既是薛时雨寓居南京的实物地理景观，更是承载惜阴师生情谊、表征金陵学术文化的"记忆之场"。

作为"记忆之场"的薛庐是在两种语境中不断被形塑的。一方面，由于惜阴生徒颇擅词赋，常常借诗酒雅集薛庐之机，喻情于景，以对薛庐景致的描绘，表达对薛师人品学问的认同。如在惜阴生徒范志熙、赵彦修、冯煦、秦际唐的同题诗作《薛庐十咏》中，见有"劫后园林重

---

① 顾云撰，张增泰点校：《盋山志》，南京出版社 2009 年版，第 18 页。

补葺,爱才今复见先生"①,"夫子莞尔笑,竹木弄清影"②,"东南有硕师,高风扇河汾"③,"岁功成者退,斗室气之春"④ 等褒赞之语。还有生徒将薛时雨比之白居易、苏轼、袁枚等名士大家,如生徒杨晨在《薛庐歌》中有"后来作者袁随园,主持风雅真贤哲。……桑根夫子诗中豪,酒后高歌愈奇绝。……偶然湖上留诗龛,名与白苏同一辙"⑤。生徒刘寿曾亦在《金陵薛庐记》中将薛时雨修筑薛庐比于白居易修筑庐山草堂,直言"先生政事文章,比于香山,海内能知之"⑥。另一方面,薛时雨的故交旧知也因经过薛庐、借宿薛庐,而参与到对薛庐的歌咏和薛时雨形象塑造中来。韩弼元担任钟山书院校课时,晨夕皆路过薛庐,作有《寄薛庐主人二首》,以杭、宁两地薛庐之故事,肯定薛时雨在南京教士训士之贡献:"使君四十即辞职,浙中士民留不得,至今遗爱在西湖,湖上筑庐配苏白。使君设教来金陵,金陵士人多颂声,傍山依水重卜筑,肯使西湖独擅名。"⑦ 至此,本为薛时雨寓居处所的实物地理景观薛庐,通过学生故交频繁的题诗、唱和甚至记入方志,被建构为比俪袁枚随园的南京地域文化符号。而薛庐主人薛时雨自然也被塑造称为"甄才爱士,引领文风"的文化符号一同放置进惜阴生徒关于金陵学术文化的集体记忆中。

实际上,看似惜阴生徒自觉发起、参与的"薛庐""薛时雨"文化符号形塑活动,并不是一种集体无意识行为,而是一种"组织化"的集体记忆构筑过程。在这一过程中,惜阴生徒相似的家庭出身、较一致的入院经历是前置条件。入院经历方面,由于惜阴书院专课经史词赋,不尚制艺,生徒多遴选自钟山、尊经两书院尤擅古文词、骈文、诗词者,时人称惜阴书院"词翰之美,卓越一时"⑧。家庭出身方面,查检

---

① 顾云撰,张增泰点校:《盋山志》,南京出版社2009年版,第106页。
② 顾云撰,张增泰点校:《盋山志》,南京出版社2009年版,第108页。
③ 顾云撰,张增泰点校:《盋山志》,南京出版社2009年版,第111页。
④ 顾云撰,张增泰点校:《盋山志》,南京出版社2009年版,第112页。
⑤ 顾云撰,张增泰点校:《盋山志》,南京出版社2009年版,第109页。
⑥ 顾云撰,张增泰点校:《盋山志》,南京出版社2009年版,第74页。
⑦ 顾云撰,张增泰点校:《盋山志》,南京出版社2009年版,第105页。
⑧ 褚成博:《惜阴书院课艺序》,转引自鲁小俊《清代书院课艺总集叙录》,武汉大学出版社2015年版,第364页。

薛时雨主编、刊刻于光绪四年（1878年）的《惜阴书院西斋课艺》，内中收录67位生徒课作424篇，其中有籍贯、家世可考者57人。这57人绝大多数来自江宁一府七县，除出身江南文化世家的刘氏寿曾、贵曾、显曾、富曾兄弟，金还、甘元焕、缪祐孙、陈作霖、邓嘉辑等人，其余大多父系科名不显。应该注意到的是，生徒选择在集体记忆中留下何种痕迹除与出身、入院经历等前置条件有关，也与时代及环境有密切关系。太平天国后南京文化生态重建的需求，是这场"组织化"集体记忆构筑的重要指导因素。当时的南京文化重建工作中，书院是重要的一环。惜阴书院向"以经史词赋课诸生于实学"为办学宗旨，又有人称"风流教主"的山长薛时雨以素重词赋闻名士林，很有必要通过生徒"沈博绝丽"之文的书写，为南京营造"大乱敉平，修文偃武"的文化氛围。随着惜阴生徒吟咏薛庐、讴歌恩师的"升平歌咏之声"的广泛传播，"薛时雨"文化符号得以凸显，围绕"薛庐"的金陵学术文化得以共享传承，强化了惜阴生徒对惜阴书院学术宗旨以及金陵学术圈较高认同感的同时，也最终在学界士林内心塑造出南京复建后承平盛世的景象。

三 金陵学术圈交游图景：莫愁湖燕集与生徒冯煦的交游网络

诗家燕游，讲究山水风貌、历史沧桑与诗词创作构成的意象情趣。金陵一地，历来不乏家国梦怀和湖光山色的意境，台城、秦淮河、乌衣巷、莫愁湖，数不尽的古迹镌刻着石头城的悲欢离合，潮涨潮落。毫无疑问，莫愁湖是金陵最具代表性的胜景之一，其文化意义源自莫愁女的民间传说。莫愁女并非金陵本土佳丽，而是由北地"落籍金陵"进而成为金陵文化符号，"莫愁"符号的实体便是莫愁湖，其在成为明代重臣徐达的私家汤邑后名声大振。及至清代，袁枚、姚鼐等名家于莫愁湖过从唱和，同治年间，曾国藩赋予莫愁湖"四方宾客之来会游眺之所"[①]的地位，成为金陵文士集结交往的一处胜地，与文化符号"莫

[①] 薛时雨：《莫愁湖志序》，转引自吴小铁编纂《南京莫愁湖志》，中央文献出版社2005年版，第3页。

愁"一起，融入金陵地域文化之中。①

　　江宁诸书院生徒，因同好诗赋，将酬唱燕游视为课余的一项社会活动，从现今留下的《金陵莫愁湖志》《莫愁湖志》《莫愁湖风雅集》《莫愁湖修禊诗》等文献资料中不难发现，莫愁湖是清代书院生徒聚会唱和的常去之地，通过以上文献，似可勾勒出江宁书院生徒交游往来的一幅图景。

　　甘元焕在《莫愁湖志》中记载了一次较大规模的生徒莫愁湖燕游活动。甘元焕（1841—1897年），又名勋，字建侯，江宁人，出身于金陵望族甘氏家族。祖父甘国栋，是乾嘉时期金陵一代著名的藏书家，国栋长子甘福，育有两子甘煦、甘熙，甘氏兄弟二人大概是在太平天国战争之前，与金和、蔡琳、寿昌、端木埰、汪士铎等诗词名人一起肄业惜阴书院。甘煦、甘熙的堂弟即为甘元焕，其大概是在同治至光绪初年与"石城七子"一起肄业惜阴。根据甘氏记载，同治十二年（1873年）正月初七，刘寿曾、朱绍颐、朱绍亭、秦际唐、陈作霖、何延庆、甘元焕、甘垲、甘曾源等，同集莫愁湖上，作挑菜会，以"今日良宴会，欢乐难具陈"拈韵作赋。刘寿曾得"今"字韵，作七言长句，其余如甘元焕、甘增源、朱绍颐、刘贵曾等，皆有所作，五言或七言不等。② 此次挑菜会雅集，陈作霖《可园诗存》、秦际唐《南冈草堂诗选》、刘寿曾《传雅堂诗集》皆有记载。

　　其实在此之前，曾国藩为恢复江宁战后文化秩序而整葺金陵胜迹，于莫愁湖之旁建胜棋楼，广植花柳，延揽翰墨于此间。同治十年（1871年）八月八日，曾国藩集会莫愁湖之妙岩庵，同行桂文灿作《莫愁湖雅集图》，参与者有李联琇、薛时雨、张裕钊三位书院山长，以及曾氏幕府中人曹耀湘、戴望等以及唐仁寿、刘寿曾、汪士铎等江宁书院生徒等。时值胜棋楼新落成，诸君登楼，尽揽湖山美景，"以觞以咏，以上

---

　　① 关于"莫愁"与南京地域文化的讨论，参见胡萧白《文化符号与晚清南京的地域认同——以曾国藩"进驻"莫愁湖与"莫愁湖题联事件"为中心》，《江苏社会科学》2017年第4期。

　　② 甘元焕：《莫愁湖志》，转引自吴小铁编纂《南京莫愁湖志》，中央文献出版2005年版，第124—128页。

下其议论，于以拓心胸、陶性情、增学识、化气质，极朋友之乐"①。如果说同治十年曾国藩组织下的莫愁湖雅集还带有战后"精神文明建设"的政治意味，那么前述同治十二年的挑菜会，则更多地体现了文士交游的情致。

除了燕集莫愁湖之外，书院生徒通过组织参与寿苏会、飞霞阁集会、上巳节秦淮河集会、盋山诗会等活动，有意无意的构建金陵地域的诗学、词学谱系。值得注意的是，无论是同光之前的"白门四隽"，还是同光年间的"石城七子"，都有肄业惜阴书院的经历，再详细查检与"石城七子"交好往来的诗人，多有钟山、尊经、惜阴书院肄业的经历。或许可以认为，以惜阴书院为代表的江宁诸书院为金陵作育了一批诗词名家，而这批诗人、词人之间的交游，又因曾经的同窗之谊、师承一脉而更为频繁、熟络。下面，我们以生徒冯煦为例，通过对他的交游网络的详细展开，来说明江宁诸书院生徒学术圈的构建过程。

冯煦（1843—1927年），字梦华，号蒿庵，晚年自号蒿叟，江苏金坛人，光绪八年（1882年）举人，十二年（1886年）进士。冯煦身世坎坷，十四岁丧父，寄居宝应外祖父家，并从江淮大儒成孺游，"一生学行渊源之所自"②。冯煦少而有才，擅长词赋，"才思敏赡，藻采葩流"，二十余岁便名满江南，"文名已藉甚矣"③。

同治八年，二十七岁的冯煦来到江宁，入金陵校书局，与书局中人汪士铎、张文虎、戴望、韩弼元、强汝洵、毛次米、成肇麐、孔广牧、潘咏、顾云、邓嘉辑、陈作霖、蒋师辙等人相投契，"相与商榷今古，学乃益富"。同年，冯煦入尊经、惜阴书院肄业，师从薛时雨。薛时雨座下生徒众，对冯煦"噓植尤挚"，每次书院考课成绩一公布，冯煦之作必为同学"敛手传诵"，一时"江南才子"之名更盛。

---

① 桂文灿：《莫愁湖雅集图》，转引自吴小铁编纂《南京莫愁湖志》，中央文献出版社2005年版，第408页。

② 魏嘉骅：《清授光禄大夫建威将军赐进士及第兵部侍郎兼都察院右副都御史安徽巡抚兼理提督冯公行状》，闵尔昌：《碑传集补》卷15，转引自沈云龙主编《近代中国史料丛刊》（第993册），台北：文海出版社1974年版，第940页。

③ 蒋国榜：《金坛冯蒿庵先生家传》，转引自卞孝萱、唐文权主编《辛亥人物碑传集》，凤凰出版社2011年版，第576页。

按照惯例，生徒肄业钟山、尊经、惜阴三书院者，往来兼课为常事。蒋国榜所撰《金坛冯蒿庵先生家传》载"全椒薛慰农先生时雨，主尊经、惜阴两书院，……公奉手且久，亦依为归宿，后历为钟山院长李小湖、林颖叔诸先生所优礼"。此中可见，冯煦应该是先入尊经、惜阴薛时雨门下，后兼课钟山李联琇处，不过据冯煦的回忆，其与李联琇的师生关系，并不一定有与薛时雨般融洽：

> 同治己巳（同治八年，1869 年）至金陵，肄业钟山、惜阴两书院，主钟山讲者为李小湖师，主尊经讲者为薛桑根师，惜阴则两师分主之。时书院翘材生有三党：宁党秦际唐伯虞为之魁，浙党唐仁寿端甫为之魁，扬党刘寿曾恭甫为之魁。党各数十生，意气张甚，不附之者辄遭摈落，独予与成恭恪、刘佛青、何研孙数十人者柴立其间，不为之下，三党亦莫能下予。或间之于小湖师，谓予持才傲物，师亦以予为桑根师所激赏也，疑其不附己，然于评量文艺，仍未尝强抑予也。桑根师益袒予，且除舍舍之。①

在其他场合，冯煦也有过类似言论：

> 予省师建康，未几君（刘岳云）亦至，三人者又一聚。粤寇甫夷，钟山、惜阴两书院，东南人士所萃，角逐坛坫，各有派别。扬则刘寿曾恭甫主之，浙则唐仁寿端甫主之，宁则秦际唐伯虞主之，徒党各十许人，而宁唯盛。独予与漱泉（成肇麐）及君三人耳，枝梧其间，不屑屑下诸派，诸派亦莫能下予，君其魁杓也。②

从冯煦的这两段言说中，至少可以看出两点信息：其一，钟山书院李联琇座下生徒私下按地缘组成了三派小团体，分别是以刘寿曾为首的

---

① 冯煦：《蒿庵随笔》，转引自沈云龙主编《近代中国史料丛刊》（第64册），台北：文海出版社1968年版，第612—613页。
② 冯煦：《清授资政大夫二品衔浙江补用道绍兴府知府刘君墓志铭并序》，国家图书馆馆藏墓志铭拓本，第4113号。

扬州派、以唐仁寿为首的浙江派以及以秦际唐为首的江宁本土派。其二，冯煦与成肇麐、刘岳云等数十人不参与其中任何一派，因此被三派中人"间之于"李联琇，李联琇或因冯煦为薛时雨素重，故对其有所忌惮。

但冯煦本身才华出众，未到江宁诸书院肄业时已经声名鹊起，并没有因为"不屑屑下诸派"而在书院中感受到排挤，反而因为这种派系间的良性竞争，而学益精进：

> 予（冯煦）来江宁，读书惜阴书院，与刘子恭甫（刘寿曾）、唐子端甫（唐仁寿）、秦子伯虞（秦际唐）、朱子子期（朱绍颐），亦以辞赋相角逐，如先生（金和）曩者与蔡、马、杨、周同（蔡琳、马寿昌、杨大堉、周葆濂），而所作下先生远甚。①

至此，大致可以勾勒出生徒冯煦于江宁诸书院肄业时的主要交往对象：与冯煦最为亲厚的应该是成肇麐、刘岳云、何维栋等人。成肇麐是冯煦启蒙师成孺之子，二人本有姻亲关系，由金坛同来江宁，同舍而居，刘、何二人被冯煦赞为"钦奇历落之士"而引为知己，另外还有顾云、潘咏、陈作霖、邓嘉辑这些在金陵书局的旧识，当时也一同肄业书院。

同治十三年（1874年），冯煦暂时结束了在江宁诸书院、金陵校书局五年的治学生涯，开始客居夔州，任文峰书院山长。光绪三年（1877年）春，冯煦回到江宁。从光绪三年冬起，冯煦在江宁的交游图景逐渐清晰。

首先加入冯煦交游网络的是他的老朋友成肇麐、陈作霖，还有当时因"拉帮结派"颇受冯煦诟病的"扬党党魁"刘寿曾。他们于光绪三年冬某次雪后相约游玩冶山，时冯煦与成肇麐住在冶山飞霞阁，刘、陈二人应该是过往拜会，此次小范围的集会，冯煦《蒿庵类稿》、陈作霖《可园诗存》各留下诗作两篇。在此之后，冯煦基本上都会出现在每年

---

① 冯煦：《秋蟪吟馆诗钞序》，金和著，胡露点校《秋蟪吟馆诗钞》，上海古籍出版社2012年版，第452—453页。

江宁文坛的重要活动上，以下整理出冯煦在光绪四年至十一年离开江宁赴徐州期间，参加的几次重要活动。

光绪四年（1878年）五月二十八日，顾炎武生忌。江宁府学教授、训导组织公祭顾炎武，邀请江宁名士冯煦、刘寿曾、刘显曾、成肇麐、方培容、陈作霖、朱绍颐、陈汝恭八人同祭，在这次活动中，冯煦被指定作文以记之。

光绪五年（1879年）三月三日，上巳节。江宁士绅胡恩燮邀请薛时雨、范志熙、罗震亨、邓嘉辑、冯煦、刘寿曾、孙文川、陈宗濂、苏有炯、秦际唐、吴韶生、胡光国参加上巳秦淮舟中雅集，展修禊事，筹酒赋诗，至夕而散。座中诸人皆为薛氏高足，事毕，胡恩燮绘图纪事，薛时雨提诗，冯煦作有《集禊帖字得五言四章》，以"一老（薛时雨）若山峻，将致斯文兴。春风引幽抱，惠然喻兹情"之句①，表达诸生簇拥在薛师周围，吟风弄月的欢喜。

光绪六年（1880年）十一月，盋山薛庐落成，薛时雨门下诸生会饮赋诗。当年薛时雨主讲杭州崇文书院，士民爱戴之，于西湖之滨凤林寺为其筑宅，是为西湖薛庐。今江宁士人择址盋山麓、乌龙潭畔，惜阴书院对面新建宅院，以俪西湖薛庐，是为盋山薛庐。盋山薛庐景色优美，是师生间真挚感情的象征，自有薛庐，诗酒宴游，一时称盛。文有刘寿曾《金陵薛庐记》、王廷训《金陵薛庐图记》、顾云《薛庐记》，诗有范志熙、赵彦修、冯煦、秦际唐等人的同题诗作《薛庐十咏》等。

光绪九年（1883年）正月初七，挑菜日。薛时雨招冯煦、陈作霖、甘元焕、方培容、秦际唐、朱绍亭、顾云等七人聚于薛庐，以"七种共挑人日菜"分韵作诗，此时江宁文会常客刘寿曾已过世。冯煦有《癸未人日薛庐挑菜分赋得种字》，并有诗记之"薛庐雅集岁癸未，秦陈顾邓相提携。西潭初涂盋山紫，七字分韵同留题"②。陈作霖有《癸未人日与冯梦花甘剑侯方子涵培容秦伯虞朱豫生顾子鹏小集薛庐分韵得挑字

---

① 冯煦：《集禊帖字得五言四章》，胡恩燮等撰，胡光国辑《南京愚园文献十一种》（上册），南京出版社2015年版，第175页。

② 冯煦：《人日即事和庸庵韵》，陈奎龙《花近楼诗存》五编卷2，转引自王伟勇主编《民国诗集丛刊》（第一编第36册），台北：文听阁图书有限公司2009年版，第855页。

并怀子期善伯》。

光绪十年（1884年）四月，游玄武湖。此是冯煦第三次游玄武湖，同游者顾云、甘元焕、陈作霖、翁长森、秦际唐。此时玄武湖"春水方生，薄阴如晦，谿回九曲，人同一尘"，冯煦感到十分快意，"一觞一咏，快然自足"。但同时也感伤两个老朋友蒯光典、成肇麐不能到会，"蒯生蜷曲于肥上，成子蛰伏于淮表，畴昔之会，渺不可期"①。

冯煦第二次居停江宁长达七年，其间参加集会三十余次，既有上官、名绅邀请的"应酬式"燕集，也有五六好友自发组织的酬唱，交游对象基本都是当时江宁文坛名士。他们大都出自江宁诸书院或金陵书局，其中交往较稳定的是成肇麐、刘寿曾、陈作霖、顾云四人，刘、陈二人受李联琇赏识，冯、顾二人则更得薛时雨青睐，门派虽殊，却因在诗词创作上有着共同的兴趣和语言，彼此同声相契，酬唱往来。正如冯煦自己形容的，"春秋致佳，不废游历，足迹所至，穷极幽渺"，"或相对杯酒，坐语苍茫，忽歌忽骂忽大噱，辄恨古人不与也"②。这种由同学情谊而演变而来的文人相知相与的感情，构成了清末江宁书院生徒交游的一幅艳丽的图景。

四 江宁诸书院生徒的科场成绩

清末钟山、尊经、惜阴、凤池、奎光、文正等六所书院组成"江宁书院网络"，肄业其间的生徒声斐金陵诗坛，个中有秦际唐、陈作霖、邓嘉辑、蒋师辙、何延庆、朱绍颐、顾云等晚清金陵诗家、词家。值得注意的是，当时江宁诸书院生徒的科场成绩并不逊色于他们的学术成就。根据《惜阴书院东斋课艺》（光绪四年刊）、《惜阴书院西斋课艺》（光绪四年刊）、《惜阴书院课艺》（光绪二十七年刊）、《尊经书院课艺系列》（一至七刻，均同光年间刊刻）、《续选尊经课艺》（光绪十五年刊）、《钟山尊经书院课艺合编》（光绪五年刊）、《钟山书院乙未课艺》

---

① 冯煦：《游湖后记》，转引自沈云龙主编《近代中国史料丛刊》（第328册），台北：文海出版社1968年版，第1229—1231页。

② 冯煦：《盋山志后序》，顾云撰，张增泰点校《盋山志》，南京出版社2009年版，第115页。

（光绪二十一年刊）、《金陵奎光书院课艺》（光绪十九年刊）、《文正书院丙庚课艺录》（光绪二十六年刊）等清末江宁诸书院课艺总集中出现的生徒名单，整理其中进士（同进士）及第者如表 4-6 所示。

表 4-6　　　　　　　　清末江宁诸书院生徒登第情况

姓名	籍贯	科名	官职
汪宗沂	安徽歙县	光绪庚辰科三甲第 57 名	山西知县
冯煦	江苏金坛	光绪丙戌科一甲第 3 名	四川按察使、布政使，安徽巡抚
刘岳云	江苏宝应	光绪丙戌科二甲第 49 名	户部郎中、绍兴知府
刘汝霖	江苏上元	光绪庚辰科进士	广东雷州同知
钱贻元	浙江嘉兴	光绪己丑科进士	山西学政
卢崟	江苏江宁	同治辛未科进士	云南学政
缪祐孙	江苏江阴	光绪丙戌科二甲第 29 名	总理衙门章京
章洪钧	安徽绩溪	同治辛未科二甲第 22 名	宣化知府
刘显曾	江苏仪征	光绪壬辰科二甲第 83 名	甘肃道监察御史、协理辽沈道
何维栋	湖南道州	光绪癸未科二甲第 31 名	刑部主事
吴保龄	江苏丹徒	光绪庚辰科二甲进士	监察御史、四川潼川知府
陈作仪	江苏江宁	光绪庚寅科进士	新宁、龙阳、安化知县
翟伯恒	江苏泰兴	同治甲戌科二甲第 5 名	御史、福建延建邵道
郑维翰	江苏江宁	光绪己丑科进士	浙江知县
陈凤藻	江苏新阳	光绪壬辰科三甲第 17 名	云南司主事
郑嵩龄	安徽歙县	同治戊辰科进士	浙江督粮道
陈光宇	江苏江宁	光绪己丑科二甲进士	翰林编修
仇继恒	江苏上元	光绪丙戌科二甲第 71 名	西安学务处
陆春官	江苏江宁	光绪戊戌科三甲第 155 名	安徽知县
伍元芝	江苏上元	光绪壬辰科三甲第 92 名	浙江武备学堂总办
魏家骅	江苏上宁	光绪戊戌科二甲第 3 名	山东学务处提调、迤西兵备道
朱琛	江苏泾县	同治辛未科进士	侍读学士、詹士
萧元怡	江苏上元	光绪戊戌科进士	山西长治知县

资料说明：根据鲁小俊《清代书院课艺总集叙录》，武汉大学出版社 2015 年版，第 351—415 页整理。

表 4-6 所列仅为清末江宁诸书院生徒由进士入仕者，尚未包括由举人大挑、贡生入仕者。总的来说，江宁诸书院生徒鲜有未曾混迹官场者，虽然他们中的绝大多数人的最后阶段都是以讲学书院、居家著述方式度过，但并不表示他们对举业一途的放弃，相反，如冯煦、刘显曾、卢崟等学术名人，在科场、官场中也有不俗的表现。

第五章

清末书院生徒的收入待遇

举业、治学与治生，是传统知识人日常生活中的三项基本活动。本章试图从治生这一现实问题出发，在梳理清末传统知识人治生方式的基础上，讨论书院生徒以满足治生需求为目的，获取资助、奖励的过程，并揭示在书院资助、奖经费诱惑下，生徒的心态、行为以及背后的关于仕与学的价值选择。

第一节 清末传统知识人治生方式

"人之为人，生而已矣"，治生之说，汉时已有。元代以前，知识人受传统儒家义利观等因素影响，耻提治生，并将"谋道"与"谋食"置于自身价值世界矛盾的两端。"志于道"则必须"弃营利"，此所谓"宋时可不言治生"。元明以来，经济发展、社会阶层流动以及知识人对儒家经济思想的重新认识，使"治生"成为一个热门的社会话题。从许衡高喊"治生最为先务"开始，知识人开始理解和重视治生，于治生之事不再讳言，此所谓"元时不可不言治生"。

清代知识人治生观念愈见清晰。相比明末徐枋自辩卖画不过因为"物力日艰，人情日索"，更是以"不得已而卖画，聊以自食其力而不染于世耳"① 的含糊其辞而全其美名，清中期以后的知识人对治生问题的讨论，已从"要不要治生"上升为"如何治生"。一方面，沿着元代

---

① 徐枋：《居易堂集》上，华东师范大学出版社2009年版，第34页。

许衡开启的"为学者,治生最为先务"① 的理路,在不过分纠缠"治生""为学"孰先孰后的基础上,承认"治生亦儒者事"的合理性,进一步言明治生应该是治"道""义"之生。如全祖望借父亲之口,道出治生应是"量入为出"而非"孳孳为利"②,这之中夹杂对治生的理性认识。嘉道年间名士陈用光以"所谓治生者,刻苦其身以自奋,非于求乎人以自污也"③之语,点明治生之要径。同理,道光年间进士陆以湉,强调士人治生不应"妄进""嗜利",而应以不妨碍为学之道为前提。另一方面,经过了明末清初的摸索,清中期以后,知识人于治生已再无道德负担,以"治生"之名,行"逐利"之实现象渐渐出现,"汲汲营利"者确不在少数,甚至有王西庄出仕前"欲将其(富户)财旺气搂入己怀也"的极端事件。④

清代知识人治生方式愈发多样。宋代士人治生,尚有明显界限分工,⑤至明末清初,边界已趋模糊。反映明代中后期北方基层社会世俗生活的小说《醒世姻缘传》中,就提到了几种士人营生之法:一是开书铺,二是拾大粪,三是做棺材,四是结交官府。同时,作者又指出,这四件事对于一般知识人而言,也存在难度,唯有教书才是秀才治生之本。但是到了清代,多样治生已经不是难事。咸同年间,清代江苏王源通,"性嗜学",临终之际问其子王廷鼎:"汝读书固善,若贫不能自存将奈何?"王廷鼎答曰:"还是读书",王源通满意,遂卒。王廷鼎最终还是没有遵照老父遗愿,"为童子师,借修脯养母",⑥而是学画、学

---

① 许衡:《国学事迹》,许衡撰,许红霞点校《许衡集》,中华书局2019年版,第483页。

② 全祖望:《先仲父博士府君权厝志》,转引自清代诗文集汇编编纂委员会《清代诗文集汇编》(第303册),上海图书馆2010年版,第104页。

③ 陈用光:《木山先生训子帖书后》,严云绶等主编《桐城派名家文集·陈用光集》,安徽教育出版社2014年版,第117页。

④ 王西庄未第时,尝馆富室家,每入宅时必双手作搂物状。问之曰"欲将其财旺气搂入己怀也"。参见昭梿《王西庄之贪》,《啸亭续录》卷3,中华书局1980年版,第442页。

⑤ 叶梦得《石林家训》有云:"出作入息,农之治生也;居肆成事,工之治生也;贸迁有无,商之治生也;膏油继晷,士之治生也。"参见叶梦得《治生家训要略》,《石林家训》,上海书店出版社1994年版,第1页。

⑥ 俞樾:《王梦薇传》,《春在堂全书》第4册,凤凰出版社2010年版,第383页。

医，同时应书院课，博膏火资。学画、学医等治生手段，已被运用于清代知识人治生活动之中。多年后，王廷鼎致仕回家，仍是和当年未入仕时一样，应书院课，卖书画自给。

鸦片战争之后，中国社会经济结构发生变化，引起社会生活的连锁反应，新兴职业的出现给知识人社会流动带来多样性的可能。但是由于此种机会数量有限，且不被社会主流价值观完全接纳，清末知识人治生多采用传统途径，同时伴有一定时代特征。

一　游幕成主流之选

文人游食江湖，可追溯至战国。战国文人以"食客""门客"之名寄食于权贵集团，在服务于权贵的同时，获取生存、发展的机会。清代，游幕被视为一种妥协和折中的手段而备受推崇。无论是清初遗民在生存危机和不仕新朝之间的妥协，[①]还是清中晚期读书与治生的折中，都反映出幕府已成为清代知识人栖身的一时之选。根据尚小明的统计，知识人在幕府职业者群体中占据最多数。[②]

清代知识人中有游幕经历者众，既有参加总督、巡抚"大幕"之客卿，亦有托身州县地方官"小幕"之幕友。在幕中职能，分为学术职能和行政职能。一般而言，承担学术职能的幕友以撰著、校辑、衡文、唱和为主要活动，承担行政职能的幕友以上下移文、磨勘宗卷、佐理政务为主要活动。[③] 对于选择"大幕"抑或"小幕"，汪辉祖一段话或可反映当时的普遍心态：

> 夫寒士身分，在乎品学，不关幕地之崇卑。……言行道行，总以得伸吾志为上。欲不降其志，惟佐州县为治，庶几近之。盖书生与牧令分相当，体相敌，合则留，不合则去。……节镇军府，虽养

[①] 相关研究可参考朱丽霞《明清之交文人游幕与文学生态》，上海古籍出版社2008年版。

[②] 清代知识人游幕期间的功名状况为：进士16%，举人25%，贡生12.5%，诸生23.7%，监生4%，无功名者11.4%，功名不详者9%。参见尚小明《清代士人游幕表》，中华书局2005年版，第14页。

[③] 张纯明：《清代的幕制》，《岭南学报》1949年第9卷第2期。

尊处优，亦与所主抗礼，毕竟分位相悬，为之者非主人甚贤，计画少有龃龉，诞诞之声音颜色，常在难以为情之处。

所以两相权衡，汪辉祖选择佐州县地方官之"小幕"：

是以佐幕数十年，专就州县礼聘，州县而上，至于司抚无不坚辞。①

知识人游幕与清代学术发展有密切联系。龚书铎认为，"从康熙中迄嘉庆末，游幕之风盛行，是游幕学人从事学术文化活动最为兴盛的时期；从道光初迄宣统末，……学术研究仍然是学人游幕活动的重要内容"②。尚小明认为，"有一定地位和影响的'学人'的游幕活动"比"那些地位相对较低、影响较小的普通之'士'的游幕活动"，对清代学术繁荣所起作用更大。③ 由此可知，承担学术职能的幕宾往往是屡踬场屋、难入仕途之人，他们基于治生需要和治学需要的刺激，纷纷进入尚学官员幕下。

吸引知识人游幕治生的原因是多方面的。

其一，丰厚优渥的收入。清代中期以后，幕友待遇收入相当优厚。清初朱彝尊尝言"（游幕）束脩之人可以代耕"。④ 到了清中晚期，"为童子师，岁修不过数十金，幕修所入，或数倍焉，或十数倍焉"⑤。张仲礼估算晚清幕士收入，"在州县官的幕僚之中，负责书启、挂号和徵比的幕僚每年的平均收入为100两银子，负责刑名、钱谷的幕僚所得到的收入比上述同僚多几倍，约为300至400两银子一年，这一幕僚的主

---

① 汪辉祖口授，汪继培、汪继壕记录：《病榻梦痕录·梦痕录余》卷余，清道光三十年龚裕刻本，国家图书馆古籍部藏。
② 尚小明：《学人游幕与清代学术》，博士学位论文，北京大学，1997年，第17页。
③ 尚小明：《清代士人游幕表》，中华书局2005年版，第1页。尚小明此处所指"地位"与"影响"当指学人在学界的地位和影响。因为仅就参与游幕之人的功名来看，鲜有卓著，多为进士以下的中、低级科名持有者。
④ 朱彝尊：《孙逸人寿序》，朱彝尊著，王利民等校点《曝书亭全集》，吉林文史出版社2009年版，第465页。
⑤ 汪辉祖：《佐治药言》，中华书局1985年版，第3页。

要群体的平均收入约为每年250两银子","若是成为封疆大吏的幕士，收入甚至能达到1500两银子一年"①。

其二，学术发展的广阔平台。清末于学术上颇有造诣的知识人，大多有游幕经历。仅以晚清汉学家的游幕情况稍作统计，道光朝以降的120名知名汉学家中，就有63位有游幕经历，其中更不乏有如陈澧、缪荃孙、王先谦等一时名士。② 知识人于游幕期间善加利用幕主乃至游幕地的文化资源、学脉网络，撰写学术著作，弘扬己说。如缪荃孙跟随幕主张之洞、端方，足迹遍布畿辅、江南、皖中等地，搜罗石刻椎拓，金石藏本，撰成《金石分地录》。知识人借幕主之府以栖身，借游幕地的学术文化资源以扬名，于不同幕府间的流动，实为清末学术传播的一种形式。

其三，仕途发展的一种可能。自明代嘉靖中期以来，入幕成为困顿场屋士人谋求治国的理想途径。有别于清初遗民通过入幕对政治的回避和放逐，清末幕中之人普遍表现出对政治的兴趣，通过幕主接近权力抑或是置身权力之中，似乎能慰藉科场失利的心灵，抒写对时局家国的关怀。更重要的是，科场"失败者"可以通过佐幕的活动，得到幕主的激赏推荐，实现由幕到宦的非正途向上的社会流动。咸同以来，凭借幕府经历入仕或升迁的之人逐渐增多，甚至跻身督抚巡按之类封疆大吏的高级职位者亦不在少数，这种现象随着清晚期国事衰微，战事不断的时局而愈发凸显。湖南诸生刘蓉，年少时与曾国藩相识于湖南岳麓书院，结下了深厚的友情，刘蓉澹于仕进，无意科场，在曾国藩锐志功名之时，他选择处居乡间研习理学。直到咸丰元年（1851年）年三十五岁时，才在父亲刘振声的督促下参加科举考试，列为一等，补弟子员，终其一生也不过是诸生这样的初级科名。但是由于刘蓉与曾国藩有旧，得以入骆秉章幕，在幕不到三载便由湖南同知衔候选知县"超擢藩抚"，赏三品顶戴，署四川布政使，后又奉命巡抚陕西，直至同治六年（1867

---

① 张仲礼：《中国绅士的收入》，费成康等译，上海社会科学院出版社2001年版，第80页。

② 数据根据支伟成《清代朴学大师列传》，岳麓书社1998年版；尚小明《清代士人游幕表》，中华书局2005年版。参见王惠荣《学人游幕与晚清汉学》，《安徽史学》2013年第4期。

年)年去职归里。刘蓉以一介诸生,未经过乡试、会试而得藩抚显职,其间固然有时局、人情等因素,但居幕经历无疑助益其仕途良多。

二 被动参与商业活动

晚清以来,士与商不再矛盾,士人弃儒从商俨然已成一时风尚。郭嵩焘甚至直言:"本朝士大夫无不经营生计,其风自闽、粤、江、浙沿海各省开之,浸及于京师。"① 19 世纪中期以后,经济发展和社会生活变化主要集中在城市,商业活动也多在城市进行,广大基层社会并没有普遍出现经商逐利的风气,故而与上层士人动辄成为巨商大贾和新兴买办的情形不同,清末一般知识人多因家贫被动地参与商业活动,一旦他们经济环境有所改善,便弃商从文,回到正轨。河南王锡彤年幼失怙,亲友怜王家孤儿寡妇,送锡彤至修武盐肆习业。王锡彤被派至账房学习,每月工资铜钱千枚。就在王家计艰难之际,"救命星至矣"——王锡彤入淇泉书院应月课,每月辄获奖钱数千,比修武盐肆小伙之月钱为多,王锡彤断然决定弃商赴书院应课。再如上海李平书,年幼丧父,一家六口无以度日,作为长子的他不得已在花行、货行学徒以赡家,后因病返家医治,此时家境改善,李平书遂入龙门书院应课,不再从商。

清末知识人靠参与商业活动缓解家贫困境者有之,亦有通过经商进入文学艺术市场,发家致富者。如晚清诸生吴云,屡试皆困,工书法,能作画,遂与画家周闲一起寓居上海,以鬻画为生。按照乾隆年间郑板桥所定"大幅六两,中幅四两,小幅二两,条幅对联一两,扇子斗方五钱"② 的价格出售画作,所得颇丰。当然,知识人因商废举的情况也不鲜见,如杭州某童生在乡间开酒店,因"农事尚早,饮酒人多,不克分身",向县学告假,称"应试皆须待三四月间也"③。但这种情况毕竟是极端个案,大部分知识人即使参加商业活动,仍时刻不忘"士"之身份,脱离不了文化人的性质。

---

① 郭嵩焘:《郭嵩焘日记》第 4 卷,湖南人民出版社 1983 年版,第 297—298 页。
② 俞樾:《春在堂随笔》,江苏人民出版社 1984 年版,第 29 页。
③ 俞樾:《春在堂随笔》,江苏人民出版社 1984 年版,第 55 页。

三 处馆教学仍受欢迎

处馆向来是传统知识人保存清流之令誉而又不至于沦为贫窭的谋生方法。清代科举考试向来都受到官方民间的重视,由此造成基层科举教育的繁荣,一个突出的特征就是广泛存在的为科举服务的基层学校。曾于咸同年间游历中国的传教士麦嘉湖(John MacGowan)不无感慨:"这个国家到处都是学堂,既没有政府的任何规定,也没有国家的任何资助,不仅人口稠密的城市建有学堂,而且每一个尚没有穷到请不起先生的村庄也建有学堂。"① 担任这类学堂教师最适宜的人选,非传统知识人莫属,他们选择担任塾师的原因与家庭贫困不无关系。如光绪年间江苏宝应诸生成孺,父早丧家贫,处馆养母,即便如此到了饥年,为了让老母心安也不得不让家人"戛槃盂于堂,若会食然"。② 可见塾师收入仅能维持温饱,若遇特殊情况(灾年、饥荒),很可能就捉襟见肘了。对比省级书院山长动辄六七百两的年收入,基层塾师"富者学钱止一二千,贫者学钱止七八百,甚至有二三百文者,殊属不成事体"③。如此低廉的年薪下,众多知识人仍坚持"寒食课徒"的原因主要有两方面。

一方面,课徒是最易执行的治生方式。齐如山认为,"秀才一生无别的事可做,只有教书一门工作,其他都不能胜任"④。此言虽有偏颇,却也道出了传统知识人治生途径狭窄的事实。清代"以科名奔走天下士"⑤,使得基层科举教育市场繁荣,加之"塾师教授的内容和他们自己的学习内容密切相关"⑥,他们在授徒的同时,可以兼顾自己应举复习。同光年间士人王锡彤二十岁授徒林氏家,学生五人,每年修脯铜钱三十千,王锡彤形容当时的私塾教育中师生皆忙于备考应考,私塾不过

---

① [英]麦嘉湖:《中国人的生活方式》,秦传安译,电子出版社2015年版,第58页。
② 冯煦:《清故宝应县学生成先生墓志铭》,闵尔昌:《碑传集补》卷38,转引自沈云龙主编《近代中国史料丛刊》(第997册),台北:文海出版社1969年版,第2082页。
③ 徐梓《明清时期塾师的收入》,《中国社会经济史研究》2006年第2期。
④ 齐如山:《中国的科名》,辽宁教育出版社2006年版,第42页。
⑤ 徐珂:《清稗类钞》,中华书局1984年版,第584页。
⑥ 张仲礼:《中国绅士研究》,上海人民出版社2009年版,第286页。

是科举考试的"培训班":"尔时同学师弟同为预备考试之人,师自用其揣摩之功,弟子各以其年龄受,相当之考卷预备,既非三代之小成大成,亦非汉唐以来之专门教授,更非近来之学校分科,直一干禄之梯径而已。"①

另一方面,课徒是最易接受的治生方式。"士",本应是"名甚贵、品甚尊"。道光年间士人管同曾将士人分为三等:"今之士不外乎三等,上者为诗文,次者取科第,下者营货财。"② 为了不堕入"营货财"等传统社会"低贱"职业而被耻笑,故虽然"据皋比为童子师"的"束修之入仍不足以供俯仰",③ 但至少能使他们保有身份和尊严。除了方式易于接受,课徒似成为根植士人心中与生俱来的本能,"既然进了学,教书好像是一种本业。并且中国的传统,我有知识学问,当然要传给下一代,而我也是从上一代传来的,如此方可以继续的传下去。从孔子一直到现代,都是这样一个传统"④。

第二节 书院生徒的资助待遇

书院经费按用途分为基建经费和常年经费,常年经费包括养士、教学、祭祀、管理等活动产生的费用。其中,养士经费最不可少,历来书院"甫兴旋废",皆因"养士无资"⑤。养士经费一般包括膏火费、宾兴费、奖赏费等。膏火费本指膏火灯油,后世用以称官府、学校或书院发给肄业学生的津贴费用,宾兴费是明清时期专门资助考生参加科举考试

---

① 王锡彤:《抑斋自述七种(浮生梦影)》,转引自北京图书馆编《北京图书馆藏珍本年谱丛刊》(第189册),北京图书馆出版社1999年版,第87页。

② 管同:《说士上》,严云绶等主编:《桐城派名家文集·管同集吴敏树集》,安徽教育出版社2014年版,第99页。

③ 戴名世:《种杉说序》,戴名世撰,王树民编校《戴名世集》,中华书局2019年版,第101页。

④ 包天笑著,刘幼生点校:《钏影楼回忆录·钏影楼回忆录续编》,三晋出版社2014年版,第58页。

⑤ 蒋励宣:《重建清湘书院并置学田记》,嘉庆《全州志》卷12《艺文下》,清嘉庆四年刻本。

的公益基金,①膏火费和宾兴费是生徒从书院获得的资助费用。奖赏费有考课花红、中式花红等诸多称谓,是生徒从书院获得的奖励费用。奖赏与膏火,略有不同,"奖赏者,无论正附外随,择课艺之佳者,以赏之者也"②。各书院一般以规章的形式,确定膏火、奖赏发放标准和数额。书院设立资助、奖励经费,并为此订立规章,目的是鼓舞士心,即所谓"赏罚为激励人心之具,赏罚不明,则勤者无以鼓其勇往之心,堕者无以警其昏慢之习"③。

  清代书院发放给生徒的资助费用,主要包括膏火和宾兴两部分。"膏火者,按月支给,以养肄业之正课附课生徒者也。"④ 膏火是每月按照既定标准发给生徒的生活津贴,以银钱为主,也有谷米等实物,用以支援本人乃至其家庭的基本生活。生徒读书必赖膏火之资,书院若无膏火,则无生徒肄业其间。曾肄业上海龙门书院的沈恩孚就毫不讳言道:"家素贫,倚各书院课膏火为事蓄资。"⑤ 膏火对生徒影响甚巨,道光年间广东周寅清,家贫,年十六岁"应学海堂课,屡列前茅,借膏火以养母"。周寅清通籍后任职临淄、昌东等县时,感怀寒时书院经历,每月按临书院课士,"捐廉厚其膏火,寒畯赖之"⑥。生徒不仅生计仰仗膏火维持,精神生活的丰富乃至家族家风的延续,皆与书院膏火有关。对此,光绪年间金陵夏仁虎曾有一段描述:

  余家仍世清寒,岁先辈科名弗绝,官至卿贰,顾乃楹书而外,遗留曾无长物,所以继承家学,不坠门风者,大率仰给于书院。忆余为秀才时,与诸兄弟努力考试,每岁抄积聚冬季书院膏火卷票,

---

① 毛晓阳:《清代宾兴公议基金组织管理制度研究》,人民出版社2014年版,第1页。
② 吕方:《历代书院诸生考》,《新东方》第1卷第11期。
③ 甘扬声:《韶山书院学规》,转引自邓洪波主编《中国书院学规集成》,中西书局2011年版,第927页。
④ 吕方:《历代书院诸生考》,《新东方》第1卷第11期。膏火不唯清代书院独有,刘伯骥指出,"元代韩山书院、东坡书院,明代大科书院、明诚书院、笔山书院、高明书院等,皆有膏火"。参见刘伯骥《广东书院制度》,台北:台湾编译馆中华丛书编审委员会1958年版,第272页。
⑤ 沈恩孚:《无成人传》,《沈信卿先生文集》,凤凰出版社2015年版,第593页。
⑥ 光绪《广州府志》卷133《列传二十二》,清光绪五年刊本。

人得数十金。当时银贵物贱，所以备甘旨，添衣袽，以及新岁之瓶花灯泡，一一咸备，犹有余资，与朋辈备酒食、斗叶子以消遣，新年同为娱乐。①

膏火如此重要，致使有生徒考中举人后仍寄身书院，放弃入京会试的机会，只为博膏奖赡家：

> （举人钱用中等）自蒙考补高材生课额后，事畜有资，得以专意诵习，情愿暂缓赴京礼试，仍住院肄业，藉期深造等语。查该举人等固因仰荷栽植，进境初开而学问靡穷，不甘小就起见。然亦未始非以定规给假仅半月，而滇至京师，远至七千余里，往返约将一年，旅费既艰，赡家尤为不易，而一违原定之限，即干扣除之条，是以愿仍住院。②

"倚""借""仰给"之间，道出了膏火已成为生徒及其家庭的生计维持的重要方式。

膏火不仅是生活津贴，更是观察生徒在书院日常表现的指标。膏火和生徒住院与否、级别升降、操守评判等切身利益挂钩，生徒一旦出现擅行出入、肄业不勤、游戏谑浪等不端行为，最常见的惩罚就是膏火的减发、扣发。有书院将膏火与应课考勤挂钩，江西龙河书院规定："倘一月之中只应一、二课者，膏火按课扣除。"③ 有书院将膏火与生徒课作质量挂钩，山东霞山书院规定："诗中每失调一字，罚扣膏火制钱五十文，失粘一联及押字出韵与遗押官韵者，罚扣膏火制钱一百文，文诗命题错写及添注涂改者，罚扣膏火制钱一百五十文示惩。"④ 有书院将

---

① 夏仁虎：《书院停课》，《岁华忆语》，南京出版社2006年版，第75页。
② 《酌议经正书院生徒赴京会试请假详文》，转引自邓洪波主编《中国书院学规集成》，中西书局2011年版，第1624—1625页。
③ 《龙河书院章程》，转引自邓洪波主编《中国书院学规集成》，中西书局2011年版，第727页。
④ 《霞山书院章程》，转引自邓洪波主编《中国书院学规集成》，中西书局2011年版，第796页。

膏火与住院考勤挂钩，河南桧阳书院规定："（住院正课生）若不告假私回，除停支膏火外，如果一月不到者，即开缺另补。"① 还有书院将膏火与生徒品德行为挂钩，"倘假（生徒）借书院读书名目，出外滋事及帮讼、宿妓、赌博、吸食洋烟者，一经监院查实，禀府逐出，并扣膏火、月米"②。

可以说，生徒在书院的一切所言所行、所思所为都与膏火发放有关。一位生徒想获得丰厚的膏火并不容易。尤其是清中晚期以来，膏火发放过程中弊病渐显：

> 膏火以初课为定，毫无遗议。继任者一点名便散卷外出，甚至并不点名，即由书吏散卷，捏名顶名，雇募枪手，抄袭陈文，无弊不作。一出榜，则朦混者什之七八，真材什仅二三，而以此课定，转非公允。不如照高人之鉴之例，录名以初课为定，无者不准应课，而膏火则随课升降，虽不足以杜弊，而犹不至尽入侥幸者之手。③

鉴于此，许多书院改革膏火发放制度，"普遍实行对生徒考录、考课制度，考录、考课成绩作为膏火发放的主要依据"④，即所谓的"是以书院之设，先严考取，肄业以此定其规；继核品题，膏火视此区其等"⑤。膏火第等制度之下，生徒为了使利益最大化，往往在考录、考课中"各尽其能"。如四川县级书院龙门书院规定每年二月考试考录生徒，并以这次成绩划分正、附课，区别发放膏火。龙门书院定额正、附

---

① 杨炳堃：《桧阳书院详定章程》，转引自邓洪波主编《中国书院学规集成》，中西书局2011年版，第891页。
② 李扬华：《石鼓书院详定章程》，转引自邓洪波主编《中国书院学规集成》，中西书局2011年版，第1181页。
③ 李扬华：《石鼓书院详定章程》，转引自邓洪波主编《中国书院学规集成》，中西书局2011年版，第1181页。
④ 张劲松：《论清代书院的助学制度》，《大学教育科学》2016年第1期。
⑤ 《定书院规条公禀》，转引自邓洪波主编《中国书院学规集成》，中西书局2011年版，第1161页。

课生十八名，每年"应考者不下六七百人"①，入院考试竞争异常激烈。再如广东端溪书院规定每月官课两次、师课两次，由于该书院是每月按照官师课成绩，灵活调整生徒膏火等级，故生徒为了保证每月都能获得最多的膏火，出现"试艺则不在公堂列坐，各归其舍，是即抄袭等弊所由生。而且卜昼不已，继以卜夜，甚至更漏过午夜，相沿成风"②的行为。

  科举时代士人如果想顺利参加童生试、乡试、会试、殿试等一系列考试，需要准备一笔可观的考试经费。"生员再考举人进士，要到省城及京城，旅费也是一个非常重要的问题。"③虽然清代顺治、雍正、乾隆三朝都有"举人会试盘费"的相关规定，④但是即便有政府补助，对于距京城较远省份生员来说，赴会试所产生的车马、食宿等费用仍是不小负担。而且由于政府的盘费资助仅限于会试，乡试、童生试等低级考试的盘费、杂费、卷费却需考生自行解决，如诸联为参加乡试要准备二三十金，王锡彤参加会试要耗费一百两便是明证。鉴于以上情形和提高书院中举率的考虑，大多数书院设立宾兴费，以资助生徒顺利完成各级考试。湖北丹阳书院就规定："乡试文闱每名发给钱八串，武闱每名各给钱八串；公车北上，无论文武，每次额送钱一百串。"⑤广东应元书院是以专课举人闻名的省级书院，因而在宾兴费的给发上十分重视："遇会试年分，内课每名给公车费五十两，外课每名给四十两，附课每

---

① 曾传缙：《龙门书院碑记》，转引自邓洪波主编《中国书院学规集成》，中西书局2011年版，第1501页。

② 全祖望：《端溪书院讲堂条约》，转引自邓洪波主编《中国书院学规集成》，中西书局2011年版，第1357页。

③ 杨联陞：《科举时代的赴考旅费问题》，载刘梦溪主编《中国现代学术经典：洪业、杨联陞卷》，河北教育出版社1996年版，第825页。

④ 顺治八年（1651年）定：举人会试，由布政使给予盘费。安徽二十两，江西湖北皆十七两，……雍正八年（1730年）定，盘费在州县领，不必赴省。乾隆五年（1740年）定，有任意逗留及中途潜归者，追还银两。参见杨联陞《科举时代的赴考旅费问题》，载刘梦溪编《中国现代学术经典：洪业、杨联陞卷》，河北教育出版社1996年版，第825页。

⑤ 《宾兴收发各章程》，转引自邓洪波主编《中国书院学规集成》，中西书局2011年版，第1028、1029页。

名给三十两"①，甚至以教授经学、古学闻名的江苏南菁书院亦规定"学堂肄业之生逢乡会试、朝考，于学堂内给予宾兴、公车之费，乡试六千、会试是十六千"②。

第三节　书院生徒的奖励待遇

　　清代书院发放给生徒的奖励费用，主要包括考课花红和中式花红两部分。考课花红是指书院对考课成绩优异生徒的奖赏，有官课花红和师课花红之分。中式花红是指对科举考试并中榜生徒的奖励。③

　　清末各级书院基本都设有考课花红。一般来说，为了以示重视和区别，书院的官课花红力度要高于师课花红。有的书院限于经费，减少或取消了师课花红，将奖励经费集中在官课时发放，这种做法，无形中造成了生徒重官课、轻师课现象："生童应课者，年增一年，每课生童计有七八十人及百余人不等。第各处书院膏火奖赏率重在官课，以致应斋课者寥寥无几。"④ 还有生徒为了获得高额考课奖励，周旋于多个书院之间，查检《高观书院课艺》（光绪十七年）、《经心书院集》（光绪十四年）、《经心书院续集》（光绪二十一年）等同一时段的湖北书院课作集，可发现同时兼课两书院者9人，其中生徒胡孔福甚至在相近时间段兼课江汉、经心、两湖三所书院。

　　清末大部分书院会向生徒发放中式花红、通籍花红。湖南洞溪书院是由乡绅捐建的书院，肄业生徒正课膏火不过每月钱六百文，米三斗，而对于中式生徒、通籍生徒却非常慷慨，规定："科岁在院肄业游泮者，奖钱六串，中乡试者奖钱十串，中进士者奖钱二十串，点词林者加奖五

---

　　① 《应元书院章程》，邓洪波：《中国书院学规集成》，转引自邓洪波主编《中国书院学规集成》，中西书局2011年版，第1306页。
　　② 李殿林：《南菁书院改办学堂章程》，转引自邓洪波主编《中国书院学规集成》，中西书局2011年版，第279页。
　　③ 季啸风：《中国书院辞典》，浙江教育出版社1996年版，第697、682、712页。
　　④ 张朝玮：《禀覆先觉书院章程》，转引自邓洪波主编《中国书院学规集成》，中西书局2011年版，第828页。

十串,中书、主事即用加奖钱三十串。"① 财力雄厚的省级书院的花红更是可观,广东粤秀、越华、羊城三书院规定,生徒会试中式,或是离院后供职都门,书院每年都会酌送经费,以资津贴:"拟定翰詹科道中书每人一百两,各部郎中、员外、主事每人五十两,约以一千两为限。每年冬季汇寄到都,由南、番两会馆值年京分送。"② 科举对书院的影响由此可见一斑。

生徒有了奖励收入,或可在温饱之余稍稍改善生活。赵椿年十三岁肄业江苏南菁书院,自述"半年得奖赏七千文,购一黑湖绣马桂料,王母喜甚,亲为裁制,以视慈母手中之线"③。光绪年间肄业两湖书院的张知本,将书院的优渥资、奖娓娓道来:

> 每生月可领膏火银四两,每月考试一次,成绩列超等者可获奖金十二元,特等者十元,平等者八元,故每生一月至少可领十余元。当时米一石只售数百文钱,故学生生活极为优裕,甚至可以赡养家眷。④

赵椿年、张知本所在的南菁、两湖书院属于省级书院,膏火充裕,奖励费用对于他们来说不过是锦上添花,但大多数县级、私人兴办书院存在经费不宽裕的情况,生徒仅靠膏火费一项,生活实难为继,那么尽可能多地获得奖励经费就非常重要了:"不要看不起这点考试的奖金不多,而确能帮助不少的贫苦士人,所以乡间有许多读书人,都要投奔省城,有钱的住书院,特为求学问;贫苦者,也要到省城找一个小馆教书,借以存身,而全副精神,则在考书院,一则求学问,二则得点奖赏

---

① 《洞溪书院章程》,邓洪波:《中国书院学规集成》,转引自邓洪波主编《中国书院学规集成》,中西书局2011年版,第1147页。

② 刘伯骥:《广东书院制度》,台北:台湾编译馆中华丛书编审委员会1958年版,第297页。

③ 赵椿年:《覃罋斋师友小记》,转引自沈云龙主编《近代中国史料丛刊》(第600册),台北:文海出版社1968年版,第280页。

④ 沈云龙访问,谢文孙等记录:《张知本先生访问纪录》,台北:"中研院"近代史研究所1996年版,第6—7页。

可以养家。"①

第四节　生徒资奖经费获取与行为不端

清代书院中，资助经费代表供廪，奖励经费代表掖诱。清末书院无论等级高低、规模大小，皆以资助、奖励经费的设置与发放，鼓励有志于学的生徒肄业其间。从生徒层面来看，资、奖经费的盈绌，是他们首次入院、院际流动时不得不考虑的重要指标，也是支撑他们完成举业、治学活动的物质基础。本节从生徒家庭经济状况以及生徒治生需要的客观事实出发，讨论生徒获取资、奖经费行为和心态，用以揭示资、奖经费取得与仕、学价值指向之关系。

一　生徒的家庭经济状况

20世纪以来，随着中国历史上的社会流动问题成为学术研究的热点，学者们注意到对社会流动中先赋因素——家世的考察。柯睿格、潘光旦、费孝通、何炳棣等中外学者运用社会学、人类学的方法来分析家世背景尤其是父系中举、入仕情况对两宋和明清时期士人社会流动的影响。② 遵循这一研究思路，或可通过父系仕进之情况分析，考察书院生徒的家庭出身，从而更好地把握生徒的治生需求，理解生徒获取资、奖经费的心态行为。

清代进入书院肄业的生徒，一般是童生、生员之类的无功名或低级功名持有者。生徒多非闻人，声名不显，除姓名字号、籍贯等基本信息外，家庭情况甚少有详细记录。由于资料不全难以进行量化分析，但大致情况还是可以略知一二。通过《清代硃卷集成》、各府州县志以及书院课作等史料，仍可整理出一些生徒的父系中举、入仕情况作为其家庭

---

① 齐如山：《中国的科名》，辽宁出版社2006年版，第211页。

② 如 Edward A. Kracke Jr, Family vs. Merit in Chinese Civil Service Examinations under the Empire, *Harvard Journal of Asiatic Studies*, Vol. 10, Sep. 1947, pp. 103 – 123；潘光旦、费孝通：《科举与社会流动》，《社会科学》1947年第4卷第1期；何炳棣：《明清社会史论》，徐泓译注，台北：联经出版公司2013年版。

出身的参考。表5-1、表5-2分别是光绪年间江苏正谊书院、河北莲池部分生徒家世情况。

表5-1　　　　　　　正谊书院部分肄业生徒家世情况

姓名	籍贯	家庭出身	科名	资料来源
吴荫培	江苏吴县	父廪贡生，五品衔光禄寺署正	同治九年举人，光绪十六年进士	《清代硃卷集成》第67册第297页
钱荣高	江苏吴县	父撰述甚多	诸生	王颂蔚《文学钱君别传》，《写礼廎遗著四种文集》第78页
查燕绪	浙江海宁	父增贡生，后补光禄寺典簿	光绪十一年举人	《清代硃卷集成》第274册第1页
薛福庚	江苏无锡	薛福成之弟，举人，觉罗官学教习	光绪元年举人	《清代硃卷集成》第112册第1页
吴郁生	江苏元和	父贡生	同治十二年举人，光绪三年进士	《清代硃卷集成》第157册第391页，第43册第337页
毕荫笏	江苏镇洋	毕沅曾孙		民国《吴县志》卷58下第977页
胡其昌	江苏金山	邑增生，候选知县	同治十一年贡生	《清代硃卷集成》第410册第1页
冯世澄	江苏吴县	祖冯桂芬，道光二十年榜眼	副贡	《中国历代科技人物生卒年表》第127页
袁宝瑛	江苏吴县	父优贡生，候选知县		《清代硃卷集成》第168册，第325页
王保建	江苏南汇	父举人，州学训导	同治九年举人，光绪三年进士	《清代硃卷集成》第152册第211页，第45册143页
俞钟颖	江苏昭文	父邑庠生，例赠修职郎	同治十二年拔贡，光绪二年副贡	《清代硃卷集成》第384册第1页

续表

姓名	籍贯	家庭出身	科名	资料来源
潘祖颐	江苏吴县	出生于吴县文化世族潘氏,祖潘世恩,乾隆五十八年状元,父潘曾玮	增贡	《近代江苏藏书研究》第275页
周家禄	江苏海门	父赠奉政大夫	同治九年优贡	顾锡爵《海门周府君墓志铭》,《碑传集补》卷52
吴宝镕	浙江仁和	父举人,稽查房行走	光绪十一年举人,十八年进士	《清代硃卷集成》第75册第259页
徐凤衔	浙江乌程	父举人,赏加中书衔拣选知县	光绪二年举人	《清代硃卷集成》第266册第1页
徐诵芬	江苏吴县	父不显,从父徐彦英,举明经,工诗词,乡里推为儒宿	同治七年岁贡	民国《吴县志》卷66下《列传四》
吴履刚	上海金山	父太学生,候补盐运司知事,例晋奉直大夫	同治九年优贡	《清代硃卷集成》第370册63页,第418册130页
朱沄	上海嘉定	父少霞,喜艺菊	恩贡	民国《嘉定县续志》卷11《人物志》
秦绶章	上海嘉定	父贡生,乡试荐卷分部行走,郎中加四级	光绪五年举人,九年进士	《清代硃卷集成》第51册47页

资料说明:生徒名单参考《正谊书院课选三集》,鲁小俊:《清代书院课艺总集叙录》,武汉大学出版社2015年版,第299—303页。

表5-2　　　　　　　　莲池书院部分肄业生徒家世情况

姓名	籍贯	家庭出身	科名	资料来源
王树枏	河北新城	父咸丰五年举人,东安县教谕,祖父主讲莲池书院	光绪二年举人,十二年进士	《陶庐老人随年录》第11页
崔权	河北无极	父崔苓瑞,同治六年举人,同治十年进士	光绪八年举人、九年进士	民国《无极县志》卷9第22页

续表

姓名	籍贯	家庭出身	科名	资料来源
胡景桂	河北永年	父赏加六品衔，通岐黄，授医学正	同治十二年拔贡，光绪九年进士	《清代硃卷集成》第54册，第213页
崔栋	河北无极	父崔苓瑞，同治六年举人，同治十年进士	光绪十五年举人	民国《无极县志》卷9第22页
白钟元	河北新城	曾祖拔贡生，祖岁贡生	优贡	民国《新城县志》卷10第13页
李张瑞	祖籍云南剑川，寄籍房山	父宦游直隶，随宦至房山。家境贫寒，资匮不得赴试	光绪二十三年举人	民国《房山县志》卷6第31页
王凤仪	河北新城	家贫	光绪二十年举人	民国《新城县志》卷12第16页
边来泰	河北清苑	家贫	岁贡生	民国《清远县志》卷4第94页
翁葆昌	河北清苑	从九品例赠文林郎	光绪五年举人，十五年进士	《清代硃卷集成》第115册第303页
孙凤藻	河北完县	夙蒙庭训	光绪十一年拔贡，十二年进士	民国《完县新志》卷6第22页

资料说明：生徒名单参考《莲池书院肄业日记》《莲池书院课艺》，鲁小俊：《清代书院课艺总集叙录》，武汉大学出版社2015年版，第516—518页。

两表中书院生徒祖、父辈常见"封赠荣誉"，即后世子孙出于光耀门楣的考虑，往往给祖、父附上推恩而得的封典荣誉，实以掩盖其祖、父辈布衣身份而作的必要修饰。

以刊刻于光绪二十年（1894年）的江苏正谊书院《正谊书院课选三集》为例。内中收录同治十年至十二年间应课正谊书院的62位生徒课作，其中有家世可考者19位。19位生徒中，仅王保建之父获举人科名，无一人之父获进士科名；仅毕荫笏、冯世澄、潘祖颐三人之祖（毕沅，乾隆二十五年进士；冯桂芬道光二十年榜眼；潘世恩，乾隆五十八年状元）获得高级科名，其余15人之父、祖或为廪生、贡生等低级科名持有者，或干脆以"父不显""父赠奉政大夫"等一带而过。

再以光绪年间刊刻的河北莲池书院《莲池书院肄业日记》《莲池书院课艺》为例。25位可以确定身份的生徒中，有家世可考者10位，除王树枏之父为举人，祖父为进士，崔权、崔栋兄弟之父为进士外，其余7人之父、祖或"例赠文林郎"或"家贫"，无显赫家世可表。"按中国人传统的观念，亲族中若有人为官，则后人一般都要于传记中载明，以示荣耀，即使是微职，乃至虚衔，也不会忽略。"① 根据这一思路，或可认为两书院剩余无家世可考的生徒至少是家世不显，很有可能出身寒素。如果将这一结论推广至更大的范围，结合何炳棣对清代生员家庭出身的统计结论，② 或可认为大多数清末书院生徒来自非优势家庭，出身官宦之家尤其是累世高官家庭者较少。

相关统计显示，19世纪文职三品官员的年俸为130两，八品官员年俸为40两。结合表5-2、表5-3的统计或可说明，如果父辈所任官职较高，那么由于收入状况较好，子弟因"虚图膏火"原因入院肄业的可能性大大减小，反之，由于父辈所任官职较低，收入状况不理想，很难负担子弟科考费用乃至生活费用，那么子弟因经济原因而入院肄业的可能性将大大增加。

二 治生于书院：仕与学的共同指向

那么生徒进入书院肄业，究竟可以获得多少资助、奖励呢？

书院日常生活中的资助、奖励主要表现为膏火和奖赏。邓洪波《中国书院学规集成》中有膏火、奖赏可考的书院158所，本书统计了一位生徒在这158所书院中有可能获得的最高膏火、奖赏总额，并将每生每月总额超过二两的书院列表如下（见表5-3）。

---

① 尚小明：《清代士人游幕表》，中华书局2006年版，第8页。
② 何炳棣统计长江下游常熟县、海门县和南通县三个有代表意义地区"出身未有科名"的生员人数，认为"清代超过一半的生员，来自先前连初阶科名都没有的寒微家庭"。参见何炳棣著《明清社会史论》，徐泓译注，台北：联经出版公司2013年版，第152—153页。

第五章 清末书院生徒的收入待遇

表5-3　　　　　清代部分书院膏火、奖赏情况统计①

书院	原址	级别	每生每月至多膏火	每生每月至多奖赏	每月至多合计
燕平书院	北京昌平	州级书院	大钱一千二百文	大钱六百文	大钱一千八百文
崇正书院	河北平乡	县级书院	一千文	六千文	七千文
海阳书院	河北滦县	州级书院	一两五钱	六钱	二两一钱
文瑞书院	河北深县	州级书院	二百五十文	二千文	二千二百五十文
令德书院	山西太原	省级书院	三两	未见	三两
霍山书院	山西霍州	州级书院	八百文	五千文	五千八百文
惜阴书院	江苏江宁	省级书院	未见	四两	四两
安定书院	江苏扬州	省级书院	三两	一两二钱	四两二钱
梅花书院	江苏扬州	省级书院	三两	一两二钱	四两二钱
敷文书院	浙江杭州	省级书院	二两	未见	二两
东白书院	浙江东阳	县级书院	一千二百文	一千六百文	两千八百文
东山书院	安徽祁门	县级书院	未见	八千文	八千文
泾川书院	安徽泾县	县级书院	七折钱二两	一两	三两不到
鳌峰书院	福建福州	省级书院	二两三钱	一两	三两三钱
致用书院	福建福州	省级书院	四两	未见	四两
友教书院	江西南昌	省级书院	一两二钱	八钱	二两
信江书院	江西上饶	府级书院	一千六百文	五百文	二千一百文
黎川书院	江西黎川	县级书院	四千八百文	五千文	九千八百文
明道书院	河南开封	府级书院	四两	未见	四两
河朔书院	河南武陟	道级书院	十两	未见	十两
豫南书院	河南信阳	府级书院	二两	二两	四两
墨池书院	湖北宜昌	府级书院	一千四百文	八百文	二千二百文
石鼓书院	湖南衡阳	府级书院	一千文	三千文	四千文
粤秀书院	广东广州	省级书院	一两八钱	二钱五分	二两五分

---

① 清代货币制度相对复杂，"满清入关后，基本沿用明代的货币制度，即银铜复本位，或称银铜平行本位。大额交易用银，小额交易用铜"。因此，各地书院膏火、奖赏的单位并不统一，一般认为，一两白银可换到1000—1500文铜钱。

续表

书院	原址	级别	每生每月至多膏火	每生每月至多奖赏	每月至多合计
越华书院	广东广州	省级书院	一两八钱	一两	二两八钱
学海堂	广东广州	省级书院	二两	未见	二两
应元书院	广东广州	省级书院	三两	一两	四两
白鹿书院	重庆忠州	州级书院	一千二百文	五千文	六千二百文
经正书院	云南昆明	省级书院	六两	三两	九两
兰山书院	甘肃兰州	省城书院	三两	未见	三两

表5-3一共列出30所书院，在级别方面，既有省城书院，亦不乏县级书院；在地域方面既有江南书院，亦有西北书院。有的书院一位生徒每月最高可获得的膏火、奖赏总额竟高达十两，高于19世纪六品文官的月俸。① 而表中的统计并未包括生徒可能获得的其他资助、奖励费用。② 所以，书院的资助、奖励制度，给有治生需求又家世不显的生徒提供了一条得体、便利的途径。

生徒寄身书院，似乎可以将严峻的治生现实转化为平静的为获得资、奖努力于学的过程，这种表面不失文人傲骨，又能轻松摆脱经济困境的方式，无疑是受追捧的。无论是致力举业抑或沉潜学术，治生都是绝大多数家境寒素生徒入读书院的重要诉求之一。

江西新喻人张懋芝，"生而奇颖，有神童之目，五岁知辨四声，工属对，七岁入家塾，授以经史，过目不忘"。十二岁时应府县试，被裴太守称赞为"翰院才也"。张懋芝后入豫章书院、经训书院学习凡十年，豫章书院山长黄爵滋以国士之礼相待；经训书院郭仪霄称其"聪敏过人，志气俊迈，然敛而不骄，敏而嗜学，非鳃鳃以制艺"。③ 由于张

---

① 19世纪六品文官年俸为60两。参见张仲礼《中国绅士研究》，上海人民出版社2008年版，第216页。

② 如北京燕平书院规定，"正副生童有住院肄业者，每人每月除膏火外，再发大钱一千八百"；河北观津书院规定，"在院肄业生员，遇有乡试中式，及童生县府试俱第一人，应由书院酌助贺资"。参见邓洪波《中国书院学规集成》，中西书局2011年版，第5、63页。

③ 同治《新喻县志》卷10《文苑》，瀛洲书院藏版。

懋芝家素贫，必须面临治生养家的现实问题。好在张懋芝"敏而嗜学"，自入书院以来，"课金尽寄归，以佐甘旨"。书院资、奖使得张懋芝得以从治生一事中暂时抽离，全身心从事学术研究。正如韦克曼（Frederic Wakeman）所认为的，"清代科举录取名额有显著增加，这种趋势意味着即使获得科举功名，也难以保证一定能进入仕途。而学术研究常常可以弥补因这种趋势扩大而带来的危机及生计的职业匮乏"①。

在科举道路上汲汲营营的生徒，似乎更愿意通过书院解除他们的后顾之忧。同治辛未科（1871年）状元梁耀枢，少年时代父母双亡，全靠经商的堂兄梁介眉资助，才能免去辍学谋生的厄运："弱冠失怙，恃伯兄介眉，为谋教育，砥行力学。"② 生活的清苦使得梁耀枢一心希望通过举业改变命运。后来，他脱颖而出，考取了广东待遇最高的应元书院。③ 有了应元书院高额的资、奖经费，梁耀枢得以全力备考，最终问鼎一甲第一名。梁耀枢中式后，所撰对联"叠鼓夜寒垂灯春浅，写经窗静觅句堂深"④，便是当年应元书院寒窗辛苦的写照。

三 生徒资奖经费获取中的行为不端

清末大部分省级书院经济条件尚可，生徒学习、生活环境可以说是宽松优渥。生徒胡传在辞别龙门书院时，对山长刘熙载坦言："往年惯于行路，日能行百里。今肄业书院久，往来皆舟行，娇养习惯，恐不能多行。"⑤ 行为娇惯尚算无妨，若至行为不端，确实"有辱斯文"。生徒行为不端是指在院肄业生徒的行为不符合、不服从或者不遵循书院学规规范，或者生徒个人行为的道德规范变得比较松弛，个人道德制约丧

---

① ［美］韦克曼：《中华帝国的衰落》，载［美］艾尔曼《从理学到朴学》，赵刚译，江苏人民出版社2012年版，第74页。

② 《顺德县志》卷20《列传五》，民国十八年刻本。

③ 同治年间，应元书院举人内课每名月给银三两，外课月给银二两。每月文课二次，第一名一两，第二、三名各八钱，第四、五名各六钱，第六名至第十名各四钱。院中肄业举人遇会试年分，内课每名给公车费五十两，外课每名给四十两，附课每名给三十两。参见《应元书院章程》，转引自邓洪波主编《中国院学规集成》，中西书局2011年版，第1306页。

④ 李友华、张解民：《顺德历史人物》，广东人民出版社1991年版，第256—257页。

⑤ 胡传：《钝夫年谱》，转引自欧阳哲生主编《胡适文集》（第1册），北京大学出版社2013年版，第424页。

失。造成生徒行为不端的诱因，简单来说，有主观因素诸如个体道德滑坡、个人价值观念的偏差，客观因素诸如社会不良风气等，这里仅就治生需求影响下生徒获取资、奖过程中的行为不端情况稍作讨论。

中国古代教育经济理论中一直强调"教养相资"的理念："立教者，计其可久可继而为之方，则养不可不具也。"① 鉴于生徒在举业和治学道路上的治生需求和客观困难，清代绝大多数书院遵循"教士"与"养士"并行的原则，定期向在院生徒发放资助、奖励费用。书院发放资、奖费用的初衷是使生徒勿以治生为念，安心向学，但是将对利益的关注直白的放置于书院招生、迁转各环节，出现生徒逐利之事便在所难免。

管同借用宋代胡瑗和蔡京的事例，说明将"利"引入"学"的弊端：

> 宋胡瑗在太学，旧制：士每月有试。瑗曰："学校，礼让之地，而月使之争，非所以成就人才也。"于是改试为课，更不差别高下，有不率教者，召而教之而已。夫有试，犹恐其争，况于廪膳膏火或予或不予，而使之争利于乎哉？邓志宏言，崇宁以来，蔡京群天下学者纳之黉舍，校其文艺等为三品，饮食之给因而有差，旌别人才止付于鱼肉铢两间，学者不以为羞，且逐逐然贪之。学校之坏，自崇宁始。②

此段言说表达的相当清楚：当"差别高下"付于"鱼肉铢两间"，致"学者逐逐然贪之"之时，个别生徒便会行为不端。

《续碑传集》中廪贡生赵圣传，年少时即弃举子业，日夕穷经。因无人延之课徒，贫乏不能自存。听到江苏学政建南菁书院，虽年已六旬，仍橐笔渡江至江阴，"自是客江阴者八年，正月出门，岁暮乃归。

---

① 张萧：《院田》，《宝日堂初集》卷11，转引自沈乃文主编《明别集丛刊》（第五辑）第22册，黄山书社2013年版，第574页。

② 管同：《说士下》，载严云绶等主编《桐城派名家文集·管同集吴敏树集》，安徽教育出版社2014年版，第100页。

经年不得书信，目眵齿衰，仰课卷以求活，不能专心撰著"①。赵圣传"仰课卷以求活"的初衷是弃举业而治学，因此无以治生，尚算其情可悯，但若有生徒寡廉鲜耻，贪微末膏火而罔顾言行，就实在有失士人风范。许多书院注意到由经济利益而招致生徒行为不端的现象："向来甄别录取，外县正课率多卖名之弊，或系本县未经邀取之人，或系近县久据书院之人，唊以微利，图其膏火，张冠李戴，甚至一人数卷，每逢课期，非自己真名，罔所顾惜，任其东涂西抹，草率了事，是一年作养一人之费竟付之有名无实也"②；"甚至请托老手，希图前列，得赏均分"③；"嗣因已取正附课各生，以伊每月必有膏火，往往不肯认真用功，每届课期倩人代作，甚或将己名卖与他人顶名应课"④；"书院向逢甄别之时，诸生或寻枪倩，或录陈文，逞一时虚伪之技，博终膏火之资，殊负慎重遴才盛意"⑤；"向来陋习，诸生止图考取入院，挂名肄业，其实日逐闲游，仍然月支膏火"⑥；等等。凡此种种，张之洞将其概括为"忿争攻讦，颓废无志，紊乱学规，剽袭冒名"，并认为生徒这些行为皆因贪图膏火奖赏。此言虽显偏颇，却也道出了书院资、奖制度之下，生徒确较容易为利益所诱产生行为不端。

不端行为产生的背后，有多重原因。主观来看，绝大多数出身寒素之家的生徒有治生的迫切需要，追逐利益即为生存；客观来看，书院在给付资、奖经费时存在差异，也导致了生徒为将自身利益最大化而"逐逐然贪之"。关于清代传统知识人治生的困顿及辛劳，前文已有论述，

---

① 陈庆年：《赵圣传传》，缪荃孙：《续碑传集》卷75《儒学五》，转引自沈云龙主编《近代中国史料丛刊》（第989册），台北：文海出版社1968年版，第22页。

② 刘绎：《白鹭洲书院章程管见》，转引自邓洪波主编《中国书院学规集成》，中西书局2011年版，第741页。

③ 朱一深：《凝秀书院条约》，转引自邓洪波主编《中国书院学规集成》，中西书局2011年版，第747页。

④ 《锦江书院改定课规》，转引自邓洪波主编《中国书院学规集成》，中西书局2011年版，第1455页。

⑤ 《锦江书院改定课规》，转引自邓洪波主编《中国书院学规集成》，中西书局2011年版，第1457页。

⑥ 陈宏谋：《紫阳书院诸生约言》，转引自邓洪波主编《中国书院学规集成》，中西书局2011年版，第254页。

这里仅就书院资、奖经费给付差异及背后的仕、学价值指向作适当讨论。

清代书院资、奖制度较前代成熟完善，虽然每个书院在给付资、奖费用时的具体操作方式不尽相同，但几乎没有一所书院是每生均分，而是按照各种标准差异给付，又以奖励经费尤甚①，其原因大致有以下三点。

其一，书院资、奖经费匮乏。书院资、奖经费一般以自筹为主，官绅捐献是其主要来源。因为来源有限，所获不多，故只能差异给付："膏火奖赏，本以津贴寒畯，但款项细微，分润难同；只可略为沾益，若欲仰事俯高，非各奋勉读书，成立不足，以资生计。"② 经费不足的情况不仅存在于邑人所建书院、县级书院，甚至连一些名声在外的省级书院也曾因经费无着而减发、停发资奖，如四川省级书院锦江书院，"官课优奖，向无经费，由官随课酌给，师课向无优奖"③。再则，如若生徒员额过多，也会加重书院资、奖费用给付负担，那么每生多能获得的资、奖费用必然减少。"一县之士得廪膳、学租者二十人，得书院膏火者七八十人，合之仅及百人，而号称为士者，则多至千人。彼百人或生矣，而八九百人者何以自给？"④ 所以很多书院在制定学规时，会对正课、附课、外课不同等级的生徒区别发放资、奖，甚至有的书院个中差别极大，如贵州凤城书院，正课生员每名每月膏火一千，副课每名每月六百。江西梯云书院正、附课生童每月膏火甚至相差八百文。不同等级生徒获得的资、奖可能存在巨大差异，为生徒不端行为产生制造了客观环境。

---

① 刘伯骥总结清代东书院奖赏大致有四种给付情况：第一，分班分级按等次而奖赏者；第二，分班分级不按等次而奖赏者；第三，分班不分级按等次而奖赏者；第四，不分班不分级按等次而奖赏者。参见刘伯骥《广东书院制度》，台北：台湾编译馆中华丛书编审委员会1958年版，第272页。

② 《石鼓书院馆规》，转引自邓洪波主编《中国书院学规集成》，中西书局2011年版，第1180页。

③ 《锦江书院捐廉生息章程》，转引自邓洪波主编《中国书院学规集成》，中西书局2011年版，第1180页。

④ 管同：《说士下》，严云绶等主编《桐城派名家文集·管同集吴敏树集》，安徽教育出版社2014年版，第100页。

其二，提升书院科举中式率的需要。清代大部分书院的教学成果最终还是需要"以科名验之"，资助、奖励生徒是提升书院科举中式率的重要手段。尤其对于名声不显、规模一般的书院，在资、奖费用的投入上甚至高于名郡大都书院。道光年间河南武涉县河朔书院规定，正课诸生六十名，每名每月给膏火三两；副课六十名，每名给膏火一两，河朔生徒膏火甚至高于河南府级书院彝山书院每月每名一两五钱的待遇。由此，河朔书院一学年光生徒膏火一项，就需花费二千四百两。

清代书院的官、师课被视为乡、会试的"模拟考"，有的书院（以州县级书院多见）为了提高科举中式率，在设置官师课奖励时故意拨高，以此刺激生徒在官、师考试时的热情，如重庆白鹿书院规定，"正课生童每名每月膏火钱一千二百文，附课生童每月膏火钱八百文。生童每月官课奖赏钱五千文"①。还有的书院官课奖励远高于师课奖励，间接助长了生徒"应斋课者寥寥无几"的情况。

其三，扩大书院学术影响力的需要。广东学海堂是一所课经史诗文，不课举业的书院，是继浙江诂经精舍之后具有全国影响力的学术书院。起初，学海堂的生徒不集中住读，而是定期上交经解文笔课卷，书院根据课卷评定甲乙，分别散给膏火。道光年间卢坤出任两广总督，设立课业诸生十名，每人每月给膏火二两，旨在"遵照旧章、以劝古学"，直至同治年间，课业诸生膏火增加到每名六两。从"散给膏火"到膏火定员高额发放，生徒可以有更多精力和热情潜心学术，产生了诸如陈澧、吴傰、桂文灿等颇具学术影响力的生徒，学海堂经古之风由此大盛。

书院的生存发展，离不开其科考中式率、学术影响力的支撑，而两者的实现，都需要借由书院生徒的努力。通过资、奖费用的差异给付生徒，无疑是最直接、最行之有效的激励生徒提高举业、治学水平的方法。那么由此带来的生徒行为不端则难以避免。

---

① 《白鹿书院每年支给公项银数》，转引自邓洪波主编《中国书院学规集成》，中西书局2011年版，第1436页。

本编小结

清末书院考课制度已届成熟。同时，受科举考试、学术趋向的影响，考课内容也出现了符合时代规律的变化：时文与经史词章的合流，并在一些书院出现新学、西学内容。课作是书院考课的成果展示，从书院方面来看，课作是考核院生学问进境的重要手段，课作水平标示着书院教学水平，优秀课作代表和引领着书院的学风和办学取向；从生徒方面来看，课作是其肄业书院必须完成的任务，生徒在课作撰写、呈交批阅的过程中，接受教师的指导，获得举业与治学能力的精进，而课作结集出版，刊印传世，也可以使生徒在初涉科举、学术之路时，收获一定的社会名望。可以说课作是生徒举业、治学的起点，生徒对仕、学的态度可以通过课作表达。

本编从个体和群体两方面展开。"仕"方面，以应元生徒群体的群聚，生徒叶昌炽的课作以及莲池生徒社交圈的构建三个视角，关注到书院生徒在学习、社会交往中对"仕"价值取向的认可和依从。清末应元书院科名炽盛，生徒因蟾宫折桂、金榜题名的入仕理想群聚应元书院；生徒叶昌炽不断参加考课活动，书写时文课作是因为他一直秉持对科举入仕的价值遵从；莲池书院生徒通过科举考试获得基础科名，并以莲池书院为晋身之阶，迈入清末民初官场，互相引为奥援，构建了以"仕"为价值基础的颇有影响力的政坛"莲池派"。

"学"方面，以经训书院生徒群体的群聚，生徒唐文治的课作以及江宁诸书院学术圈的构建三个视角，关注到书院生徒在学习、社会交往中对"学"价值取向的认可和依从。清末经训书院科学术繁荣，生徒因治经经世的治学理想群聚经训书院；生徒唐文治不断参加考课活动，书写学术课作是因为他一直秉持对治学的价值遵从；江宁诸书院生徒通过肄业兼课江宁著名书院，并以诗词雅集、燕游唱和构建了以"学"价值为基础的颇有影响力的金陵学术圈。

值得注意的是，仕、学价值指向下生徒的群聚、生徒的学习和社会交往并非"泾渭分明"。唐文治课作中展现了其兼采汉宋、经世致用的治学理念，但这并不妨碍其在举业道路上的汲汲营营和最终成功；叶昌炽课作体现了其对四书文、试帖诗的精深功底，但这也没有阻碍其对版本学、目录学、金石学的学术追求和最终成为一名晚清知名学者。仕、学两种价值观对书院生徒社会交往的影响是"潜移默化"的，当生徒进入不同类型的书院肄业时，他们将来社会交往的价值取向和模式或已经被确定。清末新旧鼎革，外部环境变革造成科举、学术新特点的出现，是生徒在社会交往时必须考虑和观照到的情况，也使得这一时期书院生徒社会交往带有鲜明的时代特色，最突出的特点之一便是学界与政界的叠合反映在书院生徒身上尤为明显：以举业为尚的莲池书院生徒亦有不俗的学养和学术作品呈现；以治学为尚的江宁诸书院生徒亦有傲人的科场成绩和官场表现。

治生，是中国传统知识人不可回避的问题。传统知识人除了要维持基本的生计需求外，还要具备一定的物质基础，以应对举业、治学过程中的经济花费，保持其在本阶层的基本属性和精神品格。清末社会经济发展，传统知识人治生观念、方式出现一些新的态势。治生观念的清晰带来了治生方式多样性的可能，入幕、参与商业活动、处馆教学是当时传统知识人治生的主要方式。

书院资助、奖励制度，给有治生需求的生徒提供了一条得体、便利的治生途径。家庭经济状况、对仕与学的态度都会影响生徒资、奖经费获取的心态行为。而书院给付资、奖费用时的差异化，是造成生徒行为不端的客观诱因之一。另外，书院对于科举中式率和学术影响力的追逐，使得其在制定资、奖制度对生徒举业能力、治学能力格外看中，也促生了生徒非常规化的博取资奖。

下编　将去何处

第六章

群体讨论：出路选择的多重面向

　　传统书院没有明确规定学制，生徒肄业书院时间有长有短，短则半年不到，长则十年以上。总体而言，不存在终身勾留书院的生徒。这即意味着，书院生徒终有一日结束学业，离开书院这个相对封闭、安逸的环境，参与到社会的洪流之中，寻找安身立命的途径。因此生徒不可能终生肄业书院，若停驻时间过久，难免落人耻笑："吴江吴芷堂先生，名燮，乾隆丙辰尝应博学鸿词试，不遇。年七十余，无家室，宿食紫阳书院，后辈轻薄，肠肥脑满，视芷堂如怪物，无与言者。"① 可以说，几乎每位书院生徒都将面临离院后出路选择问题。从本章对清末书院生徒在离院后出路选择情况的梳理可以看到，生徒在出路选择上主要出现三重面向：为官、为师和参与新式教育。三种出路中皆可见早年书院生活中形成的仕、学价值的影响。在传统社会，举业的终极指向是跻身仕途，治学最终的落脚点在于学术传播，可以说为官、为师是书院生徒离院后至善至美的出路选择。光绪末年，时移事易，学堂生、留学生、兴学育才的近代乡贤成为书院生徒的三种近代出路，让举业、治学有了新的时代内涵。

第一节　为官：举业活动的最终指向

　　在科举时代，士人们进行举业活动的最终目标和最好归宿，无疑是由科举而出仕。虽然举业一途道阻且长，然"朝为田舍郎，暮登天子

---

① 《吴书呆》，《小说新报》1916 年第 12 期。

"堂"的荣耀,对士人有着非同一般的吸引力,可以说,几乎所有初入书院的生徒都憧憬过由科举考试获得功名,进而入朝为官的一天。当然经过一段时间的书院生活后,他们中的一部分人可能随着社会环境以及个人精神境界的变化,绝意仕途,改就他业,而剩下的一部分人,以不同方式,仍旧继续在科举入仕的理想上奔波前进。

一 举业活动的"胜利者"

生徒在举业生涯中能否获得进士(同进士)科名,一定程度上决定了他们能在仕宦道路上前行多远、攀爬多高。"北图年谱"33位生徒中,有进士(同进士)科名者10位,分别是朱彭年、熊起磻、瞿鸿禨、晏安澜、张謇、赵启霖、吴士鉴、袁嘉谷、邵章和潘鸣球。这10人历任官职情况如表6-1所示。

表6-1 清末进士科名生徒历任官职情况(《北京图书馆藏珍本年谱丛刊》)

姓名	肄业书院	中式年份、科名	历任官职
朱彭年	崇文书院、东城讲舍	光绪丙子恩科同进士	知县分发江西,历任兴国、新淦、贵溪知县,江西乡试同考官
熊起磻	涑水、大梁书院	光绪丙子恩科同进士	刑部主事,四川、贵州司主稿,提牢厅主事,陕西司主事,祈年殿监修,绍兴府知府
瞿鸿禨	城南书院	同治辛未科进士	翰林编修,侍讲学士,福建、广西乡试考官,河南、浙江、四川、江苏学政,军机大臣
晏安澜	宏道书院	光绪壬辰科进士	户部主事,山东司主事,湖光司员外郎,则例馆提调
张謇	尊经、惜阴书院	光绪甲午恩科状元	翰林院修撰,商部头等顾问官,学部一等咨议官,度支部一等咨议官
赵启霖	岳麓书院	光绪壬辰科进士	翰林院编修,监察御史,湖南高等学堂监督,四川提学使

续表

姓名	肄业书院	中式年份、科名	历任官职
吴士鉴	东城讲舍	光绪壬辰科榜眼	翰林院编修，侍读学士，江西学政，资政院议员
袁嘉谷	五华、经正书院	光绪癸卯科进士、甲辰经济特科状元	翰林院编修，驻日云南游学生监督，学务处文案副提调，署理浙江提学使
邵章	诂经精舍、东城书院	光绪癸卯科进士	翰林院编修，奉天提学使
潘鸣球	南菁书院	光绪甲辰恩科进士	沈丘、沁阳、陕县、洛阳知县

资料说明：生徒官职参考秦国经主编：《清代官员履历档案全编》，华东师范大学出版社1997年版，并根据本人年谱补充。

对照这10人的年谱，可看到他们在书院肄业时期，即表现出对举业活动的积极心态（至少是不排斥由科举出仕），甚至有人对将来的"仕途作为"是有所期待的。瞿鸿禨先后从何绍基、郭嵩焘于城南书院受业，据他回忆，书院读书期间，"数年三冠超等，余亦必居前列，甚见契赏"，"课常前列，（郭嵩焘）或时点窜其文"①。再有晏安澜二十五岁时肄业三原宏道书院，"应院课屡列优等，院中推为都讲，公（晏安澜）益究心经世之务，时目瞠骇之"②。张謇肄业惜阴书院时，听闻有位杨姓先生"长制艺"，遂"从之问业"。赵启霖肄业岳麓书院四年间，学政按试屡列一等，"与同县孙蔚林、黄俯山两君以文行相砥砺"③，得优贡，翌年即中乡试第三名。袁嘉谷"入经正书院后，每岁作日记，迄老不辍，与省中学子相砥砺交游始广，掌院许节山、陈小圃诸先生更教以治诗经，习汉学、习经世学"④。前文已述，除学术书院

---

① 瞿鸿禨：《止盦年谱一卷附录一卷》，转引自北京图书馆编《北京图书馆藏珍本年谱丛刊》（第181册），北京图书馆出版社1999年版，第407页。
② 金兆丰：《晏海澄先生年谱卷一》，转引自北京图书馆编《北京图书馆藏珍本年谱丛刊》（第181册），北京图书馆出版社1999年版，第590页。
③ 赵启霖：《潙园自述一卷》，转引自北京图书馆编《北京图书馆藏珍本年谱丛刊》（第186册），北京图书馆出版社1999年版，第384页。
④ 袁丕元：《先严树五府君行述》，转引自北京图书馆编《北京图书馆藏珍本年谱丛刊》（第193册），北京图书馆出版社1999年版，第9页。

的师课外，清末书院的考课，尤其是官课，仍以课试生徒时文写作为主流，以上诸生，无不在书院官课中表现优异，至少说明他们对举业一事抱有一定的期待，愿意为科举考试付出努力，并期许科举考试成功之后的仕宦生涯。

上述10人所走的是清代由士而官的常规路径：由童生至秀才而举人，通过会试、殿试成为进士，最终出仕为官。除此之外，成为优贡（三年一选）、拔贡（十二年一选）、并参加朝考，亦是出仕正途之一。① 李平书曾言："乡举与优贡同为正途出身"，甚至举贡比乡、会试难度更高，"举额省百名以外，优额止六名，其难易相去者何"②。对于那些无法在乡试中脱颖而出的书院生徒来说，如果肄业的是省级书院，官课得见省部大员的机会多，成为优、拔贡相对容易。因此，经由举贡入仕未尝不是一个简单而不错的选择。除举贡之外，参加举人大挑，亦是生徒入仕的途径之一："举人于会试外，尚有入宦之途，为拣选、大挑、截取三项。"③ 三者中又以"大挑"范围最广、机会最多。同光年间共举行举人大挑9次，每次间隔9年。④ 通过了会试正科第三科而下第的举人有资格参加大挑，以形貌、应对、年龄等为考核内容，通过者一般以知县、学正、教谕等用。因大挑考核内容简单，成功通过者可以即刻获得"就业岗位"，且分发后仍有再次参加会试机会，一直颇受会试落第举人的青睐。"北图年谱"33人中有5人是通过参加举贡、大挑（拣选）方式步入仕途的，⑤ 但由于贡生朝考、举人大挑（拣选）后，多以

---

① 科举考试与朝考，是不属于同一系统的两种制度，前者为考试制度，目的是"举士"，后者为授官制度，目的是"举官"，但两者的最终指向是为国家选拔可堪任用的官吏。科举考试的胜利者（意指通过殿试赐予进士、同进士出身），亦须参加朝考方能授予官职。优贡、拔贡则可越过乡会试，直接参加朝考铨选而授官。参见关晓红《清代朝考之创制与终结》，《学术研究》2016年第11期。

② 李钟珏：《且顽七十岁自叙不分卷》，转引自北京图书馆编《北京图书馆藏珍本年谱丛刊》（第183册），北京图书馆出版社1999年版，第310页。

③ 商衍鎏：《清代科举考试述录及有关著作》，百花文艺出版社2004年版，第120页。

④ 分别是同治元年壬戌科、同治十年辛未科、光绪六年庚辰科、光绪十五年己丑科和光绪二十四年戊戌科，参见张振国《清代举人大挑的次数与频率》，《史学月刊》2012年第10期。

⑤ 此中"步入仕途"是指赴任担任实职，不包括以知县（同知）等官职发，而实际未到任者。

"七品小京官分部学习,或以知县分发试用,或以教职"① 等小品低秩任用,故这部分人的仕宦生涯相较进士出身者略显坎坷。很多人穷极一生未能有较好的升迁,甚至老死于冷官任上。到了光绪晚期科举停废后,清廷推广举贡生员出路,举人不论科年远近,均可以注册拣选知县,但此政策只是形式强于内容,不少生徒只是循例注册,并不就任。

表6-2　　清末生徒参加举贡、大挑(拣选)任职情况
(《北京图书馆藏珍本年谱丛刊》)

姓名	肄业书院	举贡、大挑(拣选)情况	历任官职
章定瑜	崇文书院	光绪十九年直隶乡试举人,会试报罢,参加拣选	候补知县分江西,卒于江西任上
李思敬	明达书院	光绪元年广东乡试举人,会试报罢,举人大挑一等	以知县分浙江,充乡试对读官,开化知县,余姚知县
李钟珏	龙门书院	光绪十一年江苏优贡,朝考正取十名	以知县用
张之汉	萃升书院	宣统元年考中优贡正取第五名,朝考二等	分省补用未赴任,代理大清银行总办,农林工商科一等科员,兼东三省官银号总稽查,直隶州知州
庄蕴宽	南菁书院	光绪十七年副贡	以同知发广西,百色同知,平南知县,梧州知府,广西兵备处总办

二　佐幕:游走于仕、学之间

清代幕府盛行。清末幕府职能扩展,知识人佐幕活动主要包括参与幕府实际事务以及学术研究两个方面,分别指向仕与学的价值追求。一方面,游幕被认为是"捷宦之径""进身之阶",与入仕有某种联系,受到心系仕途士人的追捧;另一方面,学术型幕府中的治学环境、学术平台,对接受过学术训练并致力向学的生徒有着非同一般的吸引力。"北图年谱"33位生徒几乎都有或长或短的游幕经历,他们或为仕途晋

---

① 商衍鎏:《清代科举考试述录及有关著作》,百花文艺出版社2004年版,第38页。

升，或为张扬学术，寄身幕府。

　　章定瑜先后两次肄业杭州崇文书院，每次居停时间都不长，对于崇文书院，也没有表现出很深厚的感情。章定瑜三十二岁时乡试报罢，为境所迫，难以支持，遂将妻、子寄食外家，北上至河北保定入幕。三年间，章定瑜独居异乡，先后在曲周县、青县县衙，保定府署、臬属佐幕，月薪五两左右，终于在光绪十九年（1893年）四十岁时，参加顺天乡试，中式五十九名举人。后会试报罢，挑取誊录，以候补知县发江西，结束了其异乡游幕的生活。章定瑜一介南籍士人，远道直隶游幕，除了为治生计，其中或许有希望通过流寓直隶，避难就易，冒籍猎取科名的考虑，而实际上，在中式顺天乡试后，他的游幕生涯也宣告结束，自此终身未再入幕。

　　相对于章定瑜坎坷的异乡游幕生活，诂经精舍生徒王舟瑶则显得顺利许多。光绪十六年（1891年）六月，王舟瑶会试再次报罢，即受聘于福建学政沈源深幕，襄校文艺，至十八年归家。两年内随沈学政历试漳州、龙岩、汀州、邵武、建宁、福州等郡。对于这段佐幕生涯王舟瑶印象深刻，自述"客闽两载，与沈侍郎深相契"。沈侍郎，即沈源深，其督学福建，颇有政声，"重整阖省书院，亲定章程，命学校官各疏诸生学行以报。檄调高材生令肄业会城书院，课以义理之学。自捐廉俸以资膏火，时诣书舍与诸生讲论蔼然也"①。沈源深师出倭仁、吴廷栋，以朱子为的，其训士也专重小学及近思录，但"渊源甚正而规模稍隘"。王舟瑶为学以朱子之学为本，极博大，并参酌汉宋，在客闽的两年时间里，王舟瑶以己之学影响沈源深，"侍郎（沈源深）深以为然，自言少年登第，鞅掌簿书三十年，读书未多，穷理为至，自此以后，益自奋"②。王舟瑶利用佐幕空余，撰写《劝学语》一书，发明为学之次第，沈源深即与之商议，将此书作为教材刊印、分发给专为讲求朱子之学而设的闽学书院生徒。但书院尚未建成、《劝学语》未完初稿，沈源

---

　　①　王舟瑶：《沈侍郎传略》，闵尔昌：《碑传集补》卷4，转引自沈云龙主编《近代中国史料丛刊》（第991册），台北：文海出版社1974年版，第288—289页。

　　②　王舟瑶、王敬礼：《默盦居士自定年谱一卷续编一卷附录一卷》，转引自北京图书馆编《北京图书馆藏珍本年谱丛刊》（第185册），北京图书馆出版社1999年版，第429页。

深即卒于任。此后，王舟瑶佐江苏学政龙湛霖幕，与幕中同侪如通经学、算学的林颐山，通经学的张百祺，擅词章的萧大猷、熊寿鹏、周远鹏、罗光鼎等人交好，与幕下多有学术讨论。

清末书院生徒离院后佐幕者众。生徒肄业书院，尤其是省级著名书院，通过参加考课等活动，缔结人脉，积累了一定的社会知名度，这使得他们走出书院以后，较容易接到幕主的邀请。对于游走于仕学之间的生徒来说，书院生活形成的不同的价值理念，在一定程度上决定着他们幕府生活中的入仕抑或为学的走向。章定瑜、王舟瑶就是其中颇具代表性的两位。章定瑜九岁失怙，入读、离开崇文书院皆为治生计，通过佐幕异乡谋求科举、仕途的便利；王舟瑶学承诂经精舍俞樾，肄业期间即形成了"治经世之学，以宋五子为体，以通鉴九通为用，兼采西学之无害者为用"①的学术视野，佐幕时积极参与幕主、幕友的学术活动，二人于幕宾生涯中不同的价值取向或在书院肄业时业已形成。

表6-3　清末书院生徒佐幕情况（《北京图书馆藏珍本年谱丛刊》）

姓名	肄业书院时间、地点	佐幕时间	佐幕活动	缘何离幕
朱彭年	同治四年崇文、东城书院	同治十一年	奉天学院幕中，襄校学政	学政调任，自沈阳回京师
章定瑜	光绪五年、十年、十一年，崇文书院	光绪十三年至十六年	保定府署、臬属充刑名	谋得坐馆差事
陈衍	光绪四年致用书院	光绪十二年；光绪二十四年	入台湾刘铭传幕，抚肯帮办，招抚土著；入张之洞幕，办报	归家；任学部事
王舟瑶	光绪四年、十年至十一年九峰精舍；十二年至十四年诂经精舍	光绪十六年至十八年沈源深幕；光绪二十一年龙湛霖幕	应福建学政沈源深之聘襄校文艺，与沈学政交善；应江苏学政龙湛霖之聘襄校文艺	学政卒于任，归家读书；因受聘修《台州府志》归

---

①　汪兆镛：《二品衔广东候补道员王君家传》，转引自北京图书馆编《北京图书馆藏珍本年谱丛刊》（第185册），北京图书馆出版社1999年版，第527页。

续表

姓名	肄业书院时间、地点	佐幕时间	佐幕活动	缘何离幕
张之汉	光绪十七年、二十年萃升书院	光绪二十七年至三十年崇一山幕；光绪三十一至彭丙庚幕	应崇一山聘研究书理；应故友彭丙庚邀入山东工赈捐务局东三省总局幕	归家遂辞崇幕；彭丙庚简放甘肃兰州道，遂辞幕

第二节　为师：治学活动的继续或终结

除了以参加科举考试或以佐幕为"跳板"走向仕途外，一部分书院生徒离院后选择成为书院教师、基层学官、塾师等。成为书院教师者，由于未脱离学术环境，在教书育人的同时，有继续从事治学活动的动因和空间，得以成为学术的传承者。而成为基层学官或塾师者，由于缺乏学术成长的土壤，大部分人于治学一事上碌碌无为，远离学术。

一　传承学术的书院教师

"北图年谱"33位生徒中，仅赵天锡有较长时间的书院教学经历。光绪十五年（1889年），张之洞招考广雅书院肄业生，时年35岁的赵天锡以正课第三名的成绩入院受业。甫入院时，院长为梁鼎芬。至光绪十六年、十七年间，赵天锡都在广雅书院肄业，其时朱一新掌讲席，黄涛分校经，林国庚分校史学，马贞榆分校理学，黄绍昌分校文学，赵天锡"时往问业焉"①。光绪十八年，赵天锡离开广雅书院，入都会试，报罢后参加举人大挑，拣选知县，仍回广东，开始了他书院讲学生涯。

从光绪二十年（1894年）会试报罢回到广东开始，赵天锡先后主讲新宁县（今台山）宁阳书院、㵦海书院、广海书院（前㵦海书院）以及香山县和风书院，至51岁去世，再未离开过书院讲坛。学术著作方面，赵天锡主讲宁阳书院时分纂《新宁县志》并绘图，并辑有《宁

---

① 赵天锡：《赵鲁庵先生年谱一卷》，转引自北京图书馆编《北京图书馆藏珍本年谱丛刊》（第177册），北京图书馆出版社1999年版，第275—276页。

阳学存》《宁阳杂存》，主讲溽海书院时，辑有《宁阳诗存》七卷外编一卷，主讲和风书院时，著有《风水形气》两卷。虽然著述不丰，亦无盛名闻世，但不可否认的是，赵天锡早年广雅书院的肄业经历对其书院讲学、治学生涯存在一定影响。

光绪十三年，时任两广总督的张之洞创立广雅书院，与其此前创设的武昌经心、成都尊经书院不同，广雅书院受光绪以来"经古"与"经世"的双重取向的学术风气影响，在课程设置上涵盖了经、史、理、文四科。赵天锡在广雅书院所经历的两任山长梁鼎芬、朱一新，皆为贯通经史理学与经济之学的大儒。上文所提四科分校黄、林、马、黄四师均出自学海堂，他们将陈澧"尽划汉宋畛"的学术取向带来广雅。广雅书院的岁月，无疑让少时即对"天文舆地、堪舆术数"颇有兴趣的赵天锡，形成了"以学术影响世道人心"的格局和气象。

光绪十八年（1892年）秋，广雅山长朱一新应院内师生请求，将过去三年回答诸生所问的内容加以整理、补充，编为五卷，刻印成《无邪堂答问》一书。其中有一则赵天锡向朱一新请教咸丰年间中俄"兴凯湖勘界"事件及东北地势防务的问答，颇能看出书院肄业期间的赵天锡对舆地、边疆之学的思考及对时局的关切：

> 赵天锡，字鲁庵，新宁人，问："吉林边界有白棱河，在何地？"
>
> （朱一新）答："据合约言，在兴凯湖之西，湖布图河之东北。……俄欲由松阿察河掘通穆棱河，故造此白棱之名，以图影射其说。盖本于当时定界使臣之奏疏，俄人狡猾，事或有之也。"
>
> （赵天锡）问："奇勒尔、赫哲、奇雅喀尔及库叶岛、爱珲、雅克萨等地，似俱在界外？"
>
> 答："今惟爱珲尚为我属，……其他皆在界外。但此须分析言之。……俄人高掌远蹠，欲得此岛以控扼虾夷，一以遏我轮舶入江口之路。彼虽目前未暇经营，而他日有事于东方此地固要区也。"
>
> 问："吉、黑两省所防者，似不在兴安岭，而仍恃黑龙江？"
>
> 答："内兴安岭今最扼要，黑省诸城惟爱珲在是岭之外，南距岭百五十余里。余如齐齐哈尔、墨尔根布特哈，皆依岭以为固。……黑地最寒八月即冻冰，可隐人。三月后始渐融解，又无煤

可购，轮舶皆烧薪木，诸形不便。故俄人决计造铁路，将来防务在陆而不在水也。"①

赵天锡的学术取向自然影响到了其书院讲学风格。宁阳书院生徒陈卓平幼时曾就学于本村私塾，习古文，读词赋，先生不讲解，纯属"口耳之学"，学业无甚进步，"毫无心得"。待到23岁时，在宁阳书院受业赵天锡，得其精心指点，学业猛进，名列前茅。"赵天锡是清光绪年间举人，有维新思想，主张中学为体，西学为用。对学生的品德和学业要求非常严格。"②陈卓平的"爱国热忱，油然而生"，从赵天锡学到了立志献身社会的思想。

赵天锡科名不显（《新宁县志》纂修职名中记录其为"举人拣选知县"），亦无名著传世，终身任教于县级书院，是清末书院教师中最普通的一员。但如果我们跳出"北图年谱"，将研究视野投入更广阔的范围，会发现有不少科名显赫、学养深厚的前书院生徒愿意甚至热衷留书院任教。陈澧是学海堂第一届专课生，担任学海堂学长数十年，晚年将东塾学派"汉宋调和、融宋学于汉学"的学术旨趣带到其所主讲菊坡精舍，使之成为东塾学派的学术阵地，影响清末广东地方学术走向。再如黄以周，以诂经精舍俞樾座下高足身份离院后，主讲南菁书院，为学受乃父黄式三及诂经精舍学风影响，主张实事求是，兼采汉宋，其主南菁时，教人以博文约礼，道高而不立门户。还有缪荃孙，未冠辄从丁晏游淮安丽正书院，承续乾嘉余脉，致力经学、小学，后历掌南菁、经心、钟山、龙城诸书院讲席，皆注重以词章训诂训士。学海堂生徒廖廷相、林国庚、梁鼎芬离开学海堂后都有讲学广雅书院的经历。其中梁鼎芬离任广雅后，移席湖北两湖书院，将粤东陈澧一派汉宋调和之学带到湖北，与两湖书院中师承南菁书院、提倡"礼学"的江浙主讲发生碰

---

① 朱一新著，吕鸿儒、张长法点校：《无邪堂答问》，中华书局2000年版，第40—41页。

② 黄剑云：《台山大典》，中国县镇年鉴社2004年版，第51页。

撞，这一过程，既是晚清旧学接引新学路径中不同学派的对抗调整，[①]亦体现昔日生徒成为教师后，仍不忘对一己学说的回护与传递。

此外，不少生徒书院"毕业"后选择留在本院或到下级书院任教。如冯煦（钟山书院）、王仁俊（苏州学古堂）、杨长年（钟山书院）、卢崟（尊经书院）、秦际唐（肄业尊经，任教奎光）、张謇（肄业钟山，任教文正）等。清末由生徒至书院教师者大有人在，他们大多在任教书院后继续坚持治学，并善于以书院为阵地，通过讲论、考课、问答、著述等形式，将自己在书院肄业时承续的学术取向、学说旨趣传递或带到下一辈生徒中间，成为清末学术传承的主导者乃至近代学术的变革的推动者。

二 远离治学的基层教官、塾师

在传统社会中，塾师是知识人最乐于从事的职业之一，尤受到家口累重之士欢迎。殷葆诚曾无奈感慨道："吾不可一日无馆也。"其二十九岁时投考南菁书院，在住院之列，但仅一年不到，就离院而去，表面上是因为他反感南菁书院之弊："书院为储才之地，而实乃炫才之地，非迟之三五年不足言培养而望其成就，南菁岁岁甄别，继续住院者大都止十余人，而好学深思之士，往往因去取难必不能竟逐初衷"[②]，实际上是由于南菁书院中师生皆以治学闻名，而对学术一事，殷葆诚因家计艰难而心有余力不足："余也，上有白头之母，下有黄口之儿，寸产皆无，家徒四壁，其不能专心致志以从事学问，其势然也，故来年行止不能不早自为谋适"，"虽然每生能得膏火七十千二，除去伙食暨零用月二三千文，非有家累者所能住"。[③] 正好殷家表叔有延师课子之议，膳

[①] 光绪二十年左右，梁鼎芬与系出南菁书院黄以周一脉的蒯光典分任两湖书院东、西监督，二人颇有过节，互相攻讦，因"文王受命"之争而将两派矛盾推向高潮，其实质乃是东塾学派"理学"与南菁学派"礼学"的学统、治学方法以及两派接引新学的路径之争。参见陆胤《清末两湖书院改章风波与学统之争》，《史林》2015年第1期。

[②] 殷葆诚：《追忆录一卷续录一卷》，转引自北京图书馆编《北京图书馆藏珍本年谱丛刊》（第186册），北京图书馆出版社1999年版，第612页。

[③] 殷葆诚：《追忆录一卷续录一卷》，转引自北京图书馆编《北京图书馆藏珍本年谱丛刊》（第186册），北京图书馆出版社1999年版，第612页。

修丰余，殷葆诚决定离开南菁书院，租房设帐，并请来岳母与妻子帮忙照应私塾琐事。由于受学者颇多，私塾解决了殷家几口的生计问题，"家庭钟生气盎然，非前五年之比，内则笑言哑哑，外则书声朗朗"①。自此后，殷葆诚常年在外就馆，甚至远至外省外县，甚至总结了一套塾师教法心得，"余一以将向授徒之法教之"。殷葆诚常年"牵于馆课"，"至己亥离南菁九载矣，虽岁岁必赴甄别，而除科岁两试外，奔驰衣食从未久住院中"②。于学术多有荒废，故而相对于那些闪耀清末学坛的南菁生徒，殷葆诚的确名声不显。殷葆诚后被荐为杜子孚家西席，"惟脩羊极瘦，月仅三竿，零用五百，如此而已矣，综岁所入不过四十二千钱"，相比之前在江阴毛庄桥尤有不及。如此情境下，也不得不感慨"离乡书千里，闲居大半年，似比区区日入百文之苦工，尚须借一试以为羔雁"③。从殷葆诚内心而言，塾师虽然能缓解生计之苦，但无暇治学，未免心中有遗憾。

  塾师为治生计，奔波劳苦，无暇治学，充任基层教官者则陷于官场沉疴，于治学一事亦是乏力。周宗麟二十九岁时，被云南学政调入省垣经正书院肄业，因颇具才气而受地方官、学政的关注，本意于治学一事上大展宏图。但是在经历了两次会试落第、馆课教读、佐幕广东后，周宗麟还是选择光绪二十七年（1901年）回到云南，任陆良州学正。清代定例，教官与州县同班，取国家崇儒重道之意，但陆良风气不佳，学官向来如吏目典史般参拜州官，称呼州县官为堂翁。周宗麟深以为耻，认为"今（学官）甘与吏目典史为伍，未免有玷清职"，"生此傲骨头，实不能承奉长官"④，当即表示不会随班逐队。贵州绅士于某地明伦堂上建一"催官阁"，后此地得中两名状元，陆良绅士有意效仿之，遂定

---

① 殷葆诚：《追忆录一卷续录一卷》，转引自北京图书馆编《北京图书馆藏珍本年谱丛刊》（第186册），北京图书馆出版社1999年版，第613页。
② 殷葆诚：《追忆录一卷续录一卷》，转引自北京图书馆编《北京图书馆藏珍本年谱丛刊》（第186册），北京图书馆出版社1999年版，第615页。
③ 殷葆诚：《追忆录一卷续录一卷》，转引自北京图书馆编《北京图书馆藏珍本年谱丛刊》（第186册），北京图书馆出版社1999年版，第585页。
④ 周宗麟：《潘园自述一卷》，转引自北京图书馆编《北京图书馆藏珍本年谱丛刊》（第186册），北京图书馆出版社1999年版，第495页。

于州学明伦堂上仿建一阁，使地方亦发鼎甲，未几大小木材充斥学署之前。周宗麟对此大为不满，认为，"做官各有职权，……学校中事，非先商，经予之许可，断断不行"①。无奈学官人微言轻，对方竟然未允。经此一事，周宗麟已看透仕途芜秽，"初以为教职以缺尚为清高，一入其中，殊属不然，倘不及早收帆，非目染耳濡渐丧所守"②，借故请辞。两年后，朝廷停罢科举，教职始裁缺也。

殷葆诚、周宗麟是离院后担任塾师、基层教官的生徒，参照他们过往的书院肄业经历会发现，书院几乎没有给他们带来什么学术影响。周宗麟或许有过学术理想，但由于他所肄业的经正书院，远离清末江浙学术中心，鲜有学术大师前来讲学，无法受到较好的学术熏陶、训练。殷葆诚常年为家计、举业等俗事困扰，即使两度寄身南菁书院，仍没有培养起对学术活动的兴趣和对学术追求的热情。离开书院后，他们或因塾师馆课佉僾，无暇他顾，或因基层教官修脯甚廉，俗事缠身，更难以有精力、时间兼顾治学，他们可以被认为是远离学术的一类生徒群体。

表6-4　　　　　清末生徒担任塾师、基层教官情况
（《北京图书馆藏珍本年谱丛刊》）

姓名	肄业书院时间、地点	从事教职（坐馆）时间、地点	教育活动
李思敬	同治乙丑至己巳明达书院	光绪己卯番禺石牌乡讲席，庚辰镶红镶蓝官学教习	
周宗麟	光绪十四年经正书院	光绪二十七年陆良学正，三十一年大理中学堂正教员，三十四年任县立高等小学堂校长	任小学堂校长期间，校内缺操场，将校内西北园地辟为操场

---

① 周宗麟：《瀞园自述一卷》，转引自北京图书馆编《北京图书馆藏珍本年谱丛刊》（第186册），北京图书馆出版社1999年版，第496页。

② 周宗麟：《瀞园自述一卷》，转引自北京图书馆编《北京图书馆藏珍本年谱丛刊》（第186册），北京图书馆出版社1999年版，第496页。

续表

姓名	肄业书院时间、地点	从事教职（坐馆）时间、地点	教育活动
殷葆诚	光绪庚寅南菁书院	光绪辛卯家塾塾师；光绪壬辰无锡馆课；光绪戊戌常州刘氏馆	租得前进偏屋两间，附徒四人，走读三人，从阅文者二人；东家姓吕，学生三人
王锡彤	光绪丁亥至戊子大梁书院	光绪十五年至十七年馆于徐氏；十八年至二十三年家中授徒；二十五年至二十六年设塾普渡庵	学生六七人，每年修脯同前三十余千；远方学生渐有至者
钮泽晟	光绪癸巳至乙未爱山、安定书院	光绪丙申至壬寅馆同里李氏、同里金氏、苏州李氏、西南湾沈宅	
夏辛铭	光绪己丑至庚寅诂经精舍、学古堂	光绪辛卯就聘桐乡学舍；光绪辛丑创办濮镇学堂	延聘中西文教习授课其中，濮镇人士习西文自此始
萧瑞麟	光绪十七年五华书院，光绪二十三年经正书院	光绪三十二年与五华书院同窗创昭通五属师范传习所，襄办本省两级师范学堂	教授八班，数逾千人
李学诗	光绪十九年来凤书院，二十年至二十三年五华书院	光绪二十四年馆于里中水映寺	教读生徒几人
丁福保	光绪二十一年至二十四年南菁书院	光绪二十四年至二十五年俟实学堂教习	教授算学，撰《算学书目提要》
蔡焕文	光绪二十六年崇文书院	光绪二十四年与崇文书院同窗许廷甫创德清务本学塾、杭州安定中学	任学堂国文经学历史诸课教习

当然，由于知识人的流动性以及仕宦道路的不确定性，并不存在以一种出路终老的生徒，他们大部分人既有佐幕经历，又做过书院教师，既能在朝为官，也可回乡教书。如王舟瑶，先后佐福建学政、江苏学政

幕，又在撰修《台州府志》的同时掌东湖、文达、九峰书院讲席。在书院改学堂后，又应京师大学堂之聘，教经学科、历史科，一生职业经历丰富。可以说，清末书院生徒出路选择多样，且存在多种可能。这当然与他们所处的时代、社会背景息息相关，也或许得益于曾经的书院生活，让他们有了更高的眼界、更丰富的知识储备和更密切的社交网络。值得注意的是，当同治五年出生的钮泽晟离开书院后还在从事传统塾师职业时，同治七年出生的夏辛铭、萧瑞麟就已经开始创办中西学堂了。而到了同治十二年出生的权量、十三年出生的李学诗这一批书院生徒面临出路选择时，塾师、书院教师、基层教官或是幕友等传统知识人出路已经很难进入他们的视野，他们之中，已经出现新式学堂监督（教师）、咨议局议员、报人，甚至是军人、医生。

第三节　参与新式教育：举业与治学在民初的延续

参与新式教育，是清末书院生徒参与知识与教育转型的一种方式。在前所未有的大变局时代，书院生徒或主动追随潮流而动，或被潮流裹挟向前，在对自身深刻认识的基础上，将往日书院所学所思，化为今日变局中所作所为。总的来说，传统书院生徒参与新式教育的方式大抵有三种：出国留学、学堂深造、兴学育才。出国留学包括留学日、美或是参与政府考察团进行学务考察；学堂深造是指科举停废、传统书院废止后，生徒由传统书院走入新式学堂继续学习；兴学育才包括参与新式学堂教学、管理或者亲自创办新式学堂。无论何种方式，生徒们做出的都是趋于正向发展的选择，正如莲池生徒籍忠寅的诗句所形容"昔日风云气驱使，狂来直与天拼死"[①]。

一　经正书院生徒群体的留日之路

光绪三十一年（1905年）科举停废，广大知识人由举业已无法走

---

① 余榮昌：《故都变迁记略》，北京燕山出版社2000年版，第34页。

上仕宦之路。实际上科举制度在停废之前，虽然不堕，但颓势已现，不少书院生徒甚至身体力行的抗拒举业活动。如果说光绪九年（1883年）时殷葆诚还只能暗自感慨"人寿几何，安能以锦绣年华断送于风檐矮屋中也"①，到了戊戌变法之后的光绪二十五年（1899年），他已经敢于在乡试中"将己卷墨污投之"，当场被考官斥为"不自爱"而逐出试院。此时的殷葆诚已经有了清晰的反科举的意识："所以污卷而出者正自爱自重，不忍亲睹此摧残士类之行为。"② 曾肄业诂经精舍的章太炎，更是一生从未应举，"幼诵六籍，训诂通而已，然于举业，则固绝意不为。……年十四五，循俗为场屋之文，非所好也。……予少时多病，时文亦弄过，旋即废弃，未应试也"③。

谋求获取社会地位的新出路，是科举停废后书院生徒必须思考的问题。光绪二十七年（1901年）八月，清帝谕令各省选派学生出洋，同时鼓励自费留学。光绪三十一年（1905年），中央学部（学务处）组织归国留学生考试，定等第并奖授进士、举人等科名。政府鼓励留学，以科名为奖励，并在选官时表现出对候选人留学经历的青睐，营造出一种"国家新政繁兴，需人才亟，凡游学归国之士，皆连茹以进"④ 的留学利好局面，不少有志仕宦的书院生徒将眼光投向出国留学。一时间由出国留学而入仕，成为科举停废后书院生徒的新出路，甚至出现了不少生徒归国后竞奔官场的局面。这一批人也成为了继第一代19世纪40年的留学意美、第二代19世纪70年留学美欧后，中国近代的第三代出国留学生群体。他们出国时间多在19世纪90年代至20世纪初，目的国以日本为主，既有官派又有自费。

查检"北图年谱"，有世国留学经历的书院生徒不在少数，其中颇值得注意的是清末云南经正书院生徒群体。

---

① 殷葆诚：《追忆录一卷续录一卷》，转引自北京图书馆编《北京图书馆藏珍本年谱丛刊》（第186册），北京图书馆出版社1999年版，第580页。

② 殷葆诚：《追忆录一卷续录一卷》，转引自北京图书馆编《北京图书馆藏珍本年谱丛刊》（第186册），北京图书馆出版社1999年版，第635页。

③ 汤志钧编：《章太炎年谱长编》（上册），中华书局2013年版，第4—5页。

④ 常堉璋：《籍公行状》，转引自卞孝萱、唐文权《辛亥人物碑传集》，凤凰出版社2011年版，第480页。

云南士人最早的赴日留学始于光绪二十二年。①从光绪二十八年（1902年）开始，受清廷留日利好政策、官僚层和知识界师日风气影响，全国相继出现留日风潮，地处边陲的云南同样被卷入这股潮流。至辛亥革命以前，云南留日人数众多，"滇人士逼于外患，渡海求学者先后达千人"②。根据周立英的统计，有名有姓者达368人。③光绪三十年（1904年），被认为是云南学子留日高峰，是年，云南派出留日学生有据可查者129人，这批留学生归国后大多成为对云南近代历史影响深远的名人，他们中有一些出自云南省级书院——经正书院。

"所受教育的不同（特别是新与旧两种教育模式），使人们自然形成不同的社会群体，这些群体在晚清社会变革中扮演着不同的角色。……比较传统一些的知识分子群体对待西方文化就表现出很复杂的心理：一部分人厌恶它、摒弃它，或者是对它不闻不问；而另一部分人试图了解它、认识它。"④值得庆幸的是，经正书院的生徒似乎都成了后者，他们虽地处边陲，却对先进文化有欣慕之心，有志出洋，这一切与一位关键人物——陈荣昌有着密切关系。

陈荣昌（1860—1935年），字筱圃，号虚斋，云南昆明人，历任贵州学政、昆明经正书院山长、云南高等学堂总教习，并参与光绪三十年云南省官费留学生的推荐、考核工作，于光绪三十一年（1905）作为云南省学务视察员护送学生赴日兼考察。陈荣昌素有"滇中文宗"之称，为学"于经史诗文之外，尤注重实践力行，本身作则"。其掌教经

---

① 刘盛堂（1860—1923年），云南会泽人，于1896年自费赴日本留学。他两次赴日本学习实业、考察教育，1905年在日本加入同盟会。回国后，在教育、实业方面做出了贡献。参见云南省留学人员联谊会《云南百年留学时（1896—2013）第一辑》，中国社会科学出版社2016年版，第19页。

② 云南省地方志编纂委员会办公室编：《续云南通志长编》，云南民族出版社1985年版，第2页。

③ 周立英：《晚清留日学生与近代云南社会》，云南大学出版社2011年版，第232—266页。另据龙云《新纂云南通志》记载，清末留日学生仅229人，"千人"之说，恐有夸大，但各方资料均显示，清末五年，云南赴日留学者众。

④ 孙燕京：《晚清社会风尚研究》，台北：云龙出版社2004年版，第214—215页。

正书院六年间,"以经史为主,辞章次之,勤于训诲"①,三迤之士,远近来归,皆以入院肄业为荣。门下生徒有袁嘉谷、蒋谷、秦光玉、萧瑞麟、顾视高等,又有李根源、唐继尧等时来请益,他们中大部分人出现在光绪三十年、三十一年留日名单之列,相信得益于陈荣昌的推荐之功。

  那么,出身经正这样的传统书院中的生徒,何以对西方文化有如此广泛的包容和认可,愿意接受推荐,赴日留学呢?我们或许可以从经正书院学术风尚、培养目标和生徒肄业书院时的所思所行中得出相对客观的结论。

  经正书院的学术风尚、培养目标,无形中影响了生徒对西学的接受度。经正书院是由云南总督王文韶、巡抚谭钧创建于光绪十七年(1891年),其以经古为尚,一度成为清末云南地区的最高学府。就学风而言,经正书院虽然没有云南另一所省级书院五华书院那样历史悠久,学脉醇正,但恰恰由于创设时间晚,得以受晚清学风影响。《经正书院条规》中明确给出了其与云南现有五华、育材书院的区别:"与他书院异者有二,他书院兼课制艺,仅按月课试,经正书院则以古学为主,逐日立课,以督其所学,一也;他书院除月课外,诸生不常进见山长,经正书院则课堂加详,使一堂晤对,既收讨论之功,复有熏陶之益,二也。"②经正书院以塑造"通经致用之才"为教学目标,注重培养生徒"传经、拜经、守正"的品格,将国外各科书籍纳入生徒修习内容,颇受云南士人青睐。经正历任山长许印芳、陈荣昌,皆"品端学粹之儒",一时间云南高才云集经正,文风蒸蒸日上。

  生徒蒋谷,入经正书院前"为人沉静寡言而内精敏","入庠后为经正书院高材生,山长陈虚斋(陈荣昌)极器重之,命合舍生年少者待以师礼"。③ 生徒钱用中,"既入经正书院为高材生,读书辄有创获,

---

  ① 方树梅:《陈虚斋年谱(上册)》,转引自谢本书主编《清代云南稿本史料》,上海辞书出版社2011年版,第301页。

  ② 陈灿:《经正书院条规》,转引自邓洪波主编《中国书院学规集成》,中西书局2011年版,第1619页。

  ③ 何作楫:《陈治恭、蒋谷、钱用中传》,转引自方树海纂辑《续滇南碑传集校补》,云南民族出版社1993年版,第365页。

不泥于古,尝著论驳子。特留心时事,不规于章句"①。生徒秦光玉,"于经史诗文之外,尤注重身心性命之学,实践力行,本身作则,以程朱为趋向,以孔孟为依归,是小圃师之教也",与同门旧友,"皆能以学行相切劘,尤以昆明钱平阶用中、石屏袁树五嘉谷为最。盖平阶提倡时务,而树五之博通敏赡,亦为时贤所稀见"②。生徒袁嘉谷,以高材生送经正书院肄业,"由是治《毛诗》,肆力考据,诗古文词经世之学,博稽中外,尤所殚心"③。再有一位特殊的生徒李根源,少时从来凤书院赵端礼学,习得"经、史、性理、舆地、掌故、词章而归本于经世",于光绪二十九年(1903年)会试报罢后考入由经正书院改制的云南高等学堂,受学于总教习陈荣昌,其时陈荣昌之友,首位云南留日生刘盛堂客居学堂中,见李根源之文颇为称许,"邀至其住室,纵谈尤投契,自是尝往还请教,得益不少"④。从上述生徒肄业、居停经正书院的点滴中不难看出,经世致用的品格已经注入他们的言行之中,这就不难理解当留日风潮渐起时他们自然而然的东渡求学的行为。

经正生徒在肄业书院时,即形成了中国传统文化的知识结构,到日本后,在专业选择上"或习师范,或习法政,或习陆军,或以救国自任"⑤。他们分散在陆军士官学校、东京高等工业学校等学校学习,习得了先进军事、教育、法律等方面的知识,成为兼具东西、贯通古今的近代知识分子。自东洋归国后,他们又广泛参加到地方文化、教育、政治建设中,以传统文化的气质、学贯中西的知识结构以及西方民主的价值理念,影响云南近代化的进程。以生徒秦光玉为例,光绪十八年(1892年)考取经正书院高材生,"垂十一年,兼充斋长两年。经史百

---

① 何作楫:《陈治恭、蒋谷、钱用中传》,转引自方树海纂辑《续滇南碑传集校补》,云南民族出版社1993年版,第367页。

② 秦光玉:《七十岁自述》,转引自方树海纂辑《续滇南碑传集校补》,云南民族出版社1993年版,第378页。

③ 陈古逸:《袁树五传》,转引自方树海纂辑《续滇南碑传集校补》,云南民族出版社1993年版,第447页。

④ 李根源:《雪生年录三卷》,转引自北京图书馆编《北京图书馆藏珍本年谱丛刊》(第198册),北京图书馆出版社1999年版,第354页。

⑤ 云南省地方志编纂委员办公室编:《续云南通志长编》(上册),云南民族出版社1985年版,第2页。

家之学,极为印山(许印芳)、虚斋(陈荣昌)两师历激赏"。其时,晚清学术已走入汉宋合流,经世致用之说已成为学界主流,秦中玉在经正书院两位名师的指引下,深刻理解到这一点,他"生平历注重者四项:曰义理、曰考据、曰经济、曰文章(清乾隆时,姚姬传、戴东原两先生以义理、考据、词章三项为标的,海内翕然宗之。愚意宜添经济一项,而学说始备,且与孔门四科相合)"①,被认为是经正书院中"秉师传,衍其遗教而又传授于友徒"的高足。秦光玉自日本留学归来后,思想益复先进:

> 先生肄业书院时,即研究西学。及至东瀛归来,更兼采国粹、欧化两主义。以吾华文明古邦,伦理、政治、哲学,亟宜保存发扬而光大之,以贡献于世界,不可妄自菲薄,数典而忘其祖。近世科学昌明,愈演愈进,自然应用科学,又宜兼收而并蓄之,以补我物质之不足,又不可故步自封,贻井蛙夏虫之诮。②

归国生徒将传统与现代相结合、"国粹"、"欧化"两主义集于一身,使得他们成为当时中国最精英的群体,具有一定的名望和社会地位,自然无法抗拒地卷入时代洪流之中,成长为清代最后一批、民国第一批学者或官吏。云南生徒赴日留学群体中,以修习法政、陆军两科者,离仕途最近,所以这部分留日生徒归国后,皆热衷投身政界。以经正书院光绪三十年(1904年)留日生徒顾视高为例,其于留日期间进入日本法政大学修习法政,三年后回国,考授翰林编修加侍讲衔,丁忧回到云南。适逢云南筹办自治,被选为咨议局议员兼筹办处总办。宣统二年(1910年),赴京任资政院议员。民国后,被选为参议院议员。顾视高的职业生涯,"任职甚多,成绩亦甚多,而效忠议会,尽力社会,

---

① 秦光玉:《七十岁自述》,转引自方树海纂辑《续滇南碑传集校补》,云南民族出版社1993年版,第377页。
② 王灿:《伯外舅秦璞庵先生传》,转引自方树海纂辑《续滇南碑传集校补》,云南民族出版社1993年版,第374页。

尤为一生之特长"①。关于这一点，我们似可从顾视高本人回忆中印证：

> 始余（顾视高）获交君（李增）五华书院，君年十八，余十五，时两人者，皆年少气盛，视天下无不可为，慨然以风节于济相期。文会之余，恒究心乡事及当世之务。顾余性凤拘，君则倜傥不群。接膝倾谈，议论间不相下君，则狂呼疾走，去不之顾。或有诧而诘问者，君又必起与之抗，一若吾两人深挚之攻错，岂外人所能曲喻者。逾一时或明日，则余未往，君又来，欢笑如昨，争辩亦如昨。四十余年如一日，凡在省、在京、在汴，以逮舟车行役，形影恒不相离；在自治局、在咨议、在资政院、学务公所、锑矿公司，以逮争片马、争七府矿权，争盐斤加价，应求罔不相同。君尝以矿权、盐价之争回，为吾两人快心事。呜乎！爱国爱乡，吾两人素志所表见者，其止于此耶？②

这段文字中，除了可见顾视高、李增二人山高水长的友谊外，还能读到往昔书院岁月对顾、李二人志趣的影响，"究心乡事及当世之务"的社会责任担当，并不曾因事易时移而更张。自治局、咨议局、资政院、学务公所、锑矿公司等场域的更迭昭示着顾视高职业选择始终不离入仕一途的决心。

与顾视高同批赴日修习法政的还有经正生徒蒋谷，归国后，任云南政法学堂提调、昆明劝学总董等职。民国后，担任云南省政府委员会主任秘书。再有赴日修习陆军的唐继尧、李根源二人，虽不出自经正书院，但或有他书院肄业经历，或曾请益于经正陈荣昌，亦可被认为是书院生徒。唐、李二人皆先后就读于"近代前期中国军事人才的摇篮"——日本振武学校、陆军士官学校，回国后，二人都曾在云南陆军讲武堂任职。辛亥革命期间，唐继尧曾任云南督军兼省长，李根源曾任

---

① 秦光玉：《顾仰山墓志铭》，转引自方树海纂辑《续滇南碑传集校补》，云南民族出版社1993年版，第116页。

② 顾视高：《李灿高先生墓表》，转引自方树海纂辑《续滇南碑传集校补》，云南民族出版社1993年版，第492页。

北洋政府农商部总长,并代总统执行命令,以各自方式参与到近代中国的历史进程中。

二 从书院生徒到学堂生的南菁诸子

清末学堂之兴的一方面是书院改废和科举停废。19世纪60年代起,洋务派仿照西方,在全国一些地方办起了新式学堂,与此同时,传统书院内部也开始改革教育内容。甲午以后,变法议起,新式学堂建设又进一步,出现了培养"言政与教之事"之有用人才的专门学堂。而另一方面,科举考试废除八股文、改试策论,书院改制、新式学堂的出现,昭示着传统书院的生命马上走到尽头。清末新政时期,经历了三年的书院与学堂"名同实异"的过渡,至光绪二十七年(1901年),"各省所有书院,于省城均改设大学堂,各府级直隶州均改设中学堂,各州县均改设小学堂,并多设蒙养学堂"①。随着谕旨令下,各地掀起一股书院改学堂的风潮。由于传统书院在改废的最后时刻,仍处于发展的繁盛态势,教学、藏书、祭祀传统三大功能正常运行,肄业生徒的数量及其在举业、治学方面的成就远超前代。书院以何种方式改,改后如何办学,又以何种姿态融入近代教育进程,各地争议颇多。白新良认为,当时全国书院改学堂有三种代表性的模式:分别为山东的激进改革模式,江苏南菁书院的在原有基础上的改良模式,以及敷衍应差的湖南模式。② 最终,中国传统书院完成向新式学堂的转变,在中国历史上存续千余年的传统书院从制度上消失,很快退出历史舞台。

那么身处其间的书院生徒,是如何完成由旧式生徒向新式学堂生的角色转变呢?教育制度的变迁带来学术趋向的变化,是以何种途径折射在曾经的书院生徒身上的呢?书院生徒是如何以学堂生的新身份,完成传统知识人的近代转型的?实际上,新式学堂与传统书院并没有处于对

---

① 朱寿朋编纂:《光绪朝东华录》,光绪一百六十九,清宣统元年(1909年)上海集成图书公司本。

② 白新良:《明清书院研究》,故宫出版社2013年版,第253页。

立的两端，虽然名称有别，但在过渡时期①内，其教学内容、考课内容、师资构成、招生对象等并不具备较大差别，改废当即产生的影响似乎不宜估计过高。昔年龙门书院生徒沈恩孚就指出："夫龙门书院一变而为龙门师范学校，固依然存龙门之名也，变而为江苏第二师范学校，三变而为上海中学，则其名全变矣。然文化机关之性质无改，则其名变而实未变。"② 因此不少书院生徒是直接由生徒角色进入学堂生，甚至是学堂教师的角色。由于在书院改学堂的过程中，各方焦点集中在筹建省城大学堂上，我们也以原省级书院南菁书院为例，讨论上述问题。

光绪二十四年（1898年），江苏学政瞿鸿机响应维新变法，上奏改南菁书院为南菁高等学堂。清廷批示："谕瞿鸿禨奏江阴南菁书院遵改学堂，并将沙田试办农学一折。江阴南菁书院，经前学政黄体芳创设，考课同省举贡生监，现既改为学堂，著准其照省会学堂之例，作为高等学堂，以资鼓舞。"③ 是以南菁书院改称南菁高等学堂。未几变法失败，高等学堂之议未行即止，彼时南菁徒存学堂之名，仍行书院之实。光绪二十七年（1901年）十二月，继任江苏学政李殿林响应新政"书院改制"诏令，上奏《南菁书院遵改学堂并拟章程》，改称南菁高等学堂为江苏全省高等学堂，设学额百名，于翌年二月开学。至此，成立于光绪八年（1882年）的南菁书院在存续十九年之后，追随清末书院改制大潮，从传统走向近代。

新的江苏全省高等学堂生源主要来自原南菁书院、南菁高等学堂的学生："今南菁为书院改设，事归学政管理，应由学政酌调原在院肄业之举、贡、生、监及各学高等生员百人，充各斋学生。"④ 南菁书院改制并非一蹴而就，却是早有先声。光绪二十四年（1898年）随着主讲

---

① 本书将书院、学堂并存的过渡时期范围适当扩大，以洋务运动新式学堂出现为始，以1905年科举制度停罢为止，基本上整个同光年间都不同程度地存在传统书院与新式学堂并存的情况。

② 沈恩孚：《上海龙门书院纪略》，《人文》1937年第8卷第9、10期。

③ 朱寿朋编纂：《光绪朝东华录》，光绪一百四十七，清宣统元年（1909年）上海集成图书公司本。

④ 李殿林：《南菁书院改办学堂章程》，转引自邓洪波主编《中国书院学规集成》，中西书局2011年版，第274页。

书院十五载、于南菁学风有莫大影响的黄以周去职,主持南菁者有感国事益衰,汉宋之学迂远疏阔,渐以经世致用之新学、实学课生,所以南菁书院在改制前就风气早开:"年来讲求中西实学颇不乏人,即南菁诸生平日所肄业者,如经史、政治、舆地、天算、格致各学,皆门径已通,可期深造。"① 故而在当时人看来,书院改学堂对南菁诸生的影响只是从"生徒"到"学堂生"称呼的转变:"以为院中肄业各生,非举人即秀才,皆成材之士,其学问如经史诸子与地政治掌故,分门研究,早具专门资格,只须补习普通学已足。"②

生徒钱崇威是南菁书院到南菁学堂③历史进程的亲历者,钱崇威(1870—1969年),字自俨,江苏吴江人。光绪二十五年(1899年)至二十八年入南菁学堂学习,光绪三十年(1904年)中进士,入翰林。次年官费日本留学,专攻法政。回国后,被选为江南咨议局议员。民国后,任江苏省高等检察所检察长等职。钱崇威在学南菁时,历黄以周山长、丁立钧总讲习,其回忆南菁书院(学堂)"自光绪二十六年后,经学、小学、古学每课生专攻一门,二十七之二十八年间废经学政策论",此说亦符合光绪二十七年南菁书院改称江苏全省高等学堂的史实。改为学堂后,钱崇威的学习、生活并没有太多改变,甚至仍称南菁学堂为"书院","课生生活由书院按月发膏费,课卷优秀时有奖金,其中有班长能代讲习讲学每月40元津贴"。④

章际治是昔日南菁书院培养的生徒,当书院改学堂后,又回到母校担任教职。章际治(1855—1922年),字琴若,江苏江阴人。年十八补县学弟子。光绪八年(1882年)中乡举,就南菁书院从张文虎、黄以

---

① 李殿林:《南菁书院改办学堂章程》,转引自邓洪波《中国书院学规集成》,中西书局2011年版,第274页。

② 蒋维乔:《因是先生自传》,转引自卞孝萱、唐文权主编《民国人物碑传集》,凤凰出版社2011年版,第337页。

③ 南菁书院改学堂的过程中,曾使用多个名称,先后有戊戌变法时期的南菁高等学堂、李殿林时期的江苏全省高等学堂、1907年南菁高等文科第一类学堂、1912年江苏公立南菁学校等。参见赵统《南菁书院志》,上海书店出版社2015年版。为行文之便,统一将新式教育机构称"南菁学堂",以示与南菁书院的区别,亦体现书院改学堂的历史进程。

④ 吴新萃:《访院时期学院钱自俨先生》,载江苏南菁中学百年校庆筹备委员会编《江苏南菁中学百年校庆专刊(1882—1982)》,出版社、出版时间不详,第87页。

周、缪荃孙诸大师游,纵学经史、文辞、九章算术,所造卓卓。光绪二十四年(1898年)以进士改庶吉士,为京师大学堂教习,后清廷下诏悉改书院为学堂,于是主讲江阴礼延校士馆一年。未几,李殿林、唐景崇相继督学江苏,延为南菁学堂庶务长,兼教务长。民国肇建,举为市议会议长、南菁学堂校董等职。章际治对算术造诣甚深,"尝与西人狄考文游,研习算学甚勤,又与西人博兰雅通讯切磋","融微达奥,奄有中西之长"。① 根据其子章楚回忆,章际治大概是在宣统三年(1909年)至1919年这段时间任职南菁的,"先严掌南菁校务十年中,除经学授徒外,又提倡算术,实为开风气之先"②。章家与南菁颇有渊源,子章彬、章楚,孙章青均毕业于南菁学堂,章彬曾任江苏公立南菁中学教务主任。

钱崇威和章际治是书院改学堂历史进程中的两个缩影,他们由书院生徒走入新式学堂,成为学堂生、学堂教习,过程中平静和身份上的适应,似乎很难与光绪末年那段"轰轰烈烈"的教育制度变革联系在一起。究其原因,一方面,他们所置身的南菁书院,一直走在改革的前端,在未改成学堂前,即引入近代教育元素;另一方面,从洋务运动到清末新政,书院一改一废之间,几经反复,让生徒有了适应的时间和空间,由此至少在形式上,往日生徒成为今日学堂生的过程显得十分自然且平静。称呼和身份上的改变,并没有对书院生徒造成过多的影响。那么传统学术向近代学术转型的过程,又是以何种形式投射在书院生徒身上呢?

"近代中国文教或学术史的一大变局,在于教学场合的更替:从以往学程不定、教法各异、地域差别明显、需求功能多样化的官私书院和各种基层书塾,逐渐转型为全国学制统一、教科书教学法日益划一的新式大中小学体系。"③ 传统书院和新式学堂,分别是中国传统学术、近

---

① 徐震:《江阴章琴若先生墓碑铭》,《华国月刊》(第6册),上海书店出版社2017年版,第415页。
② 章楚:《南菁与我》,载江苏南菁中学百年校庆筹备委员会编《江苏南菁中学百年校庆专刊(1882—1982)》,出版社、出版时间不详,第88页。
③ 陆胤:《从书院治经到学堂读经——孙雄与近代中国学术转型》,《学术月刊》2017年第2期。

代学术的传播阵地，置身其间的书院生徒（学堂生）也势必在新旧教育、新旧学术的过渡中，完成了从"治经"之生向"经世"之士的学术转型。① 光绪二十一年（1895年），蒋维乔以岁考第三名调入南菁书院，"得从定海黄元同山长游，遂潜心经子，并肆力于古文，如是五年，学业稍有成就，不若向者之泛滥无归矣"②。次年蒋维乔入常州致用精舍（前龙城书院）。光绪二十八年（1902年）在原南菁书院基础上成立的江苏全省高等学堂开始招生，蒋维乔闻讯后欣然重返江阴，成为一名学堂生。重入南菁后，蒋维乔同时兼修理化、测绘、英文、东文（日文）、体操五门课程。改制后的南菁学校带给蒋维乔的是宽广的学术视野："迩时理化教习钟观光先生，讲解透彻，实验正确，最得同学信仰。且于授课之余，灌输国家思想。先生始恍然于民族革命意义，心醉其说，对于科举，更加鄙视，立志不再应乡试。"③ 同时，丰富多彩的学堂生活也使得蒋维乔身心愉悦："南菁改为江苏全省高等学堂，学科也变更了，添了许多科学，体操便是其中之一。许多学生大约都在二三十岁左右，很怕上操，惟有我很为喜欢。这一年暑假，我和一个同学将许多书籍装在小车上，我们便在烈日中步行，居然从江阴跑到常州，走了九十里，并且毫无倦意。早上八点钟江阴动身，下午四时就到了常州，以后每年春秋两季，都动了游兴，时常结伴出游。"④

  蒋维乔的治学路径在六年的书院、学堂生活中有几次变化。第一次肄业南菁前，蒋维乔一直家居读书，从塾师游。此时的他，虽然有厌恶八股文的朦胧意识，但为学之道却不甚明晰。偶然间从友人处借得《曾文正公书信》，让蒋维乔始知世间有理学、词章、考据等学问，此为蒋氏为学之一变。自二十岁补博士弟子员、入南菁书院后，师从黄以周潜

---

① 梁启超于光绪二十七年（1901年）六月二十六日在《清议报》（第83册）《过渡时代论》一文中提出，"今日之中国，过渡时代之中国也"。本书认为，教育体制、学术趋向在光绪末年同样经历了转型的"过渡时代"。
② 蒋维乔：《因是先生自传》，转引自卞孝萱、唐文权主编《民国人物碑传集》，凤凰出版社2011年版，第336页。
③ 蒋维乔：《因是先生自传》，转引自卞孝萱、唐文权主编《民国人物碑传集》，凤凰出版社2011年版，第337页。
④ 《蒋竹庄先生访问记》，载文明国编《蒋维乔自述》，安徽文艺出版社2013年版，第354页。

心经史古文,"益废弃八股,从事朴学,兼习算术舆地"①,此为蒋氏为学之二变。光绪二十八年蒋维乔二入南菁,此时书院已改学堂,蒋氏为学亦生三变:

> 余昔从事学问,无一定之目的。今岁南菁改设学堂,即到堂及与诸教习及同学志士相处,乃大悟新学界之别开生面,自顾平昔所讲求者,普通之学尚缺如也。……而余思想之发达,始实于此。……盖中国现势在过渡时代,而余之学新旧交换,亦在过渡时代也。②

可以说,南菁书院到南菁学堂的过程,也是蒋维乔学术思想剧变的过程,他从一个精通经史、古文之学的"治经"之生,成长为中西之学并行的"经世"乃至"革命"之士。

三 兴学育才:仕学之间的近代选择

传统知识人通过科名、学品彰显社会地位,获得一定的社会身份。在传统向现代转型过程中,士与仕不再"浑然一体",沉潜学术也不可能是书院生徒唯一的出路选择。兴学育才可以说是生徒跳出"狭隘"的个人选择,将个体发展融入时代进程,超越传统知识人仕与学之外的一种近代职业追求。如果说生徒无论选择为官、为师,还是留学、入读学堂,都缺乏独立的人格精神,无法摆脱统治者意志的影响,那么兴学育才可以说是生徒自由意志得以充分发挥的一种选择。另外,科举停废在一定程度上打破了中国传统社会的分层模式,书院生徒希望通过出路的选择,获得一定社会声望,继续停留在原有阶层甚至向上流动,兴学育才毫无疑问为他们提供了一种可能路径:有别于基层教官、塾师的卑微言轻,不同于低品小官的无奈妥协,从事兴学育才的生徒们俨然成为中国近代第一批教育家。他们似乎在汲汲皇皇、劝学梓里的活动中,不

---

① 蒋维乔:《因是先生自传》,转引自卞孝萱、唐文权主编《民国人物碑传集》,凤凰出版社2011年版,第336页。
② 蒋维乔:《蒋维乔日记》(第1册),中华书局2014年版,第222页。

知不觉地掌握了地方话语权和地方事务参与力量，不经意间，昔年书院生徒已成长为有别于传统方士绅的近代乡贤。① 尤其当"育才"之"才"乃是国政凋敝，人心日激的清末需要的新式人才时，知识人"惟兴学、惟地方自治可以基本救国"的社会理想似乎就有了声张的出口。

率先一批进入兴学育才领域的，是那些对教育熟悉且亲切、有一定地方事务话语权的东南一带著名书院的生徒。如龙门生徒沈恩孚，肄业时"为山长兴化刘融斋熙载岁器重，与同院生华亭沈约斋祥龙、宝山袁竹一康、上海李平书钟珏、姚子让文南辈，卓然负时望。……既淹贯经史，尤精于文字学，亦尝治西北地理"②。可以说，书院时期的沈恩孚，学术精深、受到师友的喜爱，在龙门众生徒中有一定名望。因此科举停废后，时任宝山县学堂教习的沈恩孚与友人倡议，改母校龙门书院为师范学堂，即获当道允可，并被委以龙门师范学堂监督。借此，沈恩孚跻身清末民初江苏教育界。之后，沈恩孚发起成立中华职业教育社，筹创南京河海工程专门学校，负责董理东南大学、同济大学，成为知名教育家。由于清廷无力在各地广泛兴办新学堂，偏远地区的学堂建设更多依赖地方乡贤之力。云南五华、经正书院生徒萧瑞麟，离院后曾任昭通凤池书院、永善玉笋书院山长，感慨"目击世变日新，非自觉觉民，不能挽救危局"③。后恰逢机缘，萧瑞麟"以宿望被滇中大府选送日本肄习师范"④。在日本时，便立志将日本先进教育理念带回云南，"于修校课外，稍暇辄至东京各校考察实施状况，以资印证"⑤，并著有《参观日

---

① 根据陈国庆的观点，近代士绅阶层的分化与消亡，来自近代社会士绅阶层内部的重大变化以及政府权力的削弱。参见陈国庆《中国近代社会转型研究》，社会科学文献出版社2005年版，第95页。本书认为，士绅阶层内部重大变化，除了体现在士绅总数变化、士绅群体构成变化等方面外，还应包括士绅个体意识的觉醒和对个人价值的追求，而士绅通过兴学育才，继续掌握基层社会话语权，就是这方面变化的体现。

② 黄炎培：《沈信卿先生传》，沈恩孚著，薛冰整理《沈信卿先生文集》，凤凰出版社2015年版，第599页。

③ 萧家仁：《先府君萧公石斋年谱一卷》，转引自北京图书馆编《北京图书馆藏珍本年谱丛刊》（第192册），北京图书馆出版社1999年版，第232页。

④ 周钟岳：《萧石斋先生神道碑铭》，转引自方树海纂辑《续滇南碑传集校补》，云南民族出版社1993年版，第431页。

⑤ 萧家仁：《先府君萧公石斋年谱一卷》，转引自北京图书馆编《北京图书馆藏珍本年谱丛刊》（第192册），北京图书馆出版社1999年版，第232页。

本学校笔记一卷》等。归国时，携云南省教育用品百余箱，溯江由蜀至昭通。三月，萧瑞麟创办昭通五属师范传习所，附设高等小学堂，为昭通郡有现代学校之始。

除了以私人力量办学外，组织和推动政府兴学活动也是生徒参与兴学育才的方式之一。书院肄业时形成的良好师友互动，尤其是那些系出名院生徒背后的学缘、业缘关系，无疑使他们在兴学过程中，"绅权"得到提升、膨胀，在清末民初权力关系格局中地位凸显。当然，由于缺乏教育管理经验和专业知识，以及其携带的无法摆脱传统教育的属性，厕身新式学堂之中的生徒多有"勉为其难"之感。但无论如何，兴学育才无疑是传统知识人参与近代转型的一个重要途径。

第七章

个案讨论：生徒蒋维乔的职业选择[*]

书院改制、科举停废以及新学、西学的冲击，使得传统知识人的出路存在多重面相。经过一段时间的调适，相对清晰的职业选择取代了原本模糊不清的出路选择，传统知识人逐渐明白，出路选择带来的是个人社会地位的改变，而职业选择带来的是社会阶层结构的改变，通过职业选择，占有一定的社会资源，其意义已经超出举业和治学所带来的出路红利，更遑论伴随而来的生徒自我意识的觉醒和价值实现。身份等级结构逐渐向职业功能结构转换，是中国社会近代化的一个基本趋向，毫无悬念地应该在书院生徒身上有所反映。清末的书院生徒，大部分在清末民初进入社会，面临职业选择。

清季民国知识人职业选择等问题一直颇受学界关注，[①] 但研究多以群体为对象横向展开，未过多注意到转型时期，"传统的韧性"对个体知识人职业选择产生的影响，以及个体的职业观念及职业经历在此背景下的复杂变化。本节以反映"当事人"视角的史料——蒋维乔发表在报刊上的通信、自述，或回忆、日记之类的资料，并佐以其他旁观者的论说，捕捉当事人蒋维乔最直接的感受，从而对南菁书院（学堂）生徒蒋维乔的职业生涯做一长程的动态分析，考察其职业选择以及职业经历，梳理其职业价值观形成，探究社会变动背景下"新旧两极过渡地

---

[*] 黄漫远：《清末书院生徒的职业选择与职业经历——从南菁书院蒋维乔为例的考察》，《职业技术教育》2020 年第 21 期。

[①] 逯慧娟、王青芝：《清末民初新式知识分子择业面相分析》，《兰州学刊》2010 年第 7 期；陈辽：《自由职业者在中国的崛起、消失和新生——谈百年中国知识分子的职业发展历程》，《江海纵横》2000 年第 1 期；王建国：《清末民初知识分子的职业流动与近代社会变迁》，博士学位论文，中国人民大学，2000 年。

带"的知识人受传统价值影响的情况究竟如何。①

第一节 家庭背景

蒋维乔（1873—1958年），字竹庄，别号因是子，江苏武进（今常州）人。父亲蒋树德，十三岁弃学习工，以一人工作收入赡养全家。由于家庭贫困，蒋家住房条件极差，"楼房两幢，无楼板，惟由四壁，编芦席，洞穴以为窗；卧房与厨房相连，以芦席隔之；宅朝西，夏热冬冷，遇大风雨，辄摧毁门窗，室中积水盈尺"②。每当这时，蒋父就要亲自疏积水，补破屋。蒋母为家庭主妇，以一人之力担任抚育之责，日间操劳家事，夜间补缀衣履，甚为劳苦。如此困顿的条件下，子女教育自然是难以周全。蒋父直言："若皆使读书，吾力勿胜，当择其一以栽培之。"③ 蒋维乔的大哥、二哥就这样相继辍读入肆。少时的蒋维乔，读书绝无难色，受到蒋父尽力培构，曾语之曰："吾望汝读书，能为明理之君子，不望其取科名也"，以"每季束脩制钱八百文"④ 送其入塾。平日对他的功课更是抓紧，"每夕归，必令温习，故背诵热熟"⑤。

"职业选择与家庭背景有着非常密切的关系。父母的价值观念、教育方式以及家庭所处区位环境，对个体职业选择有着一定影响。"⑥ 蒋父虽然年少失学，却服膺程、朱之学，具有一定文化水准，对于家中唯一进学的儿子蒋维乔，也没有要求他必须以举业为出路，观念在当时可

---

① 以往关于蒋维乔的研究，较多关注其与近代上海教育、与商务印书馆之关系。近年来有学者注意到蒋维乔作为第一代新式知识分子，在身份转型、生存空间改变情况下，日常生活的相应变化，讨论视角是蒋氏行为上的"趋新"。参见叶舟《"过渡时代"知识分子的日常生活：蒋维乔在上海（1903—1911）》，《史林》2015年第1期。本节从"传统的韧性"的角度入手，讨论视角是蒋氏思想上的"从旧"。
② 蒋维乔：《竹庄自订年谱》，同治十二年正月初二，民国年间手钞本，上海图书馆藏。
③ 蒋维乔：《仲兄岳庄传》，《群雅》1940年第4期。
④ 蒋维乔：《因是先生自传》，转引自卞孝萱、唐文权主编《民国人物碑传集》，凤凰出版社2011年版，第336页。
⑤ 蒋维乔：《竹庄自订年谱》，光绪五年，民国年间手钞本，上海图书馆藏。
⑥ 屈振辉：《职业与社会》，上海交通大学出版社2014年版，第218页。

以说是十分先进的。蒋维乔的母亲，有当时旧式妇人普遍存在的思想局限性，曾经反对蒋维乔出国留学，对蒋的职业选择产生过不好的影响。① 青少年时期的蒋维乔一直生活在武进，直至光绪二十九年（1903年）赴上海从事教员工作方离开故土。清末民初的武进地处通商口岸上海、南京之间，拥有穿城而过的大运河及交叉纵横的水网河道，交通极为便利。当时的武进以豆、木、钱、典为四大经济支柱，其中以木业最盛，蒋维乔之父就是木匠出身。交通、经济的发达，使得武进人较易接受新式思想和新鲜事物，蒋维乔的二哥就因偶然间读畴人之书，"失于文而得于数"，对数学产生兴趣。少年时期的蒋维乔生活在这样一个经济发达、交通便利、学术底蕴深厚的地区，得风气之先，其眼界格局应该说比一般传统知识人更为广阔。

第二节 教育背景

"一个人所受到的教育程度和水平，直接影响他的职业选择方向和获取他喜欢的职业的概率。"② 可以说，教育背景对蒋维乔日后的职业选择影响深甚。

蒋维乔入读致用精舍、南菁书院前，像当时一般的传统知识人一样，按部就班地接受过中国传统文化知识训练，以备科举：

> 七岁龄入塾，十二岁学作时文，十五岁读毕五经，十六岁读古文，十七岁出塾教余弟读书，十九岁从余师游，时文大进，弱冠游庠。③

---

① 蒋维乔自述："是时清政府招考幼童出洋，府君曾谓先妣曰：'儿子众多，不为令三儿去应考。'先母则云：'儿子虽多，令其出洋何能放心。'府君遂止。维乔当时闻斯语已能记忆，倘先妣不加阻止，或者为最早之留学生矣。"言语之间，颇有遗憾。参见蒋维乔《竹庄自订年谱》，光绪五年，民国年间手钞本，上海图书馆藏。

② 屈振辉：《职业与社会》，上海交通大学出版社2014年版，第130页。

③ 蒋维乔：《我的读书兴趣》，《读书通讯》1947年第124期。

后来蒋维乔回忆那段私塾学习时光，称塾师"除掉《四书》《五经》之外，就是教学生做八股，以外的学问，大多数一无所知"①。虽然私塾所学的知识僵硬空疏，但无疑让蒋维乔储备了那个时代士人所需要的基础知识，并有了初次的职业体验："到十二岁，'四书''五经'将读完，只因先生卧病放假，余下《左传》小半部没有读"，"到十四岁，八股做完，不就外学，在家设一蒙馆，收几蒙童，做起蒙师来"②。

光绪十八年（1892年），蒋维乔二十岁，这一年似乎是他人生的第一个转折年。在举业方面，他已经顺利通过童试，获得生员科名，成为一名常州府学生，也参加了乡试，还因文章"弘博奇丽"，被房师推荐，但主考认为其文"太奇肆"，报罢。在治学方面，这一年也是其学术历程的分界线：弱冠以前，"旦夕所习只知有贴括，见人作一律赋，诧为大奇，其他可知也"；弱冠后，"始稍稍知学问"。③ 当时的蒋维乔，对举业一途，似有厌弃之意："入泮后，益废弃八股，从事朴学，兼习算术舆地。"④ 因此，他以更多的精力去发展他的治学兴趣。这一年，上海制造局翻译了很多国外的科学书籍，蒋维乔"见之而喜之"，疯狂阅读，甚至连平时所爱的小学词章，也稍稍搁置。

光绪二十一年（1895年），二十三岁的蒋维乔以岁考第三名，调入南菁书院。因家贫，蒋维乔并不常住院，而是一面做塾师补贴家用，一面定期参加南菁书院课试。大概在每年的正月间，蒋维乔都要从武进出发，赶赴江阴，参加南菁书院一年一度甄别试。武进距江阴约90里，蒋维乔"早上八点钟在江阴动身，下午四时就到了常州的"⑤，每次需要大约一天的时间。光绪二十六年（1900年），蒋维乔本打算住院学习一年，但在赴江阴途中得了一场大病，不得已于三月返武进调养。蒋维乔前后应课南菁书院凡五年，其间从院长黄以周潜心经史，肆力古文，

---

① 蒋维乔：《我的读书兴趣》，《读书通讯》1947年第124期。
② 蒋维乔：《我的读书兴趣》，《读书通讯》1947年第124期。
③ 蒋维乔：《蒋维乔日记》（第1册），中华书局2014年版，第5页。
④ 蒋维乔：《因是先生自传》，转引自卞孝萱、唐文权主编《民国人物碑传集》，凤凰出版社2011版，第336页。
⑤ 《蒋竹庄先生访问记》，载文国明编《蒋维乔自述》，安徽文艺出版社2013年版，第354页。

治学变得稳健扎实，一改过去"东西翻阅，滥泛无归"的弊病，"如是五年，学业稍有成就"，蒋维乔认为南菁五年，"奠定一生的学问基础"。① 除此之外，蒋维乔还对舆地、西文产生了兴趣。光绪二十四年（1898年）八月出版的《格致新报》"答问"栏目中，刊登有蒋维乔的投稿提问：

> 中国处赤道之北，西北风自北极来，则寒。东南风自赤道来，则燠。恒风方向有定位，舍两粤、滇池偏南，蒙古、新疆偏北，则中原腹地阴晴寒燠，四时恒有定期。然即如江苏一省，去秋阴雨过久，空气甚寒，冬令无雪，空气温和。入春以来，雨地反大，空气严寒，方今已交夏令，而或阴或晴，或寒或燠，迄无一定。即云，寒燠有定，而阴晴无定。然寒燠即由阴晴而生，岂恒风方向之有变易欤？抑空气燥湿之有不同欤？若用测候簿，亦可推得其一定之率否？②

提问有理有据，足可见蒋维乔的勤力思考之功，亦洞见身在南菁书院的蒋氏，深受清末的学术风尚影响，"以研究西北舆地为最趋时之学"③。也是在光绪二十四年，蒋维乔的日记中，开始出现"习西文"的记录。从二月二十八日至五月十三日，连续"习西文"七十四天。光绪二十四年是戊戌变法之年，蒋维乔于这年将治学兴趣由经史古文转移到舆地西文，不得不说是受到了时局的影响。

光绪二十七年（1901年）南菁书院改为江苏全省高等学堂。1902年蒋维乔辞馆课之聘，赴江阴住院学习一年。这也是他肄业南菁书院五年来首次住院学习。蒋维乔在这年年终，总结年来在学堂的收获：

> 余昔从事学问，无一定之目的。今岁南菁改学堂，既到堂从诸教习及同学志士相处，乃大悟新学界之别开生面。自顾平昔所讲求

---

① 蒋维乔：《我的读书兴趣》，《读书通讯》1947年第124期。
② 蒋维乔：《答问·第二百十六问》，《格致新报》1898年第8期。
③ 刘成禺撰，钱实甫点校：《世载堂杂忆》，中华书局1960年版，第37页。

者，普通之学，当缺为也。堂中设理化、测绘、东文、西文、体操五科。余鼓其勇气，兼习之。盖中国现势在过渡时代，而余之身年方三十，在过渡时代，而余之学新旧交换，在过渡时代。惟过渡时代，则有动力，故余今岁之动力，为生平未有。①

光绪二十八年可以说是蒋维乔人生的第二个转折年，这一年，他深刻地感受到了新学对他的冲击，如果说此前对舆地、西文的兴趣，让他初识新学、西学门径，那么这一年学堂的学习，无疑是让他从传统学术研究中"脱胎换骨"，变成新式知识人。此后蒋氏的日记中已难见阅读传统经史子集书籍的记录。这年四月，蒋维乔循例参加科试，蒋平日对举业不以为意，"凡考试场以游戏视之，信笔挥就"②。这次科试，他如往常般并不在意，不想被取中一等第一名，并有了参考优贡的资格。蒋维乔考虑到参加优贡考试耗时耗力，难免耽误学问，故而"决然舍去"，此决定使很多人大感诧异，他自己认为是"燕雀安知鸿鹄之志"。

七岁至三十岁，是蒋维乔接受教育的阶段。以光绪二十一年首次入读南菁书院为分界线，此前的蒋维乔接受的是中国传统知识人的教育，四书五经、时文帖括是他平日学习的主要内容，举业应试也是他读书的主要任务。但随着小学、词章、算术、舆地、西文进入他的学术视野，他的心态已经发生变化，厌弃由举业而入仕的传统知识人之路。进入南菁书院，尤其是在学堂住院一年的时光，他得以系统地学习新学、西学知识，完成了新式知识分子的知识储备。宽广的眼界、丰富的专业知识，以及纷繁的时代背景，使他自然地将传统知识人最佳职业选择——举业入仕摒除在职业生涯之外。

第三节　职业选择与经历

除了家庭背景和教育背景之外，"重要他人"角色对个体职业选择

---

① 《蒋维乔日记》（第1册），中华书局2014年版，第222页。
② 《蒋维乔日记》（第1册），中华书局2014年版，第182页。

的影响不容忽视。根据现实——偶然性理论,"偶然性是人决定职业的重要机遇,某一时刻某一地点遇到的某人影响人的职业选择"①。蒋维乔职业生涯前期,受学堂教员钟观光影响颇深,可以说,钟观光是蒋维乔职业生涯中的"重要他人"。

钟观光(1868—1940年),字宪鬯,浙江宁波人。钟观光是位诸生,邃于国学,后自学物理、化学等自然学科。旅日回国后,在上海创办科学仪器馆,销售科学仪器和药品,并编译理化博物书籍。光绪二十七年(1901年),钟观光受聘任南菁书院(后称江苏高等学堂)理化教习。蒋维乔正是在此时受教于钟:"迩时肄业生皆成材之士,与教员年岁相若,或且年长于教员,多不愿上堂授课,惟先生(钟观光)之讲解透彻,实验正确,学者翕然从之。"②次年,蔡元培等在上海发起中国教育会,"表面办理教育,暗中鼓吹革命",并向在江阴的好友钟观光发来电报,邀请其率南菁同学入会。蒋维乔与同学黄芝年、丁祖荫,"皆意气甚盛,怂恿钟师,愿随之赴会"③。后因渡江时遭遇大风,延误船期而无法成行,众人只得电告中国教育会,异地入会。

光绪二十九年(1903年),钟观光从学堂辞职,来到上海,蒋维乔亦追随来沪。经由钟师介绍,结识蔡元培,担任中国教育会下属爱国学社一、二年级国文教员,这是蒋维乔的第一份职业,和他一起同事的还有章太炎。爱国学社成立于光绪二十八年(1902年),原为收容南洋公学退学学生而创立,总理(校长)蔡元培、学监吴稚晖。由于社中不发给薪水,自总理、学监以下教职员,均需自行另谋生计,故蒋维乔自称为"义务教员":"那时真正是尽义务,社中仅供膳宿,自己日用,太炎和我,都拿译东文换钱以自给。我们两人,住在小亭子间,仅容两榻一桌",④"章(太炎)则为人译《妖怪学讲义》,余则为苏报馆译东

---

① 王新超:《职业发展心理学》,中央编译出版社2017年版,第150页。
② 蒋维乔:《化学研究先驱者钟观光》,载浙江省政协文史资料委员会编《浙江文史资》(第29辑),浙江人民出版社1985年版,第119页。
③ 蒋维乔:《中国教育会之回忆》,转引自中国史学会主编《中国近代史资料丛刊·辛亥革命》(第1册),上海人民出版社1954年版,第485页。
④ 蒋维乔:《我的生平——与蔡子民先生筹划开国时教育的始末》,《宇宙风》(乙刊)1940年第24期。

报，均藉译费自给"①。恰巧此时，蔡元培任所长的商务印书馆编译所需要国文教科书编辑，蒋维乔辞掉译书兼职，专心去编教科书。"从三十一岁到四十岁，全副精神，用在编辑工作"，编辑成为蒋维乔的第二份职业。十年间，蒋维乔和同事一起完成了《最新教科书》（含初高小教科书16种，教授法10种，详解3种，中等学校用书13种）的编写工作，这套教科书出版后风行十余年，行销数百万册，时人称"开出版界风气之先"。此后，蒋维乔一直在商务印书馆负责中学、师范学校教科书编写工作。教科书编写是商务印书馆的主要业务之一，蒋维乔在此重要岗位深耕十年，成为商务印书馆"四大元勋"之一，并通过自己的影响力，介绍了诸如庄俞、孟森、顾实等不少常州籍老乡来馆工作，形成了略带传统知识人地域情怀的新式知识分子群体——商务印书馆中的"阳湖耆宿"。根据1916年在商务印书馆编译所工作的茅盾回忆："编译所中的国文部（部长庄俞，武进人），专编小学和中学教科书的人是清一色的常州帮。"②

蒋维乔的第三份职业是政府官员。蒋维乔三十九岁时，随蔡元培到南京的教育部任职，钟观光亦在同事之列。当时民国政府甫立，百废待兴，教育部甚至找不到适宜的办公场所，只得借南京碑亭巷江苏督抚府内务司楼上的空屋三间暂时"安身"。对于蒋维乔来说，"政府职员"的工作，相比此前两份职业辛苦不少：

> 住在一个小旅馆，……月支生活费三十圆，每日九时上班，午后五时散班，照学校规矩，用摇铃为号，所做工作，就是草拟学制。……部中一切公务，均集中在我一人身上，日夕忙碌，两目红肿，也不得休息。③

1912年，南京临时政府教育部移师北京。蒋维乔、钟观光等于北

---

① 蒋维乔：《中国教育会之回忆》，转引自中国史学会主编《中国近代史资料丛刊·辛亥革命》（第1册），上海人民出版社1954年版，第486页。
② 茅盾：《商务印书馆编译所生活之一》，《新文学史料》1978年第1期，第5页。
③ 蒋维乔：《我的生平——与蔡孑民先生筹划开国时教育的始末》，《宇宙风》（乙刊）1940年第24期。

京教育部中担任参事室参事,"主管法令,事务本简,不过这时审查各项学制,却十分繁忙,我们天天在第一条、第二条的条文中讨生活"①。后蒋、钟二人因与继任教育总长汪大燮不睦,受到排挤,先后去职,拂袖南归。蒋维乔仍进商务印书馆,钟观光专心研究植物学,偶尔担任大学教席,再无涉足官场,至此,蒋、钟二人职业生涯开始"分道扬镳"。1917 年,蒋维乔再次北上担任教育部参事,与此前北京教育部任职时大不相同,此时的蒋维乔由于事务清闲,以余暇潜心研究佛学。

1922 年,蒋维乔结束京官冷宫生涯,简任为江苏省教育厅厅长。"苏省厅长,比任何省要难做的多",当时江苏省教育界有三派势力:江苏省教育会、省议会和省立各校校长联合会,三派势力水火不相容。蒋之前的几任江苏教育厅厅长,皆被地方势力排挤,或不久去位,或不得到任。蒋维乔以为桑梓服务之大义,愿赴其职,受到江苏各界欢迎拥护。虽然蒋氏尝言"素性抗直,不宜于做县官",但在即将赴任江苏之前,他还是立下以下四点原则:

一、教育行政计划,决于公论;
二、用人以人才为标准,对于各方面,皆不予敷衍;
三、厅中经济公开,以为各教育机构表率;
四、厅长本人,亲赴各县实行视察。②

蒋维乔到任之后,严格按照上述四点行事,"本省学风,渐渐改良,教育日有起色"。蒋维乔还于江苏教育厅厅长任上,兼任省内东南大学、中国大学客席教师,主讲佛教哲学、中国哲学史等课程。1927 年以后,57 岁的蒋维乔去职东南大学,隐居上海,此后基本以"教读"为业,受聘沪上各高校,如光华大学、沪江大学、暨南大学、上海工业专科学校、震旦大学等,讲授哲学、中文等相关课程,直至新中国成立前夕。

---

① 蒋维乔:《我的生平——与蔡孑民先生筹划开国时教育的始末》,《宇宙风》(乙刊) 1940 年第 24 期。

② 蒋维乔:《江苏教育厅三年的回忆》,《改造杂志》1946 年第 1 期。

第四节　职业生涯和职业价值观

蒋维乔的职业生涯所经历的三个阶段，与他本人思想变化、社会变动密切相关。三个阶段中皆可见书院（学堂）时期形成的出仕、为学两种价值取向的影响。

第一阶段，是光绪二十九年（1903年）至1912年间，蒋维乔离开南菁书院（学堂），赴上海担任教员、编辑时期。此阶段距离蒋维乔南菁生活最近，此时的他，刚离开学校而进入社会，他的职业选择自然不能摆脱南菁书院（学堂）对他的影响。他的第一份工作，是由南菁老师钟观光的引介而得，虽然只是没有薪水的"义务教员"，但借此积累了教学实践经验，并得以正式进入教育领域，亲身参与近代中国教育改革。因工作之便，与上司蔡元培熟识，后又因蔡元培的关系，蒋维乔加入商务印书馆教科书编译所，成为一名教科书编辑。由于所编教科书质量上佳，蒋维乔得以在当时的教育界小有名气，为其日后跻身政坛积累了政治资本。教员、编辑工作，让本来接受小学词章熏染，对新学、西学认识不深的蒋维乔，接触到南菁书院（学堂）之外的"教育、心理、伦理、英文等诸学"[1]，拓展了学术视野和格局。过往的书院（学堂）生活对于蒋维乔来说，似乎已成为逐渐远去且模糊的记忆，书院（学堂）的影响正在淡出，或许我们只能从"我因为在南菁学堂学过兵操，也被派为分队（义勇队）教练，真滑稽得可笑"[2]之语中，读到些许昔日南菁的印记。

第二阶段，是1912年至1925年间，蒋维乔离开上海，担任教育部官员、江苏省教育厅厅长时期。此时的蒋维乔，有了一个重要的职业身份——政府官员。蒋维乔活跃政坛的时间，正是民国初创之时，政体更

---

[1]　蒋维乔：《我的生平——与蔡孑民先生筹划开国时教育的始末》，《宇宙风》（乙刊）1940年第24期。

[2]　蒋维乔：《我的生平——与蔡孑民先生筹划开国时教育的始末》，《宇宙风》（乙刊）1940年第24期。

迭之下，教育制度何去何从，新旧教育模式如何衔接、转换，诸多问题考验着教育政策制定者的智慧。蒋维乔于1911年、1917年两次出任民国政府教育部部员①，协助教育总长蔡元培草拟、审查大、中、小学校学制。对于政府官员这份职业，蒋的态度是"我于做官，本没有兴趣，况且这个官倘来得之，倘来失之，绝不以为意"②。无论此言是传统知识人不屑厕身黑暗政坛，而又因种种原因不得不"委身政坛"的自我辩白，还是受传统道德观念中"在其位，谋其职"社会责任感的驱使感召，抑或是为报答蔡元培多年来的知遇之恩，成为教育部部员的蒋维乔可以说尽心尽力。尤其是第一次任职期间，总长蔡元培因经常列席国务会议无法到部，部中公务多由蒋维乔"代拆代行"。这段时间蒋氏的年谱、日记中，常见"公务忙碌""两目红肿，不得休息"等语。蒋维乔服务教育部的时期，教育部组织机构动荡、人事变化频繁，蔡元培1912年7月辞去教育总长之职后，蒋继续留部任职至次年9月辞职。

1917年，蒋维乔再次北上担任教育部参事一职，此时教育部物是人非，蒋之心境已大不如前。昔日蒋维乔在部，颇得总长蔡元培倚重，举凡大事，必与之商议。如今蒋维乔落得事务清闲，以闲暇研习佛学、哲学，造诣渐深。1922年7月简放江苏教育厅厅长，蒋维乔得以结束冷宫生涯，但此时政局动荡，地方行政架构混乱。蒋维乔空有抱负，难以施展，每每以教书、听课排遣，自言："余在南京，备有三种人格：一为行政官、二为教师、三为学生。"③

---

① 蒋维乔1911年、1917年两次供职教育部间，皆任参事一职，但主理事务略有不同：1911年1月9日，南京临时政府教育部成立，蒋自述"蔡君（蔡元培）告我：正式政府没有成立以前，我们教育部官员，不必呈请人民，一律称为部员"。后1912年3月，教育部随迁北京，蒋自述"五月初到京，钟（钟观光）、汤（汤化龙）与我，均为参事，袁观澜为普通部长"。此时蒋维乔名为参事，却时常参与部中实际事务，地位类似教育部创始人，参见《我的生平——与蔡孑民先生筹划开国时教育的始末》，第318—319页。1917年冬，蒋维乔二次进京，就任教育部参事。此时教育部参事，"定额三人，承长官之命，掌拟订关于本部主管法律、命令案事务"。参见朱有瓛《中国近代教育史资料汇编：教育行政机构及教育团体》，上海教育出版社1993年版，第104页。此时的参事，可视为教育部闲职。

② 蒋维乔：《我的生平——与蔡孑民先生筹划开国时教育的始末》，《宇宙风》（乙刊）1940年第24期。

③ 蒋维乔：《因是先生自传》，载卞孝萱、唐文权《民国人物碑传集》，凤凰出版社2011年版，第336页。

任职苏省教育厅厅长期间，蒋维乔尝言："我生平一日不愿离开学问，做行政官，实非本愿。均能凭着公理，不顾一切困难，一直去做。"①无论此言出于本心，抑或是传统知识人的自我标榜，但这种为官原则，着实触及苏省部分人士的利益。我们或可从蒋维乔反对者的角度了解蒋主政江苏教育时的情况。1922年11月26日，《民国日报》上刊登了一则江苏省议会议员张才鲁等二十五人发起的提议案，要求当局查办江苏省教育厅厅长蒋维乔，并列举蒋氏八大违法事实：（1）行为卑劣。蒋维乔之江苏省教育厅长之职，乃是其"奔走历下，大肆运动"所得。莅职后，以职务之便，售卖自编商务印书馆教材牟取利润，"行同市侩，人格卑污"。（2）废弛职务。蒋维乔笃信佛教，每日听经至日中才能到厅办公，办公时间亦喃喃诵佛，并以公款开支携眷出游，至厅中事务停滞。（3）任用私人。蒋维乔将其儿女亲家、外甥、妻舅等置在教育厅中任职，"凡所任用，莫非戚党"。（4）违背法令。蒋维乔听任部分中小学校长兼任他职，"违法渎职，莫甚于此"。（5）盗用公物。蒋维乔协同私亲寄宿厅内，并盗用厅中桌椅器具，"予取予携，视同私置"。（6）举动儿戏。人事任命朝令夕改，"诸如此类，不遑枚举"。（7）纳贿营私。厅中细账，并不公布，决算册秘密缮造，借便营私，"公然纳贿，中饱私囊"。（8）纵子招摇。蒋维乔之子蒋传远终日花天酒地，留恋私娼，教育厅官员追随之，"趋之若鹜，蝇营狗苟"。此八大罪状，是否为罗织附会，尚难确定。②但民国江苏官场环境恶劣，确是事实，蒋维乔厕身其中，用其友的话说是"跳入火坑，徒供牺牲"③。

第三阶段是1925年以后，蒋维乔移居上海，任教各学校时期。

---

① 蒋维乔：《江苏教育厅三年的回忆》，《改造杂志》1946年第1期。

② 蒋维乔任江苏省教育厅厅长，风评呈现两种极端，如江苏学生会认为蒋维乔"致力经费筹措，深得南北各校学生信仰"，而江苏省教育会会长袁希涛的弟弟袁希洛曾有蒋维乔夫人吸食鸦片，苏省省立校长中有钻营其夫人而得位者的言论。此与江苏政治生态环境有关，时北洋政府、国民党政府、江苏省教育会等各方力量呈现交锋、争夺的态势，江苏省教育厅长职位为各方争夺焦点。参见谷秀青《1925年江苏教育厅长易职风潮》，《理论月刊》2015年第12期。

③ 蒋维乔：《江苏教育厅三年的回忆》，《改造杂志》1946年第1期。

1925年，蒋维乔卸任江苏省教育厅厅长。1927年蒋维乔离开南京，息影沪上，先后任光华大学文学院、诚明文学教授兼院长，太炎文学院、神学院教授，上海爱国女校校长，又与黄炎培一起创办鸿英图书馆，并任馆长，刊编《人文杂志》。在经历宦海沉浮十数年之后，蒋维乔选择教师作为其职业生涯的最后归宿。讲学之余，他著书立说，写成《佛学纲要》《中国近三百年学术史》《吕氏春秋汇校》，可以说，此时蒋维乔的心境已经是过尽千帆，看透官场百态。曾经日伪政府屡次派人邀请蒋维乔出任伪政府教育部次长，蒋断然拒绝并回复："假如一个人，向来做事不问应做不应做，都去干的，那倒无所谓。我是一生爱惜羽毛，不肯苟且的。现在不必高谈名节，且卑之无甚高论，我年已六十七岁了，离盖棺论定，为时不久。您替我想想看，做这等事，值不值得。"① 此时蒋维乔已是花甲之年，靠着奔走几所大学的薪水，供养全家祖孙三代，生活艰辛尤甚青年时期，可仍在日伪诱迫之下保持风骨。由此可见蒋维乔之职业价值观，既有对出而仕宦的接受，又有退而为学的淡然，更有传统教育熏染下书院生徒的情操气节。

纵观蒋维乔职业生涯的三个阶段，自始至终难以跳脱仕与学的游移、徘徊。

出仕方面，清末民初，时移世易，由举业而入仕已然绝迹于书院生徒的职业规划之中，出仕也有了新的形式和内涵。虽然混迹官场十余年的蒋维乔屡屡宣称，"我志不在做官，决定凭理而行，绝不敷衍，合则留，不合则去耳"②，但考究其内心深处，似并不舍得放弃传统书院生徒价值体系中业已形成的对出仕为官的追求。职业选择时，首先考虑出仕，致仕回到大学任教后，也发出"亦以生活环境突变，不得不重操教读生涯"③ 之类的无奈感慨。

为学方面，蒋维乔从小接受传统文化教育，及长熟读经史，弱冠又钻研新学、西学，称得上中外俱通，不仅在仕途上有所建树，为学方面

---

① 蒋维乔：《八年来敌伪诱胁记》，《评论》1945年第5期。

② 蒋维乔：《因是先生自传》，转引自卞孝萱、唐文权《民国人物碑传集》，凤凰出版社2011年版，第336页。

③ 蒋维乔：《华严经疏钞编印会记略》，《觉有情》1939年第4期。

也足可称善。蒋的学生沈延国回忆晋谒先生的情景:"(蒋维乔)除外出教书、治理校务馆事外,无论寒暑,终日危坐在书房里,书桌上堆满图书,有中国的线装书和日文书,先生左右采获,用毛笔疾书。"① 蒋氏于国学、西学"左右采获"之间,似可看到身处变革时代的传统书院生徒于为学上的坚持与创新。

本编小结

清末书院生徒们,置身清末民初不可逆转的时代大势之中,表面上看似乎再没有精力考虑举业与治学的问题,但是他们的出路选择和职业选择,却始终无法背离仕与学的价值指向。

本编以《北京图书馆藏珍本年谱丛刊》中所辑清末人物中记述其书院经历的33位生徒,以及两个生徒群体(南菁诸子、云南书院生徒)为样本,通过对他们年谱的阅读,以数据并参以实情佐证的方法构建变动中非菁英学人的出路选择的过程,着力讨论在"万国梯航开中西交冲之局"的时代里,身处"末世"与"新世"之间生徒的出路去向和人生方向。同时,以生徒蒋维乔的职业经历为个案,透视其职业选择中的仕、学价值影响。值得注意的是,清末书院生徒群体人数众多,生徒各自家庭背景、成长环境各异,书院肄业时间分殊,所处地域经济文化发展状况迥异。这一现实使得每个书院生徒在职业选择时的心态、行为不尽相同,但是共同的书院肄业经历无疑让他们在出路(职业)选择时存在一些共性。

清末书院生徒离院后主要有为官、成为基层塾师和参与新式教育三大类职业选择,这也是传统士绅阶层分化、流动、消亡在形式和内容上新旧嬗替的一个面相。旧与新之间,往日书院生活的印记在他们的思想、行为之中仍可找寻:无论是对仕宦之路的"欲拒还迎",还是对新学西学的接受传播,个中所表达的都是他们在书院时期习得的

---

① 沈延国:《回忆蒋竹庄先生》,载政协常州市委员会文史委员会编《常州文史资料》(第5辑),出版社不详1984年版,第95页。

内涵与精神。如果说，随着社会价值指向的移易，戊戌维新以后的书院生徒在职业选择时，早已跳脱了出仕与为学的封闭结构，并不为过，然细细体味，生徒职业选择多向性的背后，何尝没有受到传统价值体系的影响。功名禄位、学养深厚依旧是生徒职业生涯的起点，甚至可以在生徒为官、成为基层塾师时产生保障作用。即使是参与新式教育，一定的科名身份、学术名气往往可以帮助生徒迅速、便捷地获取机会，掌握话语权。如果说走入民初的书院生徒在职业选择时尽可能地回避往日书院生活所造成的价值影响，毋宁说书院生徒无论如何也无法逃避传统知识结构带来的内心深处的价值趋从。虽然书院求学已成过往，但书院生徒在面临出路、职业选择时，仍在潜意识中保留对仕、学的基本判断，为官和为师似乎成为他们对既往书院生徒身份最好的"回馈"，这种心态并不以近代时局变化、学术变迁而有本质上的改变。

清末民初，资本主义经济的发展推动社会分工不断精细化，知识人职业选择的范围日趋扩大。职业选择既受到经济、政治的影响，又交杂着个体的价值判断，个人的专业、兴趣、传统道德观念等共同作用于职业选择的过程，其中个体教育背景的影响力不容忽视。蒋维乔是当时众多的无留洋经历、官位不高不低、学术成就不大不小的传统知识人的代表，他从南菁书院（学堂）走来，乐于接受新思想、新知识，有新式知识分子的择业观念和行为方式，却在内心深处非常矛盾地依然保有传统书院生徒对出仕、为学的终极追求。纵观他或他们的一生，职业选择、经历始终没有离开官员、教师两个门类，表达的仍是出仕、为学的价值指向。可以说，在"动态、新陈代谢迅速"的转型时期，以书院生徒为代表的传统知识人暂时都无法彻底褪去对传统的守望，虽然他们将举业摒除在职业选择之外，但他们所秉承的出而为仕、退而为学的传统价值理念，似乎从未离开过其左右。他们肆力终生的，不过是几番宦海沉浮，几本留世著作。这就是为什么，时至20世纪20年代，曾经的南菁生徒孙毓修一边以"版本目录学家"自诩，一边对商务印书馆同事茅盾父亲的举人身份羡慕不已，叹息道：

"我半世从事试帖,只青一衿而已。"① 清末书院生徒职业选择、职业经历以出仕、为学两个维度拓展延伸却又难以逃脱传统的惯性力量的制约,折射出近代中国从传统向近代转型,但又无法完成这一转型,而处于过渡状态的一个缩影。

---

① 茅盾:《商务印书馆编译所生活之一》,《新文学史料》1978 年第 1 期。

结　语

清末书院生徒群体

——透视晚近中国的新鲜视角

"数千年未有之大变局"是对清末社会政治特征的一个普遍共识。教育领域中的"变局",意指延续千年的传统教育生态处于前所未有的危机之中,主要表现在书院改制与停废、科举停罢、新学西学兴起,以及由此带来的传统封闭价值结构的多元化趋势。论者多以"新"来概括清末民初教育领域出现的诸种变化,而将科举制度、经典学术、传统书院、旧式学人等认为是"旧"的元素。诚然,时运国运之下,这些延续千年的所谓"旧"的元素,皆不同程度地受到时代的冲击,但是正如罗志田所认为的:"近代中国新旧两极之间的过渡地带其实相当宽广,在新旧阵营里通常也还有进一步的新旧之分,对许多人来说亦新亦旧恐怕正是常态。"① 因此,我们对于清末民初过渡阶段的知识人在所谓"新旧之间""中西之间"所表现出的思想观念、心态行为、出处进退、精神风貌的讨论应该更加慎重。

"无边落木萧萧下,不尽长江滚滚来。"清末民初的学人研究中,新式学堂学生、出国留学生群体向来都吸引研究者炽热的目光。学堂生、留学生就像初升的太阳,驱散了中国大变革时代教育空气中的"阴霾",与之相对的书院生徒,似乎成了"旧式教育"的代表。学堂生、留学生与传统书院生徒,看似朝阳与夕阳之别,但实际上至少在仕、学的取舍得失之间,"遗存的士"与"新生的知识人"之间或许并没有想

---

① 罗志田:《新旧之间:近代中国多个世界及"失语"群体》,《四川大学学报(哲学社会科学版)》1999年第6期。

象中的那样畛域分明,或有相互覆盖的现象。毫无疑问,"传统书院培养的是处在近代社会对立面的旧式儒生"这一思维定式并不准确,书院生徒和新式学堂生、出国留学生一样,是那个时代不可忽视的一个群体和力量,亦是透视晚近中国的视角之一。

一 科举、学术场域中的书院生徒

科举制度的变迁与学术发展趋向是与清末书院生徒关系密切的历史语境。

科举制度在一千多年来影响着中国传统知识人的思想观念、利益格局、生活方式,在中国历史上,鲜有演展如此之久的教育制度,它不仅联系着传统中国社会的选才、用才、教化、学术风尚,同时还承担着整合社会内部的责任,而"士变仕"就是其中重要的一环。"在旧体制的中国,能够成为官僚的,原则上只限于修习学问者,而且大部分人修学的目的首先是为了成为官僚。学者=官僚的这个等号含有这样两层意思。科举是这一等号的制度性媒介。"① 科举制度之下,每一位读书人都是参与者,通过举业求仕进的观念早已根深蒂固,历来已有颇多论述。虽然清末科举制度的无力感越来越明显,但也并没有过多地影响书院生徒的求取仕进之心,而被认为是"带来知识分子世界地壳变动的最大契机——科举的废止"事件的发生,让书院生徒在另辟发展路径的同时,似乎也很难磨灭其内心深处"士变仕"价值理想。

书院生徒对于科举制度的心态行为并不是一成不变的,而是受到个人际遇、时局政局、时代思潮等因素影响。总的来说,书院生徒对举业的心态是参与而不趋从,行为是进取而不强求。生徒入院前多已有举业的经历,不存在没有基础科名而进入书院肄业的生徒。既然生徒入院前,科举影响力已然加诸他们身上,那么当他们在选择书院肄业时,自然会考虑书院的科举资源,当他们被书院选择时,是否具有科举潜力是一项重要的考核内容;生徒因共同的举业目的,形成了有共同价值基础的生徒群体;生徒肄业书院时,通过参加书院考课,撰写课作等方式,

---

① [日]佐藤慎一:《近代中国的知识分子与文明》,刘岳兵译,江苏人民出版社2014年版,第12页。

演练时文和试帖诗；生徒离院后，在出路选择时，有意无意地向举业的终点——出仕靠近。

清末学术流派纷繁复杂，社会危机加剧了时代对学术变革的呼唤。时运所会，学术的变化不再是简单地以一种学术流派代替另一种学术流派的自然变易，而是在"旧学"之中加入"西学"知识，成为"别树一派，向正统派公然举叛旗"① 的近代学术。

书院生徒是清末民初新旧学术接引的重要参与者。"作为受众的书院生徒，同样是学术传承不可忽视的部分，他们对书院讲学的接受和理解程度，足以成为观察学术风尚的标准，而他们自身无论是登第做官还是设教地方，又往往是把自己所学传播给更广大的人群，成为学术风尚的促进者。"② 当生徒选择书院肄业时，会考虑书院学术取向与自身学术基础的契合程度；当他们被书院选择时，生徒的学缘是一项重要的去取因素；他们因为共同的治学目的，容易形成生徒群体的群聚；当生徒肄业书院参加考课时，通过课作呈现他们的学术思考，经由山长的批改后，学术素养得以提高；当生徒离院后，为师或是居家治学，都体现了对学术的坚守。当他们几经宦海沉浮之后，最终回向治学，以从教为人生归宿，他们是最后一批传统学者，也是第一批近代新式学者。

当然，以大环境和大数据来看，能够将治学置于选择的一端，继而成为矢志终身事业的生徒仍在少数。杨念群以成立于光绪年间的南菁书院为例，估算其办学14年间，共招收生员总数不会超过800人，远远低于一座普通课试举业的书院办学29年间5800人左右的生徒规模，③这一情况放大至全国范围同样适用。由此可以推究出，绝大多数书院生徒，由于没有机会进入学术书院，无法得到学术的熏陶涵养，故亦不可能将治学作为"备选项"之一，与举业一起拣择。

---

① 梁启超：《清代学术概论》，《梁启超论清学史两种》，复旦大学出版社1985年版，第59页。

② 刘玉才：《试论钟山书院的学术传承——兼及〈乙未课艺〉的文献解读》，载程章灿《中国古代文学文献学国际学术研讨会论文集》，凤凰出版社2006年版，第667页。

③ 杨念群：《儒学地域化的近代形态：三大知识群体互动的比较研究（增订本）》，生活·读书·新知三联书店2011年版，第458页。

二 仕与学的两难和两全

举业与治学，是清末书院生徒致力终生的事业。

"今人分举业与理义之学为两段事，谓举业有妨于理义之学，此说非也。盖举业代圣贤立言，必心和气平，见解宏通，自纲常名教以及细微曲折之理，万有毕备，然后随题抒写，汩汩然来。此正留心理义之学者，乃可因之以发其旨趣。……至于闱中应制文字，作者阅者，针芥相投，厚必浑原严整，敛才就法，使不失对扬之体，盖其慎也。乃世之论者，动以墨卷为腐烂不堪之物，斥曰墨腔，相与菲薄，摇唇弩目而共戒之。此其末流之失，非国家设科取士之意本然也。不知文字，但论是非，不关墨义，若果是，则房行是而墨卷亦是也；若果非，则墨卷非而房行亦非也。……今愿与世之习举业者，息心静气，守前辈之金针，发先儒之闳奥，精实确当，卓然不磨，则以为拜献之先资可以，以为经传之羽翼亦可也。如必以传世、售世分文章之低昂，理学、举业分学术之真伪，使学者工夫有两样做法，亦浅之乎视学业耳。"① 觉罗四明的这段话，告诉天下书院生徒，举业与治学，似是两难但也能两全。

年少时的梁启超就颇以能妥善平衡举业与治学之间的关系而为傲。"时余以少年科第，且于时流所推重之训诂词章学，颇有所知，辄沾沾自喜。"② 当时的梁启超是省城学海堂门下高足，以17岁之幼龄登科，可谓举业、治学两厢得意。但是对于芸芸众生徒而言，不可能都如梁启超般有着举业的运气和治学的天赋。或许如殷葆诚辈"知举业不足以救国，乃专致力于经世之学，尤熟谙舆地"③ 之择其一而从之。更多的时候，并不是所有传统知识人都能有幸如书院生徒般，置身科举与学术的重要场域——书院，做着或一或二的选择，绝大多数人致力终生的，不过是如何应对科举生活、治生生活，他们于举业与治学或许两者皆求而

---

① 觉罗四明：《勘定海东书院学规》，转引自邓洪波主编《中国书院学规集成》，中西书局2011年版，第1745页。

② 梁启超：《三十自述》，《饮冰室合集·文集之十一》（第2册），中华书局1989年版，第16页。

③ 殷葆诚：《追忆录一卷续录一卷》，北京图书馆编：《北京图书馆藏珍本年谱丛刊》（第186册），北京图书馆出版社1999年版，第580页。

不得，更有甚者如童以谦之子童世亮，因无法平衡好举业与治学，而落得患精神病之悲惨结局。①

如果我们跳出同治光绪年间，跳出书院场域，以宏观眼光审视历史长河中的传统知识人，无论是先秦诸子，两汉经生，还是宋明儒士，何尝有人不是抱着实现仕、学两全的初心，开始他们的求学生涯的。无论取士制度如何变化，学术风尚如何变迁，甚至是国家的统一或分裂，知识人始终没有忘记对仕学两全的追寻。究其原因，大致有三。

其一，中国传统社会本就是一个具有稳定精神结构的空间场域，传统知识人以仕、学为一以贯之的价值标准和话语方式，并不因时移世易而有过多的改变。其二，取士制度和传统学术内在的稳定性，从中观层面保障了传统知识人人生选择时选项的稳定性。其三，传统知识人家庭出身、知识学养和性格特征，制约着他们对人生模式的选择和认同。家庭出身大都相似，接受传统教育的路径和模式大致相同，除却个人性格特征差别的因素，传统知识人在人生选择时，基本都是难以割舍对仕、学两全的求索。

到了鸦片战争至辛亥革命时期，知识人的精神和文化屡遭挫败和伤害，部分人急于通过跳脱出传统的人生模式，来寻找"末世出路"。成为学堂生、留学生等方式，都是急于摆脱这种失败感的现实路径。这时候，科举制度的解制，传统学术的颓废，让仕或学没有了现实出口，仕与学出现两难，但是仔细审视当日情景，这种表面上的两难，内里却含有对传统仕、学价值观的不舍和眷恋。处于新旧之间的知识人，或以西方科学技术为利器，或以自由民主思想为旗帜，在各行各业改造中国社会，这又何尝不是另一种意义上的"出仕"与"为学"呢？

---

① 据童以谦年谱载，"亮儿之病由勤读致之。时文则宗《天崇》《国初》，朝夕捧读，又购《皇清经解》《十三经注疏》、前后《汉书》、经籍纂诂及各种经史悉心研究，以为功名可唾手得，诸友皆目之为书痴"。光绪十年四月，童世亮由父亲童以谦亲自陪同赴南京参加乡试，三场完毕，童世亮"一路归舟，谈笑自若"，至揭晓期近，童世亮竟发起病来"飞砖掷瓦、登屋狂呼"。参见童以谦《揭庐氏自编年谱一卷》，转引自北京图书馆编《北京图书馆珍藏本年谱丛刊》（第179册），北京图书馆出版社1999年版，第33—34页。

三　甲午、庚子之际的两湖书院生徒①

对于清末书院的研究，"书院改制"是无论如何也不能回避的历史事件。在清末传统书院改制大潮中，创立于光绪十六年（1890年）的湖北两湖书院因为具有典范意义，一直受到学界颇多关注。② 甲午、庚子之际的两湖书院是湖北政界、教育界、学术界诸多大事发生的重要场域，史料呈现较多，其代表性和特殊性学界认识也相对充分。但将书院改制甚至是时局更迭落实到亲历变革过程的个体身上，讨论书院改制所带来的对仕与学的价值指向的变与不变的研究较少。学界较多关注到两湖书院中的"上位者"如张之洞、梁鼎芬在书院改制和时局巨变中的心态、行为，而对于两湖书院中的"下位者"——书院生徒的内心世界鲜有关注。书院生徒是这一系列变革的亲历者，对书院改制与时局更迭有着与政策制定者、管理者不尽相同的体悟。

（一）唐才常肄业两湖书院

唐才常（1867—1900年），字伯平，湖南浏阳人。光绪十四年（1888年）肄业岳麓书院，兼课校经书院。光绪二十年（1894年）冬入读两湖书院，至二十二年（1896年）春离院回浏阳，参加湖南维新运动。③ 在离开岳麓，入读两湖前，唐才常有过一段佐幕经历。光绪十七年（1891年），唐才常"为奔走衣食计"，由恩师欧阳中鹄推荐，离家几千里入蜀佐四川学政瞿鸿禨幕，客居四川凡两年。其间，唐才常备尝学幕艰辛："旱路之苦，亦难言状：每起早之期，动以五六日，每日

---

① 黄漫远：《革故与回护：两湖书院生徒对时局的观察与因应——以甲午、庚子之际书院教育生态为视角》，《江汉学术》2019年第6期。

② 相关研究有苏云峰《张之洞与湖北教育改革》，台北："中研院"近代史研究所1983年版；蔡志荣《传统与变革之间：西湖书院》，《江汉大学学报》2007年第6期等。

③ 关于唐才常肄业两湖书院的时间，有两种说法。其一，唐才常考取两湖书院是在光绪二十年春，肄业书院两年半。参见湖南省哲学社会科学研究所编《唐才常集》，中华书局1980年版，第1页；陈善伟《唐才常年谱长编》（上册），香港中文大学出版社1990年版，第53页；唐才质《唐才常烈士年谱》，湖南省哲学社会科学研究所编《唐才常集——附录（二）》，中华书局1980年版，第269页。其二，唐才常考取两湖书院是在光绪二十年冬，肄业书院一年半。参见郭汉民、陈宇翔《唐才常入两湖书院时间考实》，《近代史研究》1996年第4期。本书根据唐氏家信等史料，认同后者观点。

路程，动以百余里，五更上舆，午刻始获一餐，饥寒并至，风雨交侵，险阻艰难，备尝至矣。"加之瞿鸿禨性急，让唐才常倍感工作压力："头日正场，次日即行挑覆，一晚须阅卷数百，阅毕散卷之后，又须总校各荐卷"①。佐幕生涯艰辛而又常怀忐忑，使得唐才常对时局的把触更为敏感。

光绪十七年（1891年），两湖书院在武昌营坊口都司湖畔落成启用。两湖书院在办学宗旨上区别湖北已有的经心、江汉书院，而是承续四川尊经、广东广雅书院的风气。书院额定招生二百四十名，生徒想进入两湖肄业有两种途径：一是"才识出群、多闻博览"者，由湖北、湖南两省学政"分府选调""选取咨送"，于每年三月齐集鄂省，听候湖广总督、两湖书院创始人张之洞甄别去取，作为正课；二是"自揣学业过人、有志求益"者，自行临时报名投考，同样由张之洞甄别去取，作为附课。② 唐才常没有经过学政"选调"，属于由后者途径入院，只能为附课。但是由于谭嗣同为其"各处经营，现身说法"③，唐才常于入院后月余即破格获得正课生待遇。④

关于投考两湖书院的动机，唐才常表达得很明白：为一枝栖身。由于前两年在四川佐幕时饱受风霜之苦，加上"（光绪二十年）又值大比之期"，若仍旧赴蜀"于进取之途有碍"，故唐才常考虑在附近之省，谋"一枝之借"。清末省级书院膏奖丰厚，生徒寄食书院解决温饱之余，甚至可以赡养家眷，此为人所共知之事。光绪二十年（1894年）冬，唐才常听说湖北两湖书院尚有课额五名，便与时任湖北巡抚谭继洵

---

① 唐才常：《上父书二十六则》，中华书局编辑部编：《唐才常集（增订本）》，中华书局2013年版，第508页。

② 张之洞：《咨南北学院调两湖书院肄业诸生》，苑书义等主编：《张之洞全集》（第4册），河北人民出版社1998年版，第2756—2757页。

③ 唐才常：《上欧阳中鹄书十则》，中华书局编辑部编：《唐才常集（增订本）》，中华书局2013年版，第518页。

④ 两湖书院正课生徒必须住院，每名每月膏火银三两，另有每月官师两课，每月至少可得奖赏银六两；附课生徒不能住院，每月只有奖赏，并无膏火。按照唐才常光绪二十一年正月初十寄给父亲的书信中："男现移居两湖书院子字斋第三号"，"男于三月间可寄四十两回家，以济急用"可知，此时他已是两湖书院正课生，打破了未经学政推荐，自行投考只能为附课生的规定。

之子谭嗣同相商,谋考两湖学位:"欲得一课以为退步。如课事到手,即附近有不甚丰之馆,皆可勉就。"①虽然唐才常拜托了一省大令之公子请托说项,也难免会担心自己在张之洞甄别试时发挥不佳,因此在写给恩师欧阳中鹄的信中,也表达了对能否进入两湖书院的疑虑:"兹已拟于月之初赴考,不知能补入上舍否?"②多方努力之下,唐才常终于在光绪二十年(1894年)十二月初十日顺利考入两湖书院。可以说,唐才常未入两湖书院时,谋食、治生愿望强烈,虽然对甲午时局有过观察,但并没有跳出当时传统士人的思维范畴,策略的提出带有主观色彩,有着比较稚嫩的书生意气。如在光绪二十年(1894年)十二月初七写给欧阳中鹄的信中,对魏光焘新募之湘军大加贬斥,指为"贪庸龌蹉之武夫""不知忠义为何事",认为战事的转机在于"得一坚苦卓绝、清廉仁厚、开诚布公、身亲训练、不避劳险之帅"③,并希望朝廷重用恩师欧阳中鹄,领兵绥众,挽救时局。此时的唐才常,将中日战事系命于一二能臣干将,不可谓不浅显幼稚。

唐才常入院后的第一年,两湖书院正经历改制。在教学制度方面,改变传统的会讲与课试的方法,仿照西方学堂形式,由分教上堂讲课。据两湖生徒陈英才回忆:"1895年以前,分教并不上课,……1895年以后,改变了分散教学的办法,开始实行上讲堂。"④课程设置也发生了变化,光绪二十二年(1896年),书院废除理学、文学二门,留下经、史二门,另加舆地与时务,后改时务为算学,又增天文、地图二门。至二十五年(1899年),两湖书院已形成了经、史、算学、天文、地图、兵法、体操等诸门文武兼备的近代课程体系。两湖书院改制,反映出当时书院主持者张之洞教育思想中"正统主义"和"实用主义"的消长

---

① 唐才常:《上欧阳中鹄书十则》,中华书局编辑部编:《唐才常集(增订本)》,中华书局2013年版,第518页。

② 唐才常:《上欧阳中鹄书十则》,中华书局编辑部编:《唐才常集(增订本)》,中华书局2013年版,第518页。

③ 唐才常:《上欧阳中鹄书十则》,中华书局编辑部编:《唐才常集(增订本)》,中华书局2013年版,第518页。

④ 陈英才:《回忆两湖书院》,载湖北省政协文史资料研究委员会《湖北文史集粹》(第4辑),湖北人民出版社1999年版,第36—37页。

关系。光绪十七年（1891年）两湖书院创始之初，张之洞定其宗旨在培养"出为名臣，处为名儒"的人才，希冀生徒参加科举考试和研读经史典籍，成为名臣、名儒，这是张之洞一贯坚持的"正统主义"。时隔四年，甲午战争中清军连连败北、丧师失地。此时，张之洞希望通过书院改制，让两湖书院成为培养学贯中西的时务人才的场所。这说明随着时局变化，张之洞教育思想中"正统主义"降居其次，"实用主义"转居上风。那么入院前受"正统主义"教育，立志举业的生徒，骤然置身具有近代学堂特征的两湖书院中，接受"实用主义"的新学、西学知识，他们是如何反应和应对的呢？

光绪二十一年至二十二年，正好是唐才常肄业两湖书院时期，缘此他亲历了两湖改制。光绪二十一年（1895年）四月，甫入两湖、刚谋得正课身份的唐才常就洞察出科举制度日薄西山，明确劝其弟才中放弃举业，"院试随便结队入场，府试不去亦可"①。其实早在唐才常肄业岳麓书院时，就认为八股时文"锢弊思想，消磨志气，不屑措意"②，但对举业一事尚未完全放下，其在光绪十九年（1893年）未再次赴蜀佐幕，也是出于有碍翌年乡试的考虑。而肄业两湖仅月余，唐才常就由举业转向对兵法、算术、舆地的关注，其在二十一年农历四、五月间给弟弟才中寄去的5封书信中，嘱其对医学、舆地、算术、兵法多加学习，同时对弟弟坚持中学、不谈洋务的言论嗤之以鼻："吾不知彼以经解、词章、八股自鸣得意者，又将争胜几时耶？""时局至此，犹复有所顾忌，而畏人之不乐闻耶？"③ 差不多同一时间段，唐才常在给恩师欧阳中鹄的信中，提出了在浏阳成立格致书院的想法："购齐上海格致书院翻译诸书，及纪限仪小机器数种"，"先导之以算学，徐进以舆地、兵

---

① 唐才常：《致唐次丞书十则》，中华书局编辑部编：《唐才常集（增订本）》，中华书局2013年版，第542页。
② 陈善伟：《唐才常年谱长编》（上册），香港：香港中文大学出版社1990年版，第10页。
③ 唐才常：《致唐次丞书十则》，中华书局编辑部编：《唐才常集（增订本）》，中华书局2013年版，第543页。

法、制器诸学"①。此时唐才常进入两湖书院学习不过半年,已经从致力举业到放弃举业,并对近代学科有了较高的接受和认可,其肄业时提交的课作中,已有《历代商政与欧洲各国异同考》《钱币与革议》这样的新学、西学课题,其于书信中向弟弟、恩师多次提及对新学时务的思考,与当时两湖书院的教学内容与学术方向高度契合。可以说,唐才常深受两湖书院改制的影响,已经形成了与昔年岳麓肄业、四川佐幕时大为不同的学术取向和时局观。

像唐才常一样,大多数书院生徒面对新的教学形式、课程设置,并没有出现过多的不适应。辛亥革命重要人物黄兴当时肄业两湖书院,就对新开设的军事操练课程非常感兴趣,"不仅带头参加军操,而且鼓动大家也来参加。……在他的影响下,很多年岁较大的学生相继参加了军操"②。唐才常、黄兴等生徒对书院改制非但不反对排斥,反而积极回应,可见科举制度江河日下的背景下,传统书院时日无多,被新式学堂取代的势所必然。书院生徒对书院改制的接受和认可,也表明个人选择无法回避时局变革所带来的冲击和震撼,必然紧密地与国与时相应附生。

除了书院改制外,甲午战事也牵动唐才常的神经。光绪二十一年(1895年)正月,唐才常补入正课后,其寄给父亲的第一封书信中,已显示出对甲午战事的熟悉:"奉天危若累卵,……山东荣成失守,已扼烟台之背,登州亦被围甚急。"③ 而对于临危受命驰援登州的丁槐,唐才常表示担心和同情:"丁军兵力甚单,器械亦寡,仓卒调去,大可寒心。"④ 唐才常对甲午战局的分析并不是凭空猜测,而是基于对所获得消息的观察、判断和推测。由于武昌地处两江要塞,交通便利,内外消

---

① 唐才常:《上欧阳中鹄书十则》,中华书局编辑部编:《唐才常集(增订本)》,中华书局2013年版,第522页。

② 陈英才:《回忆两湖书院》,载湖北省政协文史资料研究委员会《湖北文史集粹》(第4辑),湖北人民出版社1999年版,第38页。

③ 唐才常:《上父书二十六则》,中华书局编辑部编:《唐才常集(增订本)》,中华书局2013年版,第512页。

④ 唐才常:《上父书二十六则》,中华书局编辑部编:《唐才常集(增订本)》,中华书局2013年版,第512页。

息灵通，唐才常身处省城两湖书院，自然能够接触到各种报纸、言论，加之二十一年后，两湖书院已设时务科目，张之洞令书院诸生阅读《时务报》，故唐氏对局势自然是洞见在胸。诚如唐才常所料，日军转而北犯威海，丁槐部历经半年千里行军，以疲惫之师最终未能力挽山东战局狂澜。

对辽阳、奉天形式，唐才常亦有洞见。同样是在二十一年正月的这封书信中，唐才常指出"奉天危若累卵"，预言一旦农历二月辽河冰冻融解，"东北必有大举动，可拭目以俟"①。果然在二月十一日，营口失守，随后田庄台亦告失守，日本军队将辽东半岛及其以北的大孤山、宽甸以及辽河以西以北的田庄台等重要城镇全部占领。

虽然唐才常思想趋新，接受并认可书院改制，对时局亦有洞见，但传统的知识结构使得他对某些问题的观察视角和分析方法难免有些"落后"。看待晚清局势时，他较少从政治着眼，而是从"人"的角度出发，而"人"的角度不免带有主观感情和臆测。例如他形容李鸿章"跋扈之迹，路人皆知""奸臣卖国古今所无"②。认为刘坤一、王文韶"暮气已沉"，感慨"督抚大臣中绝少长驾远驭之才，可以控制军民，甄拔寒畯者"③。而对两湖书院的主持者张之洞则赞誉有加："香帅回任以来，……不遗余力，鞠躬尽瘁，劳怨罔辞，诚哉有古大臣风。"④ 唐才常还将力挽时局的希望寄托于如曾国藩、左宗棠般能臣的出现，甚至乞灵于"周、孔"之道，认为"若能以吾周、孔之道植其根柢，而取其法之综核名实者，以求通变化裁之用。待其著有成效，实可抗雄欧、美各国"⑤，此中明显是受到两湖书院主持者张之洞"中体西用"思想

---

① 唐才常：《上父书二十六则》，中华书局编辑部编：《唐才常集（增订本）》，中华书局2013年版，第513页。

② 唐才常：《上父书二十六则》，中华书局编辑部编：《唐才常集（增订本）》，中华书局2013年版，第513页。

③ 唐才常：《上父书二十六则》，中华书局编辑部编：《唐才常集（增订本）》，中华书局2013年版，第513页。

④ 唐才常：《上欧阳中鹄书十则》，中华书局编辑部编：《唐才常集（增订本）》中华书局2013年版，第523页。

⑤ 唐才常：《上欧阳中鹄书十则》，中华书局编辑部编：《唐才常集（增订本）》中华书局2013年版，第521页。

的影响。

学界一般认为，唐才常参与维新运动是受到同乡好友谭嗣同的影响，而忽略其在两湖书院肄业时心态、行为的曲折变故。实际上，唐才常肄业两湖书院之时，适逢书院改制和甲午战争，其思想经历巨大转变，由对举业抱有希望，转向对时务的关切，从对经史词章执着追求的传统士子成长为对新学、西学有较高接受度的"过渡时代"的知识分子。唐才常经历了课读岳麓、四川佐幕到肄业两湖，最终选择以参与维新变法这种最激烈的方式因应时局，除了受到谭嗣同的影响外，两湖书院亦是一个不容忽视的外部场域。

（二）两湖生徒对"上位者"的态度

甲午战后，张之洞思想中"正统主义"和"实用主义"的双轨交会，最终以"中体西用"的形式呈现。在张之洞直接决策领导下，作为"中体西用"教育改革"试验地"的两湖书院，至庚子年间已经形成了经、史、算学、天文、地图、兵法、体操等诸门文武兼备的近代课程体系。光绪二十五年（1899年）年末，张之洞课试两湖生徒，试题中不仅有"论语学问""周礼学问""左传学问"等传统经古试题，更有"测太阳视径或用仪器或不用仪器略有几法，何法最善""俄人有宁弃本国京城不弃那吉洼斯托克即海参崴之语，试详其用意"等天文、舆地考题。① 此时的两湖生徒，身体被课程、教学形式的近代化裹挟前进，俨然置身新时代中，然而内心中的传统道德、旧有知识结构，以及摇摇欲坠却未曾退场的科举考试的强大惯性，使得他们中的一部分人的行为、心态受制于"正统主义"，表现出对传统伦理纲常有意无意的回护。

两湖生徒对中俄疆界问题的积极关注是他们因应庚子时局的方式之一。八国联军之役，俄国以时机可乘，于光绪二十六年（1900年）六月进兵东北。九月十八日，俄驻军司令阿列克谢夫与增祺等订立协定，取得奉天省军政大权。四日后，东三省插遍俄旗的消息震撼全国。两湖书院生徒闻之大哗，群起集议，要求宣战，甚至起草宣言书于书院黑板。时任书院监督王同愈要求诸生冷静，后证实俄控制东三省为谣言，

---

① 《湖广总督张香帅年终大课两湖书院正学堂题》，《申报》1900年1月10日。

王同愈趁机劝告诸生："爱国应去虚骄之气，否则爱之实足以害之。即如此次事件，应先明瞭中俄疆界，若俄人果有侵占，首应据理力争，如不成再行宣战。爱国行为需要准备与学问，宜趁此时机将两国疆界弄个清楚。"① 王同愈此言，无疑将生徒因应时局的方式由可能一触即发的学潮转引至对国界边疆等学术问题的思考。

当时担任书院地理分教的是邹代钧。邹代钧（1854—1908 年），字甄伯，湖南新化人，出生于舆地世家。光绪十七年（1891 年），邹代钧受聘于张之洞创设的湖北舆图总局任总纂，后兼任两湖书院地理教习。庚子两湖书院生徒"大哗"后，邹代钧开始为诸生讲授"中俄界记"课程。生徒陈英才回忆当时情景："（邹代钧）开设中俄勘界记课程，编有讲义数十篇，附有精评路程图，很受学生欢迎。"② 后该课程讲义以《中俄界记》之名刻印出版，在该书中，邹代钧根据光绪十二年以前的条约，"搜集中外图籍，融会新旧约章，凡定界之年次，订约之原起，暨夫沿边内外山川形要，卡伦牌博，度里方位，莫不宏揽无遗"③。邹代钧在两湖书院讲中俄界记课程半年，着力培养、训练生徒的边界意识和近代舆地研究方法，众多生徒受益于此。生徒陈毅即因在院时精研中俄地理知识，离院后在东北中俄边境某城任职。曾经在经心、两湖书院肄业十一年的甘鹏云，在光绪三十年（1904 年）作有《中俄国界考》一文。此时甘鹏云已经离开两湖书院两年，在京任工部主事，却一直保有两湖求学时对疆界地理的兴趣。他认为："中俄交涉以界务为第一要事，而欲谙悉界务，又以考求界线为第一要义"，正所谓"讲求界务，必先讨究界线"④。因而在这篇《中俄国界考》中，甘鹏云按照邹代钧《中俄界记》书写体例，以参考旧约，阐明旧界为立论，根据中俄三次

---

① 沈云龙访问，谢文孙等记录：《张知本先生访问纪录》，台北："中研院"近代史研究所1996年版，第9页。
② 陈英才：《回忆两湖书院》，载湖北省政协文史资料研究委员会《湖北文史集粹》（第4辑），湖北人民出版社1999年版，第35页。
③ 曾寅：《中俄界记例言》，邹代钧撰，陶新华点校《西征纪程·中俄界记》，岳麓书社2010年版，第143页。
④ 曾寅：《中俄界记例言》，邹代钧撰，陶新华点校《西征纪程·中俄界记》，岳麓书社2010年版，第209页。

初约(《尼布楚条约》《布连斯奇条约》《恰克图条约》),将中俄国界"分为东北西三段,条举而件系之",并指出俄人"凡请改界处,必地关要害,或山由矿产,否则土膏腴可垦殖者也"的狡猾行径。① 甘鹏云在这篇文章中只是梳理前人文献,没有实地勘验边界,未曾使用乃师邹代钧擅长的西方"测经纬度"法,而是仍沿用中国传统的"计里画方"法,这是甘鹏云对时局因应的局限。

无论是"中俄界记"课程的学习,还是《中俄国界考》的书写,都是生徒因应时局的一种方式。与唐才常之激烈的革命方式不同,甘鹏云等辈对中俄疆界问题的关注,是基于"尺地之土,皆祖宗艰难兴创之业,咸丰八年以后,日见其削,沦夷至于今日,藩篱尽撤。昔日以松花江行船为争辩,今则火车达于牛庄,兵轮屯于旅顺"这类末世亡国情怀而做出的缓和回应。

实际上,晚清书院生徒对中俄边界问题一直都保持较高关注度。前文所述,光绪十八年(1892年),与两湖书院源自一脉的广东广雅书院刊刻的《无邪堂答问》中,生徒赵天锡向山长朱一新请教咸丰年间中俄"兴凯湖勘界"事件及东北地势防务的问答。从赵天锡所提"吉林边界有白棱河在何地?""奇勒尔、赫哲、奇雅喀尔及库叶岛、爱珲、雅克萨等地似俱在界外""吉、黑两省所防者,似不在兴安岭而仍恃黑龙江"② 等问可看出,赵氏对中俄边界问题的思考已经相当深入。当然,这种伴随国土蹙割而产生的边界意识,是书院生徒出于对现实无奈而又无力改变的妥协之法,难免有"末世哀音"之感。在传统士人看来,学术与治术从来就是两面一体,即使是当时思想趋新如两湖书院生徒,亦难免受制于其"中学"出身,将对政治、时局的关注化为对学术钻研。他们似乎只有通过钻研界约、明瞭疆界,以对边界的"理论"守护,遂经世治世之志,书写末世士人修齐治平情怀。这也可以解释为什么庚子年间,两湖书院生徒"大哗"没有最后演变成激烈的学生

---

① 甘鹏云:《中俄国界考》,转引自沈云龙主编《中国近代史料丛刊》(第964册),台北:文海出版社1969年版,第210—214页。

② 朱一新著,吕鸿儒、张长法点校:《无邪堂答问》,中华书局2000年版,第40—41页。

运动。

  论及甲午、庚子时局，无法回避的人物是李鸿章和张之洞。两湖书院地处武昌，与京师中枢千里之遥，却机缘巧合，与李、张二臣皆有联系。张之洞是两湖书院的创始人和实际掌控者，甲午、庚子之际任湖广总督，与两湖师生往来密切，互动频繁，多位生徒的回忆皆可证实。甲午之后，李鸿章负众谤于一身，九卿科道，御史言官纷纷参劾其昏庸骄蹇、丧心误国，之后的《中俄密约》和庚子议和，更将李鸿章推到了被文坛士林口诛笔伐的"卖国贼"的角色。而随着李鸿章侄婿蒯光典出任两湖书院西监督，其与书院东监督、张之洞门下士梁鼎芬一起，分别成为两湖书院李鸿章、张之洞形象的"代言人"。

  两湖生徒对李、张二人的评价出现"扬张抑李""一边倒"现象。生徒唐才常评价李鸿章"跋扈之迹，路人皆知"，指出李鸿章所签订和议，"非是和倭，直是降倭，奸臣卖国，古今所无"①，对李鸿章的厌恶溢于言表。反观其对张之洞则以"忠臣"称之，屡有溢美之词，赞其"直言敢谏，不避权奸，一时无两"②，并对张之洞创设制造、铁政各局，开立算学、方言各馆的行为赞赏有加，甚至欲在家乡湖南仿效行之。生徒张知本认为从张之洞处习得笃信学问、尊师重道、对于爱国不可虚骄和救国应先准备之认识，感慨张氏"爱国之热忱、建设之事功，其能媲美文襄者能有几人"③。生徒陈英才称张之洞没有大官架子，对学生态度和蔼，学生对他也无畏怯之感，"对张氏的品德很敬佩"④。两湖生徒对张之洞的"代言人"梁鼎芬的评价也是积极正面，称其虽然"有浓厚的忠君思想"，但"好学不倦""能重身教"⑤，视生徒如子弟，

---

① 唐才常：《上父书二十六则》，中华书局编辑部编《唐才常集（增订本）》，中华书局2013年版，第514页。

② 唐才常：《致唐次丞书十则》，中华书局编辑部编《唐才常集（增订本）》，中华书局2013年版，第546页。

③ 沈云龙访问，谢文孙等纪录：《张知本先生访问纪录》，台北："中研院"近代史研究所1996年版，第13页。

④ 陈英才：《回忆两湖书院》，载湖北省政协文史资料研究委员会《湖北文史集粹》（第4辑），湖北人民出版社1999年版，第41页。

⑤ 陈英才：《回忆两湖书院》，载湖北省政协文史资料研究委员会《湖北文史集粹》（第4辑），湖北人民出版社1999年版，第41页。

生徒每有私事向梁要求，总是有求必应。而发生在光绪二十三年（1897年）两湖书院"梁、蒯之争"，更是将生徒"扬张抑李"看法推向表面化。梁鼎芬、蒯光典在学统传续、为人处世方面多有分歧，加之梁鼎芬曾因弹劾李鸿章而去官，而蒯氏又是李之侄婿，二人同时讲学两湖，互相攻讦亦是常事，"院中诸生，遂分为梁、蒯两党"，于堂讲时屡起争执。"梁、蒯之争"最终结局是张之洞出面解聘蒯光典，开除一些蒯党学生，并停止上堂讲课制度一年。①

无论是生徒"扬张抑李"的品评还是"梁、蒯之争"最终的结局，背后反映的是在甲午、庚子之际小小两湖书院中政治、学术的拉锯。从生徒对李鸿章、张之洞乃至梁鼎芬、蒯光典的观察和评价中，似可窥见当时传统士人对时局思考、因应的方式。无论是他们出自本心的"扬张抑李"，还是由于身受两湖书院的膏火奖赏，不得已对掌权者张之洞等人的"颂扬"，都是受制于中国传统的忠孝文化和纲常伦理，在没有理智分析时局形势情况下，将他们无处安放的民族主义情绪，以鞭挞李鸿章，褒扬张之洞、梁鼎芬为出口，表达对时局的"言论"回应。而积极关注中俄疆界问题，则是对时局的一种"行动"的回应。两种方式表现出传统文化中"忠君、爱国"精神的强大惯性，即使在标榜趋新的两湖生徒身上，亦不能避免。

（三）两湖书院生徒的出路选择

两湖书院是湖北省具有"示范"意义的趋新书院，受湖广总督张之洞直接关怀，生徒出路途径相对宽广。光绪二十三年（1897年）《新定两湖书院学规课程》规定："书院以五年为满，大课一次，堂上面考，上等咨送总署录用，中等外省酌给差委，下等呈遣。以后另招新生入院。"② 由是可知，两湖书院学制五年，生徒期满参加大考，成绩合格者将安排"就业"。

关于两湖生徒的出路去向，我们可以从张之洞的一段言说得知

---

① 详细情形可参见刘禺生《两湖书院血泪经》，刘禺生撰，钱实甫点校《世载堂杂忆》，中华书局1960年版，第69—71页。

② 张之洞：《新定两湖书院学规课程》，转引自邓洪波主编《中国书院学规集成》，中西书局2011年版，第986页。

大概：

> （鄂省）所有现派各学堂各监学及中文之经学、史学、算学、图学、中国地理、中国词章等各门教员，皆……经心、两湖书院中之都讲高材，分布各处，该生等中学素有根柢，人品向来端纯，深知宗法圣贤，兼以博览典籍，故此次分派各学堂职业以及赶学速成师范，补习普通，派赴外洋游历，考察学务均有可用之人。但通省学堂需人甚多，且京师调取，以及各省索取，络绎不绝，外出太多，已觉不敷应用。①

根据以上材料和苏云峰的统计②，两湖生徒离院后出路大体可分为三类：参加科举考试入仕、参与近代教育和参与革命。其中参与近代教育又可以分为三类，即出国留学、学堂深造、兴学育才；参与革命又可以分为直接参与革命（如唐才常、黄兴等）、间接参与革命（从政）。两湖生徒出路选择并不"从一而终"，而是跟随时代的起伏出现三类出路交叠的情况，以下试举两例：

甘鹏云（1861—1940年），字药樵，湖北潜江人。光绪十四年（1888年）以高才生调经心书院，师事左绍佐、谭献两先生，"考道问业，日益精进"。后张之洞建两湖书院，甘鹏云以甄录第一的成绩调入肄业，前后居停经心、两湖书院达11年。其间治学"实事求是，一守清儒师法"，"精校雠，善考订，博揽约取，务求实用"③。甘云鹏肄业期间八次应乡试不售，终于在光绪二十八年（1902年）中举，次年成"末科进士"，授工部主事，进入进士馆，习法政。至此，甘云鹏前半生的人生经历一如传统书院生徒：肄业书院接受学术训练并小有成就，屡败屡战参加科举考试，终以进士科名步入官场。但是公派留学日本却

---

① 张之洞：《创立存古学堂折》，苑书义等主编《张之洞全集》（第3册），河北人民出版社1998年版，第176页。
② 参见苏云峰《附录（三）两湖书院毕业生部分名单及其简历》，《张之洞与湖北教育改革》，台北："中研院"近代史研究所1983年版，第302—309页。
③ 傅岳棻：《潜江甘息园先生墓碑》，转引自卞孝萱、唐功权主编《民国人物碑传集》，凤凰出版社2011年版，第360—361页。

使得他的人生轨迹改变。光绪三十二年（1906年），甘鹏云入读日本早稻田大学习法政，于三十四年（1908年）回国，历任度支部主事、黑龙江财政监理官、吉林省财政监理官，民国后任杀虎口关监督、吉林国税厅筹备处处长、国会议员等职务，可谓身居清末民初官场二十余年。甘鹏云走过的仕宦路，是彼时大部分生徒的一个缩影：少时肄业书院，中年由科举进入晚清官场，借"清末新政"留学海外，并由清末官僚"平稳过渡"成为民国官员。

即使在"末科举时代"，像甘鹏云这样乐意投身举业的两湖生徒并不鲜见。虽然张之洞在两湖书院中积极引入新学、西学课程，提倡培养现代科技专才，但并不放松对生徒政治方向的把控，鼓励生徒以科举入仕为出路。当时两湖书院生徒每届考取举人，"经常是占全省录取总名额中的百分之三十左右"①，生徒陈英才回忆："我所在的号的十名学生中考取举人的达五人之多。"② 光绪二十八年（1902年）壬寅恩正并科乡试，两湖生徒中式三十名，由于生徒文字"多能发抒忠君爱国之忱，博通中外古今之故"③，以致该科乡试监临官端方专折请示朝廷嘉奖两湖书院监督、分教。光绪二十九年（1903年）癸卯恩正并科会试，两湖生徒取中进士者竟达六十多人。可以说，即使趋新如两湖生徒，在面对出路选择时，封建型社会流动模式（由科举向仕途）仍被视为出路的上佳之选。虽然书院求学已成过往，但两湖生徒在潜意识中保留对举业基本判断，由举业而入仕似乎成为他们对既往书院生徒身份最好的"回馈"。

进入20世纪，书院改制、科举停废、政局时局带来的迫力，最终使两湖生徒挥手与传统诀别。基于造就人才、挽救王朝厄运的考虑，张之洞热衷选派生徒出国留学，故相对于同时期的其他省城书院，两湖生徒拥有更多出国留学的机会。由于张之洞的着力引导和当时社会风气的影响，生徒也普遍接受出国留学，"为了争取留学的机会，大家对实用

---

① 陈英才：《回忆两湖书院》，载湖北省政协文史资料研究委员会《湖北文史集粹》（第4辑），湖北人民出版社1999年版，第42页。

② 陈英才：《回忆两湖书院》，载湖北省政协文史资料研究委员会《湖北文史集粹》（第4辑），湖北人民出版社1999年版，第42页。

③ 端方：《请奖书院监督分教折》，《端忠敏公奏稿》卷2，民国七年铅印本。

科学比较感兴趣，有的课程（如英语、日语），书院并未设教师，学生间也有互相传授的"①。庚子之际，两湖生徒留学目的国多为日本。陈英才回忆，两湖书院被选送日本留学的生徒计有三批。第一批是学军事的，二十余人；第二批是学工商的，二十余人；第三批是学教育的，1902年选派，三十三人。他们一般先一年九月集中在武昌县华林学日语，第二年五月去日本，到了日本先入宏文书院学习日语、普通学科，两年后分别考入其他如士官学校、专科大学、速成师范等专门学校。当然，两湖留日生徒行为、心态并不以张之洞的初衷和意志为转移，他们越接近"西"，便越疏远"中"。生徒到达日本后，创办带有变法言论的杂志《学生界》，参与同盟会的宣传活动，这是张之洞始料未及的，对此他也只能"默然不作一言"。

以生徒张知本为例，其在甲午、庚子之际，放弃举业，选择出国留学作为其离院后的出路。光绪二十四年（1898年），他以优贡身份参加朝考，"试桌不及一尺，又无坐椅，众皆匍匐于地"，张知本认为此举有辱斯文，"遂彻底看穿科名"②。光绪二十六年（1900年），他由张之洞选派，留学日本，一年后转入法政大学。这段留学经历无疑让张知本对时局的认识更加深刻。张知本羁旅日本时，正值日俄战争，其以第三者的眼光观察日本民众，觉得他们"秩序井然、爱国热忱"，感慨"日本有如此人民，焉能不富强乎？"③而回望故国每况愈下，令知本感慨万千。张知本回国后，从事一段时间教育工作后，便加入同盟会湖北支部，是为参加革命之始。

综上所述，两湖书院生徒在甲午、庚子之际，表现出对书院改制、时局的主动观察和因应。无论是唐才常以激烈方式因应时局，还是张知本以顺应姿态暗中观察时局，抑或是甘鹏云式的按部就班地接受，传统士人在鼎革之际会结合外部场域做出符合人物个性特征的不同的选择。

---

① 陈英才：《回忆两湖书院》，载湖北省政协文史资料研究委员会《湖北文史集粹》（第4辑），湖北人民出版社1999年版，第37页。

② 沈云龙访问，谢文孙等纪录：《张知本先生访问纪录》，台北："中研院"近代史研究所1996年版，第14页。

③ 沈云龙访问，谢文孙等纪录：《张知本先生访问纪录》，台北："中研院"近代史研究所1996年版，第15—16页。

总的来说，他们在此过程中表现出革故、回护两类心态行为，其中既有对"旧"的难舍难分，又体现对"新"的适度趋从和因应。事实上，这种观察和因应，除了有一直以来传统士人的家国情怀和对社会的责任外，还因为书院存废、国家时局关系到他们的切身利益及未来出路。这说明，变革时代不存在能置身事外的传统士人。

四　写在科举停废和近代学术兴起之后

"书院生徒"之称谓，名义上在1901年后被永远湮没入历史洪流中，四年后，科举制度也成为明日黄花。本书的三个关键要素已失其二，而仅剩的"学术"也早已不似旧日模样。但是，本书并没有终止在1901年或是1905年，这是因为"书院生徒"之名虽已不在，但传统知识人阶层仍然存在；科举制度虽已停废，但"出仕"的价值理念从未退场。因为时势的变化，举业、治学在20世纪初年有了新的内涵：不由举业而出仕，不治旧学而改习新学。由是，本书的三个要素虽内涵有变，但内在逻辑却清晰可循。

历史始终是有选择的历史，人们是在不断地选择中引领社会前进的。选择是一个心灵流变的历程，是主观的、动态的，受个人际遇、社会环境、时代思潮、时局政局等因素的影响，一时的选择不是一生的定位。同治、光绪年间的这批书院生徒，少年求学时基本沿袭中国传统的读书应举模式，并在举业期间，同步完成自身的学术追求。他们中的很多人或许已有秀才、举人科名，或许已熟谙传统学术，是帝制时代最后一批受传统教育影响的人。时运国运之下，他们又站在传统教育迈向近代教育大事件发生、发展之际，他们在清末民初离开书院，彻底投身时代变局之中。少年肄业书院时徘徊于举业与治学之间，中年进入社会又徘徊于仕与学之间。他们的选择，既有对"旧"的难舍难分，又体现对"新"的适度趋从和因应。

虽然书院生徒的选择有其主观性，但从根本上说也是由社会诸多因素合力所造成的结果。身处社会巨变的时代，个人的进退取舍亦无法回避种种变革所带来的冲击和震撼，必然紧密地与国与时相附相生。清末纷繁复杂社会环境必然会引起书院生徒选择的变动。近代以来社会经济的发展，使书院生徒能够根据自我意向、社会评价，自由选择出路和职业，体现的正是书院生徒从仕、学价值格局中的适度释放。无论是本书中讨论的唐文治、叶昌炽、蒋维乔，还是未曾过多涉及的梁启超、章炳麟、张謇等，这些曾经的书院生徒，无论他们是举业、治学二者择其一，或是兼而采之，最终都难以跳脱出仕、为学的"人生宿命"。

如果跳出个人的得失选择，以宏观视角审视当时中国的社会状况，也可以发现某种"历史的必然"。清代学术的纵向发展过程始终与政局兴衰纠缠在一起：乾嘉盛世下的汉学繁盛至极，道咸衰世下的宋学继起复兴，尤其至晚清时局艰难，汉宋持平，今文经世、新学西学相继登场。在破旧立新理念高扬的时代，无论是旧有的科举制度还是相沿已久的古典学术，都在以自身的调整适应时代的变局。也就是说，任何时代下，学术发展对时势皆有回应。晚清变革与反变革之间，近代中国政治变化的缓慢性、传统学术的牢固性，使得"旧"的因素摇摇欲坠但又始终没有退场，这也就不难理解这个时期的书院生徒始终都在举业（出仕）与治学（为学）之间游走。可以说，由举业而出仕，由治学而为学，是书院生徒乃至中国传统知识人的集体宿命，即使在西风东渐的历史背景下，也别无二致。

质而言之，清末书院生徒始终游走于仕与学之间。概括起来就是，他们入院前、肄业中、离院后皆受仕与学的价值指向影响。当然，一方面，仕或学并不是书院生徒唯二的选择；另一方面，仕与学的价值等级可能并不平均甚至并不在一个层面之上，毕竟对于绝大多数书院生徒而言，仕是"主旋律"，学是"复调变奏"。"青山遮不住，毕竟东流去"，当科举停废、新学西学[①]涌入时，仕与学的价值体系格局被稍稍打破，举业与治学有了更丰富的外延：对举业的追求延伸为对仕进的求取，而治学的内容也因时因势有了调整。和过去相比，书院生徒自身发展空间增大，但新旧交织的态势，却使置身其中的人难以挣脱旧有价值观念的影响，因而表现出行为上的趋新，价值心态上的从旧。至此，我

---

① 关于"新学""西学"的解释，本书同意王先明的观点："近代中国的'新学'，不等同于西学，知识部分西学的中国化同时也是民族化的结果。新学是近代的中学，是中国传统之学的近代形态。"参见王先明《近代新学——中国传统学术文化的嬗变与重构》，商务印书馆2000年版，第39页。

们也可以回应本书开篇的问题，即清末科举制度变迁、学术风尚的走向以及政局的动荡所带来的对科举"世俗力量"和学术"精神力量"的冲击和变革，反映在个体选择上的变化并没有我们想象的那么严重，至少在书院生徒身上，我们仍然可以看到他们内心深处对仕、学价值指向的遵从。在入院选择、学习活动、社会交往、治生活动以及出路选择各环节中，他们有意无意地通过一系列努力，走向"出仕""为学"的人生目标。从这个意义上来说，身处变革时代的书院生徒，其行为、心态相较学堂生、留学生群体而言，略显被动和保守。书院生徒和学堂生、留学生群体一样，也是"蕴含繁复的符号"，甚至有他们更为独特的角色特征。

附 录

清末生徒书院肄业情况表

姓名	籍贯	出生时间	书院经历	入院缘由	科举经历	最终科名	离院后活动	史料出处
朱彭年	浙江富阳	道光十七年	29岁崇文书院东城讲舍	崇文在胜处，赴杭投考	15岁初应童试 20岁生员	39岁进士	坐馆、入幕、为官	《春谱草堂居士年谱一卷》
熊起磻	河南光山	道光二十四年	28岁涑水书院 29岁大梁书院		17岁始应童试 24岁生员	33岁进士	坐馆、为官、讲书院	《再青先生年谱一卷》
章定瑜	浙江	咸丰四年	26岁崇文书院	赴杭肄业崇文书院	19岁始应童试 24岁生员	40岁举人	学幕、作帮办、为官	《新溎公自订年谱一卷》
赵天锡	广东新宁	咸丰五年	35岁广雅书院	应广雅书院考	16岁始应童试 20岁学附生	36岁捐贡	讲书院、充教习	《赵鲁庵先生年谱一卷》
李愈敬	广东广州	道光二十五年	21岁明达书院	选入院肄业	18岁生员	31岁举人	坐馆、官学教习、游幕	《琼叟七十年谱一卷》

附录 清末生徒书院肄业情况表

续表

姓名	籍贯	出生时间	书院经历	入院缘由	科举经历	最终科名	离院后活动	史料出处
瞿鸿禨	湖南长沙	道光三十年	21岁城南书院		17岁长沙府学附生 21岁举人	22岁进士	为官	《止盦年谱一卷附录一卷》
晏安澜	陕西镇安	咸丰元年	25岁宏道书院	学使吴大澂令肄业	18岁生员	27岁进士	为官	《晏海澄先生年谱四卷附录一卷》
张謇	江苏海门	咸丰三年	20岁师山书院、22岁钟山、惜阴书院	应甄别试入钟山、惜阴书院	16岁生员	42岁状元	为官、经商	《啬翁自订年谱二卷》
李钟珏	上海	咸丰三年	18岁敬业、蕊珠书院、22岁龙门书院	应涤宗溧召考入龙门书院	17岁生员	33岁优贡	坐馆、为官、经商	《且顽老人七十岁自叙不分卷》
陈衍	福建侯官	咸丰六年	19岁致用书院	考入	15岁初应童试 18岁生员	27岁举人	入幕、报社编纂、教习	《侯官陈石遗先生年谱七卷》
王舟瑶	浙江黄岩	咸丰八年	20岁清献书院、21岁九峰精舍、29岁诂经精舍	瞿鸿禨檄调至诂经精舍	16岁始应童试 24岁生员	32岁举人	坐馆、讲书院、入幕	《默庵士自定年谱一卷续编一卷附录一卷》
赵启霖	湖南湘潭	咸丰九年	22岁岳麓书院	徒步晋省读岳麓书院	16岁生员 22岁优贡	34岁进士	坐馆、为官、讲书院	《瀞园自述一卷》

续表

姓名	籍贯	出生时间	书院经历	入院缘由	科举经历	最终科名	离院后活动	史料出处
周宗麟	云南大理	咸丰十年	29岁经正书院	科考优异调取经正书院	20岁生员	32岁举人	入幕、担任教职、参与革命	《抔存斋自订年谱一卷》
殷葆诚	江苏江阴	同治元年	20岁礼延书院、西郊书院、29岁南菁书院	拨考入南菁	28岁生员	生员	坐馆、入幕、教习	《追忆录一卷续录一卷》
张之汉	盛京奉天	同治五年	26岁升书院	膏奖自给	22岁初应童试 24岁生员	44岁优贡	教读、入幕	《石琴庐主年谱一卷》
王锡彤	河南汲县	同治五年	17岁淇泉书院 22岁大梁书院	从同学应课	14岁初应童试 19岁生员	32岁拨贡	讲书院、教习、办实业	《抑斋自述七种》
钮泽晟	浙江乌程	同治五年	28岁爱山书院 30岁安定书院	姚守梅招入爱山，由爱山迁至安定	16岁生员	31岁岁贡	坐馆、为官、教习、商会理事	《自述录一卷》
庄蕴宽	江苏苏州	同治五年	20岁南菁书院	以监生名考入南菁	16岁始应童试，屡被黜	监生	坐馆、入幕、教习	《思缄公年谱一卷》
夏辛铭	浙江濮川	同治七年	22岁诂经精舍	考入	16岁始应童试 16岁生员	30岁优贡	坐馆、为官、办学堂、银行任职	《榆庐年谱一卷续一卷》
吴士鉴	浙江杭州	同治七年	18岁东城讲舍			17岁应童试 25岁进士	为官	《含嘉堂自订年谱一卷》

续表

姓名	籍贯	出生时间	书院经历	入院缘由	科举经历	最终科名	离院后活动	史料出处
萧瑞麟	云南昭通	同治七年	24岁五华书院 25岁经正书院	院试考取高材生，学使送入经正书院	19岁生员	29岁岁贡	坐馆、书院山长、留学日本、办新式学校	《先府君萧公石斋年谱一卷》
章炳麟	浙江余杭	同治七年	23岁诂经精舍	因俞樾主精舍，得从学	16岁始应童试，辍制艺	无科名	办报、参加革命	《太炎先生年谱一卷》
邓镕	四川成都	同治十一年	21岁尊经书院	院试优等学使瞿鸿禨以高材生调书院	19岁生员	26岁优贡	授徒、讲书院、留学日本、法学教员	《忍堪居士年谱一卷》
袁嘉谷	云南石屏	同治十一年	21岁五华书院 22岁经正书院	岁试督学调入五华；科试督学以高材生经正	15岁生员	31岁进士 32岁经济特科一等一名	为官、大学执教	《袁屏山先生年谱一卷》
邵章	江苏南京	同治十一年	16岁诂经精舍 17岁东城讲舍	学使瞿鸿禨调人诂经；知府林启调人东城	15岁生员	32岁进士	办蚕学堂、留学日本、从政	《倬盦自订年谱一卷》
梁启超	广东新会	同治十二年	15岁学海堂		12岁生员	17岁举人	讲学、办报纸、从政	《梁任公先生年谱长编初稿》
潘鸣球	江苏武进	同治十二年	27岁菁青书院	由瞿鸿禨调入	23岁生员	32岁进士	坐馆、办新学、从政	《潘霞青先生年谱一卷》

附录　清末生徒书院肄业情况表

续表

姓名	籍贯	出生时间	书院经历	入院缘由	科举经历	最终科名	离院后活动	史料出处
权量	湖北江夏	同治十二年	17岁应各书院课 22岁经心书院	院试第一名学使送经心书院	17岁始应童试	生员	留学日本、新学教习、从政	《适园老人年谱一卷附录一卷》
李学诗	云南腾越	同治十二年	20岁来凤书院 21岁五华书院 22岁西云书院		22岁生员	生员	教读、缅甸经商、讲武堂学生、从军	《李希白先生年谱一卷》
丁福保	江苏无锡	同治十三年	22岁南菁书院		19岁生员	23岁生员	教读、教习、从医、著书	《畴隐居士自订年谱一卷》
蔡焕文	浙江德清	光绪五年	22岁崇文书院	携许廷甫赴崇文书院肄业	15岁生员	25岁举人	办学塾、从政	《蔡渭生自编年谱一卷》
李根源	云南腾冲	光绪五年	17岁来凤书院		20岁应童试 20岁生员	生员	教读、留学日本、参与革命	《雪生年录三卷》
章炳	浙江杭州	光绪六年	16岁本城三书院月课 19岁诂经精舍		19岁生员	24岁举人	教读、教习、留学日本、大学教授	《天行草堂主人自订年谱一卷》

参考文献

一 资料型文献

(一) 史料汇编

陈谷嘉、邓洪波主编：《中国书院史资料》，浙江教育出版社1988年版。

陈学恂、田正平主编：《中国近代教育史资料汇编·留学教育》，上海教育出版社1991年版。

邓洪波主编：《中国书院文献丛刊第二辑》，上海科学技术文献出版社2019年版。

邓洪波主编：《中国书院文献丛刊第一辑》，国家图书馆出版社、上海科学技术文献出版社2018年版。

邓洪波主编：《中国书院学规集成》，中西书局2011年版。

国家图书馆古籍馆编：《国家图书馆藏近代统计资料丛刊》（影印本），北京燕山出版社2009年版。

璩鑫圭、童富勇编：《中国近代教育史资料汇编·教育思想》，上海教育出版社2007年版。

沈云龙主编：《近代中国史料丛刊》，台湾文海出版社1969年版。

沈云龙主编：《近代中国史料丛刊三编》，台湾文海出版社1986年版。

沈云龙主编：《近代中国史料丛刊续编》，台湾文海出版社1974年版。

杨学为、朱仇美等编：《中国考试制度史资料选编》，黄山书社1922年版。

赵所生、薛正兴主编：《中国历代书院志》，江苏教育出版社1995年版。

(二) 正史、官书、典制

端方等编纂：《大清光绪新法令》，上海商务印书馆，清宣统刊本。

范晔：《后汉书》，中华书局1973年版。

李延寿：《北史》，中华书局2019年版。

刘锦藻撰：《清朝续文献通考》，浙江古籍出版社1988年版。

素尔讷等撰修：《学政全书》，清乾隆三十九年武英殿刻本。

素尔讷纂，霍有明校注：《钦定学政全书校注》，武汉大学出版社2009年版。

詹鸿谟等纂：《钦定科场条例》，上海古籍出版社1995年版。

张廷玉：《明史》，中华书局1974年版。

赵尔巽：《清史稿》，中华书局1977年版。

朱寿朋编：《光绪朝东华录》，上海集成图书公司，清宣统元年刊本。

（三）杂史、地志、政协文史资料

（光绪）《江阴县志》，清光绪四年刻本。

（光绪）《湖南通志》，清光绪十一年刻本。

（同治）《南昌县志》，清同治九年刻本。

（同治）《上海县志》，清同治十年刻本。

（同治）《衡阳县志》，清同治十三年刻本。

（宣统）《南海县志》，清宣统三年刻本。

（咸丰）《贵阳府志》，清咸丰二年刻本。

（民国）《清苑县志》，民国二十三年铅印本。

（民国）《南昌县志》，民国二十四年铅印本。

（民国）《台州府志》，民国二十五年铅印本。

（民国）《上海续志》，民国七年上海文庙南园志局刻本。

（民国）《顺德县志》，民国十八年刻本。

《吴县志》，上海古籍出版社1994年版。

《重修常昭合志稿》，上海社会科学院出版社2002年版。

《江苏省通志稿》，江苏古籍出版社2003年版。

顾云撰，张增泰点校：《盋山志》，南京出版社2009年版。

河北省政协文史资料研究委员会编：《河北文史资料》（第1辑），河北人民出版社1980年版。

湖北省政协文史资料研究委员会：《湖北文史集粹》（第4辑），湖北人民出版社1999年版。

全国政协文史资料委员会编：《文史资料存稿选编》（第24辑），中国文史出版社 2002 年版。

台湾中华书局编辑部：《清史列传》，台北中华书局股份有限公司 2015 年版。

唐文治、王慧言纂修：《乙亥志稿》，民国二十四年铅印本。

王炳照、李国钧、阎国华主编：《中国教育通史（清代卷）》，北京师范大学出版社 2013 年版。

吴宗慈总纂：《江西通志稿》，民国二十九年至三十四年稿本。

谢本书主编：《清代云南稿本史料》，上海辞书出版社 2011 年版。

徐珂：《清稗类钞》，中华书局 1984 年版。

徐世昌纂，周骏富编：《清儒学案小传》，台北明文书局 1985 年版。

云南省地方志编纂委员会办公室：《续云南通志长编》，云南民族出版社 1985 年版。

浙江省政协文史资料委员会编：《浙江文史资》（第 29 辑），浙江人民出版社 1985 年版。

政协常州市委员会文史委员会编：《常州文史资料》（第 5 辑），出版社不详 1984 年版。

周邦道：《近代教育先进传略初集》，台北中国文化大学出版部 1981 年版。

（四）日记、回忆录、笔记、诗文集、诗话、年谱、信札、碑传

包天笑撰，刘幼生点校：《钏影楼回忆录·钏影楼回忆录续编》，三晋出版社 2014 年版。

北京图书馆编：《北京图书馆藏珍本年谱丛刊》，北京图书馆出版社 1999 年版。

卞孝萱、唐文权编著：《辛亥人物碑传集》，凤凰出版社 2011 年版。

陈澧：《东塾集》，清光绪十八年菊坡精舍刻本。

陈作霖：《可园文存》，清宣统元年刻增修本。

董诰等编：《全唐文》，中华书局 1983 年版。

方濬师：《蕉轩随录》，清同治十一年刻本。

方树海纂辑：《续滇南碑传集校补》，云南民族出版社 1993 年版。

方宗诚：《柏堂师友言行记》，民国十五年京华印书局本。

甘鹏云：《潜庐类稿》，台北文海出版社 1984 年影印本。

甘鹏云：《潜庐随笔》，台北文海出版社1973年影印本。
郭嵩焘：《郭嵩焘日记》，湖南人民出版社1983年版。
韩策、崔学森整理：《汪荣宝日记》，中华书局2013年版。
贺葆真著，徐雁平整理：《贺葆真日记》，凤凰出版社2014年版。
胡恩燮撰，胡光国等辑：《南京愚园文献十一种》，南京出版社2015年版。
蒋维乔：《蒋维乔日记》，中华书局2014年版。
蒋维乔：《竹庄自订年谱》，上海图书馆馆藏文献。
瞿鸿禨撰，湛东飚点校：《瞿鸿禨集》，湖南人民出版社2010年版。
刘成禺撰，钱实甫点校：《世载堂杂忆》，辽宁教育出版社1997年版。
卢前：《冶城旧话·东山琐缀》，南京出版社2016年版。
闵尔昌纂录：《碑传集补》，台北明文书局1985年版。
缪荃孙：《艺风堂友朋书札》，上海古籍出版社1980年版。
缪荃孙编，王兴康等整理：《续碑传集》，上海人民出版社2019年版。
欧阳兆熊：《水窗春呓》，中华书局1984年版。
欧阳哲生编：《胡适文集》，北京大学出版社2013年版。
皮名振撰，王云五编：《清皮鹿门先生锡瑞年谱》，台湾商务印书馆1981年版。
皮锡瑞：《师伏堂日记》，国家图书馆出版社2009年版。
钱仲联主编：《广清碑传集》，苏州大学出版社1999年版。
清代诗文集编纂委员会编：《清代诗文集汇编》，上海古籍出版社2010年版。
商衍鎏：《清代科举考试述录及有关著作》，百花文艺出版社2004年版。
上海图书馆编：《汪康年师友书札》，上海古籍出版社1989年版。
沈恩孚著，薛冰整理：《沈信卿先生文集》，凤凰出版社2015年版。
沈云龙访问，谢文孙等纪录：《张知本先生访问纪录》，台北"中研院"近代史研究所1996年版。
孙锵鸣撰，胡珠生编注：《孙锵鸣集》，上海社会科学院出版社2003年版。
谭宗浚：《希古堂集》，清光绪刻本。
唐文治：《茹经堂文集》，上海书店民国丛书影印本。

唐文治撰，王桐荪、胡邦彦选注：《唐文治文选》，上海交通大学出版社2005年版。
汪兆镛纂录：《碑传集三编》，台北明文书局1985年版。
王国维撰，谢维扬主编：《王国维全集》，浙江教育出版社2010年版。
王树枏：《陶庐老人随年录》，中华书局2007年版。
王维翰：《彝经堂诗钞六卷赋钞一卷骈文一卷》，清光绪七年梅梨小隐半茧园刻本。
文明国编：《蒋维乔自述》，安徽文艺出版社2013年版。
吴闿生：《北江先生文集》，文学社民国十三年版。
吴汝纶、张裕钊编撰：《学古堂文集》，清光绪二十四年上海图书集成局刊本。
吴汝纶撰，施培毅、徐寿凯点校：《吴汝纶全集》，黄山书社2002年版。
夏仁虎：《岁华忆语》，南京出版社2006年版。
徐世昌：《贺先生文集》，民国三年徐世昌刻本。
徐世昌：《晚晴簃诗汇》，民国退耕堂刻本。
薛时雨撰，政协全椒县委员会编：《薛时雨集》，国家图书馆出版社2018年版。
叶昌炽：《奇觚庼文集》，民国十年刻本。
叶昌炽：《缘督庐日记》，江苏古籍出版社2002年版。
叶昌炽撰，王季烈编：《缘督庐日记钞》，北京图书馆出版社2007年版。
俞樾：《春在堂诗编》，清光绪二十五年刻春在堂全书本。
俞樾：《春在堂随笔》，江苏人民出版社1984年版。
俞樾：《春在堂杂文》，清光绪二十五年刻春在堂全书本。
袁嘉谷著，袁丕厚编：《袁嘉谷文集》，云南人民出版社2001年版。
曾国藩：《曾文正公书札》，清光绪二年传忠书局刻增修本。
《曾国藩全集（修订版）》，岳麓书社2012年版。
张謇著，曹从坡等编：《张謇全集》，江苏古籍出版社1994年版。
张文伯：《民国张怀九先生知本年谱》，台湾商务印书馆1980年版。
张裕钊著，王达敏校点：《张裕钊诗文集》，上海古籍出版社2012年版。
张璋等编纂：《历代词话续编》，大象出版社2005年版。
张之洞：《张文襄公古文书札骈文诗集》，民国十七年刻张文襄公全集本。

张仲锐:《陈可园先生年谱》,上海图书馆馆藏文献。

昭梿:《啸亭续录》,中华书局1980年版。

中华书局编辑部编:《唐才常集(增订本)》,中华书局2013版。

钟毓龙:《科场回忆录》,浙江古籍出版社1987年版。

周葆濂:《且巢诗存》,清光绪十六年刊本。

诸联:《明斋小识》,广陵古籍刻印社1983年版。

(五)考卷、题名、课作集、讲义

陈水云、陈晓红校注:《梁章钜制举文献二种校注》,武汉大学出版社2009年版。

顾廷龙主编:《清代硃卷集成》,台北成文出版社1992年版。

江庆柏主编:《清朝进士题名录》,中华书局2007年版。

鲁小俊:《清代书院课艺总集叙录》,武汉大学出版社2015年版。

潘遵祁编:《紫阳书院课艺》,中国国家图书馆古籍部藏。

吴闿生编:《吴门弟子集》,北京师范大学图书馆藏。

吴钦根辑录:《〈申报〉所见晚清书院课题课案汇录》,凤凰出版社2018年版。

朱一新著,吕鸿儒、张长法点校:《无邪堂答问》,中华书局2000年版。

(六)报刊

《东方杂志》

《读书通讯》

《改造杂志》

《华国月刊》

《江苏南菁中学百年校庆专刊(1882—1982)》

《申报》

《万国公报》

《文澜学报》

《小说新报》

《宇宙法(乙刊)》

《中和月刊》

（七）工具书

陈廷敬、张玉书等编撰：《康熙字典（修订版）》，社会科学文献出版社2015年版。

顾明远主编：《教育大辞典（增订合编本）》，上海教育出版社1998年版。

季啸风主编：《中国书院辞典》，浙江教育出版社1996年版。

刘寿林等编：《民国职官年表》，中华书局2006年版。

秦国经主编：《清代官员履历档案全编》，华东师范大学出版社1997年版。

徐友春主编：《民国人物大辞典》，河北人民出版社1991年版。

中国社会科学院语言研究所词典编辑室：《现代汉语词典（第五版）》，商务印书馆2005年版。

二 研究型文献

（一）著作

白新良：《明清书院研究》，故宫出版社2012年版。

陈国庆：《中国近代社会转型研究》，社会科学文献出版社2005年版。

陈旭麓：《近代中国社会的新陈代谢》，上海社会科学院出版社2006年版。

陈元晖、尹德新、王炳照：《中国古代的书院制度》，上海教育出版社1981年版。

邓洪波：《中国书院史（增订版）》，武汉大学出版社2012年版。

邓洪波：《中国书院史》，东方出版中心2004年版。

邓洪波等编著：《书院学档案》，武汉大学出版社2017年版。

葛兆光：《中国思想史》，复旦大学出版社2000年版。

巩本栋：《中国现代学术演进：从章太炎到程千帆》，北京大学出版社2009年版。

韩策：《科举改制与最后的进士》，社会科学文献出版社2017年版。

何炳棣：《明清社会史论》，徐泓译注，台北联经出版社2013年版。

何怀宏：《选举社会及其终结：秦汉至晚清历史的一种社会学阐释》，生活·读书·新知三联书店1998年版。

金耀基:《金耀基自选集》,上海教育出版社2002年版。
瞿骏:《天下为学说裂:清末民初的思想革命与文化运动》,社会科学文献出版社2017年版。
李兵:《书院与科举关系研究》,华中师范大学出版社2005年版。
李才栋:《江西古代书院》,江西教育出版社1993年版。
李林:《最后的天子门生——晚清进士馆及其进士群体研究》,商务印书馆2017年版。
梁启超:《梁启超论清学史两种》,复旦大学出版社1985年版。
梁启超:《清代学术概论》,东方出版中心1996年版。
梁启超:《中国近三百年学术史》,山西古籍出版社2001年版。
刘伯骥:《广东书院制度》,台湾编译馆中华丛书编审委员会1958年版。
刘海峰:《科举制的终结与科举学的兴起》,华中师范大学出版社2006年版。
刘木声撰,徐天祥点校:《桐城文学渊源撰述考》,黄山书社1989年版。
刘希伟:《清代科举冒籍研究》,华中师范大学出版社2012年版。
刘玉才:《清代书院与学术变迁研究》,北京大学出版社2008年版。
罗志田:《权势的转移:近代中国的思想与社会(修订版)》,北京师范大学出版社2014年版。
罗志田:《中国近代大国的历史转身》,商务印书馆2019年版。
毛礼锐主编:《中国教育史简编》,教育科学出版社1984年版。
齐如山:《中国的科名》,辽宁教育出版社2006年版。
尚小明:《清代士人游幕表》,中华书局2005年版。
史革新:《晚清学术文化新论》,北京师范大学出版社2010年版。
苏云峰:《张之洞与湖北教育改革》,台北"中研院"近代史研究所1983年版。
孙燕京:《晚清社会风尚研究》,台北知书房出版社2004年版。
王炳照:《中国古代书院》,中国国际广播出版社2009年版。
王先明:《近代新学——中国传统学术文化的嬗变与重构》,商务印书馆2000年版。
吴仰湘:《通经致用一代师:皮锡瑞生平和思想研究》,岳麓书社2002年版。

徐雁平：《清代东南书院与学术及文学》，安徽教育出版社 2007 年版。

杨念群：《儒学地域化的近代形态：三大知识群体互动的比较研究》，生活·读书·新知三联书店 2011 年版。

云南省留学人员联谊会：《云南百年留学时（1896—2013）》，中国社会科学出版社 2016 年版。

张政藩：《中国书院制度考略》，江苏教育出版社 1985 年版。

张仲礼：《中国绅士研究》，上海人民出版社 2008 年版。

张仲礼著：《中国绅士的收入》，费成康等译，上海社会科学院出版社 2001 年版。

赵统：《南菁书院志》，上海书店出版社 2015 年版。

支伟成：《清代朴学大师列传》，岳麓书社 1998 年版。

周汉光：《张之洞与广雅书院》，广东人民出版社 2012 年版。

周立英：《晚清留日学生与近代云南社会》，云南大学出版社 2011 年版。

朱汉民：《长江流域的书院》，湖北教育出版社 2004 年版。

［美］艾尔曼：《从理学到朴学》，赵刚译，江苏人民出版社 2012 年版。

［美］费正清、［美］刘广京编：《剑桥中国晚清史》，中国社会科学院历史研究所编译室译，中国社会科学出版社 1985 年版。

［美］芮玛丽：《同治中兴：中国保守主义的最后抵抗（1862—1874）》，房德邻等译，中国社会科学出版社 2002 年版。

［美］施坚雅：《中华帝国晚期的城市》，叶光庭等译，陈桥驿校，中华书局 2000 年版。

［日］大久保英子：《明清时代书院之研究》，日本东京国书刊行会 1976 年版。

［日］佐藤慎一：《近代中国的知识分子与文明》，刘岳兵译，江苏人民出版社 2014 年版。

［英］麦嘉湖：《中国人的生活方式》，秦传安译，电子出版社 2015 年版。

Barry. C. Keenan, Imperial China's Last Classical Academies: Social Change in the Lower Yangzi, 1864 – 1911, *China Review International*, SPRING, No. 3, 1996.

（二）论文

班书阁：《书院生徒考》，《女师学院期刊》1934 年第 3 卷第 1 期。

曹松叶：《宋元明清书院概况》，《国立中山大学语言历史研究所》1930 年第 10 卷第 115 期。

陈宝良：《"富不教书"：明清塾师之生存状态及其形象》，《福建论坛（人文社会科学版）》2010 年第 4 期。

陈东原：《清代书院风气之变迁》，《学风》1933 年第 3 卷第 5 期。

程嫩生：《清代书院科举文教育》，《内蒙古社会科学》2011 年第 2 期。

邓之诚：《清季书院述略》，《现代知识（北平）》1947 年第 2 卷第 2—3 期。

关晓红：《科举停废与清末政情》，《中国社会科学》2004 年第 3 期。

关晓红：《清代朝考之创制与终结》，《学术研究》2016 年第 11 期。

候美珍：《明清科举取士"重首场"现象的探讨》，《台大中文学报》2005 年第 23 期。

李兵：《19 世纪汉学书院与科举关系略论》，《厦门大学学报（哲学社会科学版）》2005 年第 2 期。

李兵：《清代书院的举人应试教育初探》，《湖南大学学报（社会科学版）》2011 年第 6 期。

李世愉：《论清代书院与科举之关系》，《北京联合大学学报（人文社会科学版）》2011 年第 3 期。

梁志平：《定额非"定额"——晚清各府州县学缺额研究》，《兰州学刊》2009 年第 2 期。

刘晓东：《"地位相悖"与"身份悬浮"——生存状态视角下的明代士人社会地位刍议》，《社会科学战线》2003 年第 2 期。

鲁小俊：《科举功名的偶然与必然：文学叙述与实证分析》，《文艺研究》2014 年第 4 期。

鲁小俊：《书院考课与八股文——以清代书院课艺总集为中心》，《文学遗产》2017 年第 6 期。

鲁小俊：《书院考课与经史词章（1801—1904）》，《湖北大学学报（哲学社会科学版）》2017 年第 5 期。

陆胤：《从书院治经到学堂读经——孙雄与近代中国学术转型》，《学术月刊》2017 年第 2 期。

陆胤:《经古学统与经世诉求——张之洞创建广雅书院的学派背景》,《清史研究》2013 年第 2 期。

陆胤:《清末两湖书院改章风波与学统之争》,《史林》2015 年第 1 期。

吕方:《历代书院诸生考》,《新东方》1940 年第 1 卷第 11 期。

聂崇歧:《书院和学术的关系》,《现代知识(北平)》1947 年第 2 卷第 2—3 期。

彭小舟、周晓丽:《曾国藩与莲池书院》,《贵州社会科学》2006 年第 3 期。

[日] 林友春:《清朝的书院教育》,《学习院大学文学部研究年报》1960 年第 6 期。

容肇祖:《学海堂考》,《岭南学报》1934 年第 3 卷第 4 期。

尚钺:《有关历史人物评价的几个问题》,《历史研究》1964 年第 3 期。

王才友:《今文经学、书院士人群体与地方政治》,《地方文化研究》2014 年第 2 期。

王跃生:《清代"生监"的人数计量及其社会构成》,《南开学报》1989 年第 1 期。

吴秀华:《燕地贾恩绂手稿中所见桐城派学者资料》,《文献》2003 年第 4 期。

熊十力:《陶铸人才与注重事功:与贺昌群教授书》,《黄埔季刊》1940 年第 2 卷第 2 期。

徐梓:《东佳书堂小考》,《湖南师范大学学报(社会科学版)》2015 年第 2 期。

尤育号:《学政与晚清教育、学风的变迁——以黄体芳为例》,《浙江学刊》2010 年第 5 期。

张伟然、梁志平:《定额制度与区域文化的发展》,《中国历史地理论丛》2008 年第 7 期。

张振国:《清代举人大挑的次数与频率》,《史学月刊》2012 年第 10 期。

赵统:《试述江阴南菁书院的治学特点》,《南京晓庄学院学报》2005 年第 2 期。

周振鹤:《晚清上海书院西学与儒学教育的进退》,《华东师范大学学报》1999年第5期。

（三）学位论文

蔡志荣：《明清湖北书院研究》，博士学位论文，华中师范大学，2008年。

刘建军：《代议制框架下的地方政治：直隶地方议会研究》，博士学位论文，中国人民大学，2008年。

刘晓喆：《清代陕西书院研究》，博士学位论文，西北大学，2008年。

倪丽萍：《清代五贡与地方社会》，硕士学位论文，厦门大学，2009年。

潘务正：《清代翰林院与文学》，博士学位论文，南京大学，2006年。

徐欢：《经训书院考述》，硕士学位论文，南昌大学，2015年。

尹洁：《叶昌炽年谱》，博士学位论文，河北大学，2012年。

张晓婧：《清代安徽书院研究》，博士学位论文，安徽师范大学，2014年。

后　　记

　　本书是 2020 年度教育部人文社会科学研究一般项目"仕学之间：清末书院生徒群体研究"的最终成果。

　　本书的原始雏形，是我在北京师范大学攻读博士学位时提交的学位论文，原题为《举业与治学之间：清末书院生徒选择研究》。距离论文完成至今已历三度春秋，在这三年中，我陆续对原博士学位论文进行修订和拓展，主要着力深化对清末书院生徒群体的构成及特征的论析，并拓展对生徒群体"离院后"出路选择和职业选择的考述。今蒙中国社会科学出版社接纳刊行，谨略述求学和写作经历，并致谢忱。

　　2007 年我进入江西师范大学教育学院，攻读教育史硕士学位，师从江西书院研究名家胡青教授，由此开启我与"书院"的不解之缘。胡老师一生致力并奉献给书院研究，学养深厚、治学严谨，我也是从胡老师那里，第一次接触到书院研究，由此产生了浓厚的兴趣和坚定的治学信念，并将研究视角聚焦"书院学人"，以"明代书院教师"为主题，完成了硕士学位论文的写作并提交答辩，获得"优秀"等次。

　　2015 年我进入北京师范大学教育学部，攻读教育史博士学位，师从徐勇教授，这是我工作五年后，重新回到校园重拾"旧爱"。徐老师思考问题高屋建瓴，分析问题一针见血，不仅悉心指导我为学治学之道，更亲切地指点我为师为人之理，三年来对我言传身教，令人如沐春风。在与徐老师讨论之后，我毫不犹豫地选择以"清代书院生徒"为主题，完成了博士学位论文的写作并提交答辩，在答辩时获得"优秀"等次。博士学位论文写成已经凝结了徐老师许多心血，此番修改成书，又蒙徐老师多番指正，我非常感激。

　　另要感谢我的父母对我成长、学业的支持。父亲的启蒙，引领我找到了挚爱一生的专业;母亲的付出,给予我人生奋斗的动力,舐犊之情,永世难忘,谨以此书,献给双亲。

书稿出版过程中,受到中国社会科学出版社孙萍老师倾注心力编辑排印,尤所铭感,在此谨致谢忱!

由于研究水平有限,对于本书的谬误之处,真诚希望各位专家、学者批评指正!

黄漫远
2021 年 5 月 9 日